山本哲士

学校・医療・交通の神話 ＜定本＞

現代産業社会批判――コンビビアルな世界へ――

山本哲士著作撰 2

文化科学高等研究院出版局

知の新書 SONDEOS
102

——————————— *to Ivan Illich*

Ivan Illich (1926-2002)

オーストリアのウィーン生まれ。1942年ナチスを逃れイタリアのフィレンツェへ移住。フィレンツェ大学で自然諸科学を勉学した後、ローマのグレゴリア大学で神学・哲学を研究し、ザルツブルグ大学で歴史の博士号を得る。1950年ニューヨークへ渡り、アイルランド - プエルト・リコ教区で助任司祭として奉仕。1956年から1960年までプエルト・リコ大学で副学長つとめながら、ラテン・アメリカで活動する司祭達のために集中訓練センターを創設。1961年メキシコのクエルナバカに Center for Intercultural Formation/CIF）を創立し、北米と南米を結ぶ宣教師養成訓練の活動を指導した。1964年以来、技術科学社会に制度的な分水嶺設定をなそうとするセミナー / 研究を指揮し、Centro Intercultural de Documentación/CICOC へ改組し「現代ラテンメリカ研究所」（ICLAS）を併設、第三世界諸国の者には奨学金を支給しながら世界中の研究者・学生・神父達が自由に集い研究・交通しあう場所にした。１０数か国語を駆使する。

1960年以来、クエルナバカの北にあるオコテペックに住みながら (永住権は与えられていない)、南米・世界中を歩く。1976年2月、CIDOC は閉鎖されるが、スタッフ中心に「クエルナバカ・ランゲージ・スクール」が作られ、そこでセミナーを継続してなした。1974年に日本へ立ち寄っており、1981年再び来日、講演・セミナーをなした。その記録は『人類の希望』にまとめられている。晩年はブレーメンに住み永眠、終生家をもたなかった。

The Myth of School, Medicine and Transportation:
Ivan Illich' Chritique of "Industrial Institution of Services"

EHESC publishing, Tokyo, Japan

学校・医療・交通の神話

〈定本〉

イバン・イリイチの現代産業社会批判——コンビビアルな世界へ——

目次

凡例

一　Ivan Illich は「イバン・イリイチ」とした。本人の名にもっとも近い発音である。

二　イリイチの引用文献には次のような略語を附した。邦訳題も訳文も日本での刊行版には従っていない。本書が対象とするのは一九七七年までのイリイチ思想で、主に取り扱うのは(2)(3)(4)(5)である。

(1) Celebration of Awareness : a call for institutional revolution (Doubleday & Company, N.Y. 1970)　[CA]
『自覚の祝祭』(新評論より近刊)

(2) Descoolin Society (Haper & Row, N.Y. 1971)　使用したのは Penguin (1973)　[DS]
『学校のない社会』(邦訳題『脱学校の社会』東京創元社、一九七七年)

(3) Tools for Conviviality (Harper & Row, N.Y. 1973)　[TC]
『自律共働性のための道具』(邦訳題『自由の奪回―現代社会における「のびやかさ」を求めて』佑学社、一九七九年)

(4) Energy and Equity (Marion Boyars, London, 1974)　[EE]
『エネルギーと公正』(晶文社、一九七九年)

(5) Medical Nemesis : the Expropriation of Health (Pantheon, N.Y. 1976)　[MN]
『医療ネメシス》健康の収奪』(邦訳題『脱病院化社会：医療の限界』晶文社、一九七九年)

(6) Disabling Professions (Marion Boyars, London, 1977)　[DP]
『専門家時代の幻想』(新評論)

(7) The Right to Useful Unemployment—and its Professinal Enemies (Marion Boyars, 1978)　[RU]
『有効な非雇用への権利―そしてその専門的な敵ども』(邦訳「創造的失業の権利」『エネルギーと公正』晶文社所収)

三　引用箇所の頁数は、原文のときは「p.123」、邦訳書に該当する頁は「一二三頁」として記した。その他のドラフトおよび各国版については巻末の「文献」参考のこと。引用略号も巻末に記した。ドラフトは①②・・・で、各国版は、Ⓔ英語、Ⓕ仏語、Ⓢ西語で示したが、必要な場合だけにとどめた。

四　重要語句の原語は、〈英、仏、西〉の順に記してある。例、「自律共働性」conviviality(英)、convivialité(仏)、conviviencialidad(西)。

五　関連文献で日本でみられる重要なものは本文中で引用を示したが、煩雑をさける意味で多くの文献は挙げなかった。

六　今後のイバン・イリイチ研究に関わると思われる重要な文献は、邦訳『脱病院化社会』原注にほとんど記されているが、基本的なものだけ巻末に附した。

七　重要な語句や強調する意味での傍点は二種類を使用した。「。」はイリイチの用語にあるもの、「、」は筆者の言い回しでの強調点である。

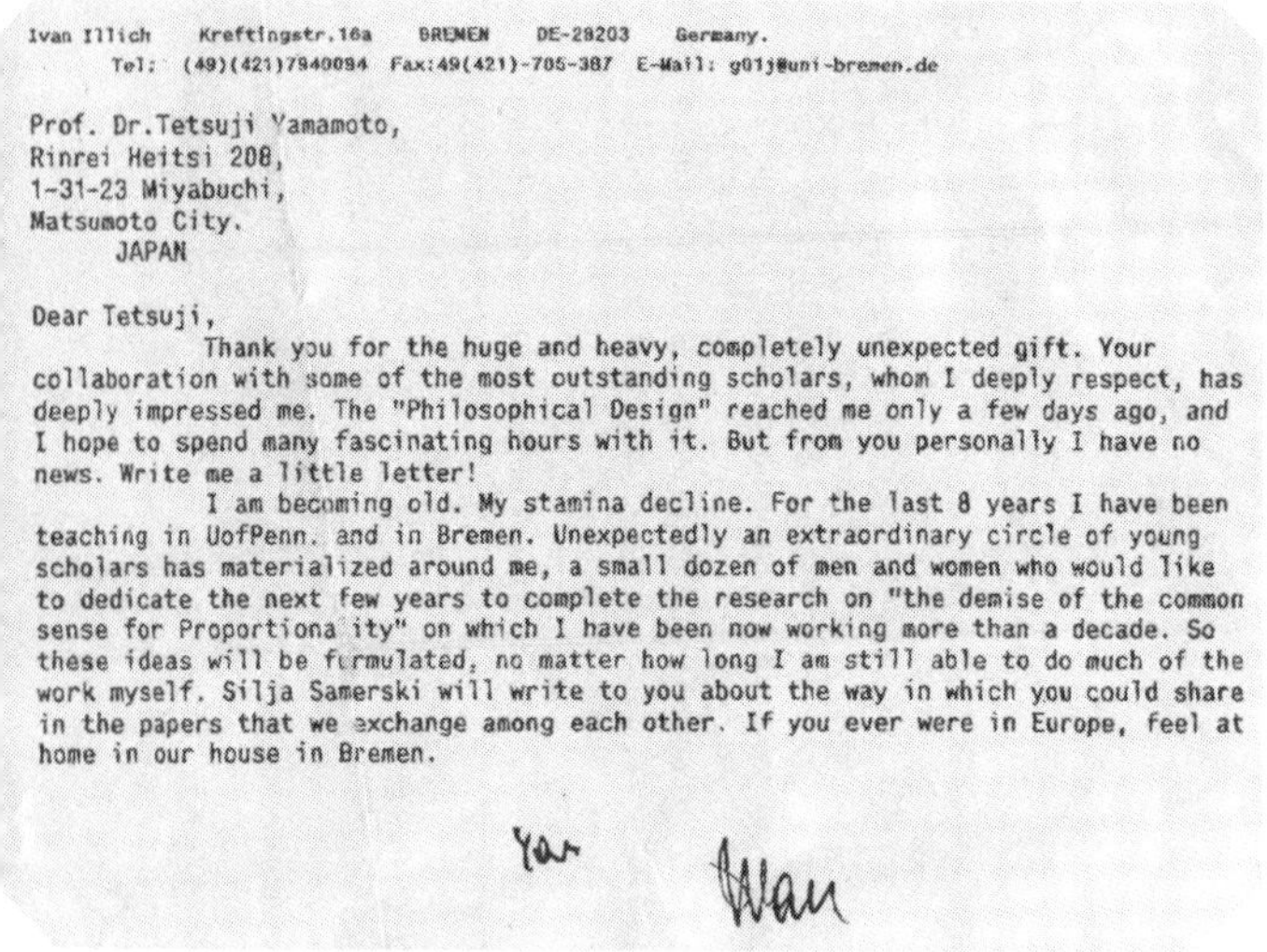
Ivan Illich Kreftingstr.16a BREMEN DE-28203 Germany.
Tel: (49)(421)7940094 Fax:49(421)-705-387 E-Mail: g01j@uni-bremen.de

Prof. Dr.Tetsuji Yamamoto,
Rinrei Heitsi 208,
1-31-23 Miyabuchi,
Matsumoto City.
JAPAN

Dear Tetsuji,

Thank you for the huge and heavy, completely unexpected gift. Your collaboration with some of the most outstanding scholars, whom I deeply respect, has deeply impressed me. The "Philosophical Design" reached me only a few days ago, and I hope to spend many fascinating hours with it. But from you personally I have no news. Write me a little letter!

I am becoming old. My stamina decline. For the last 8 years I have been teaching in UofPenn. and in Bremen. Unexpectedly an extraordinary circle of young scholars has materialized around me, a small dozen of men and women who would like to dedicate the next few years to complete the research on "the demise of the common sense for Proportionality" on which I have been now working more than a decade. So these ideas will be formulated, no matter how long I am still able to do much of the work myself. Silja Samerski will write to you about the way in which you could share in the papers that we exchange among each other. If you ever were in Europe, feel at home in our house in Bremen.

Your Ivan

イリイチからの手紙 1999年　この3年後に彼は亡くなった。

はじめに

わたしたちは自ら歩き、学び、病気や損傷を癒す固有の力を有している。それは、わたしたち一人一人の自律的力能であり、伝統的な文化の体系に支えられ、隣人との相互交換から守られているものである。ところが、産業的な技術科学文明はこうした自律的力能を麻痺させてしまっている。学校で教えられ、専門的医者に治療され、モーター乗り物で運ばれるわたしたちの日常世界では無限の〈成長〉が幸福な生活を保証するのだと考えられている。より良い、より多くの、技術科学、サービス、商品、そしてエネルギー消費が探究・実現されるべきであるというのだ。しかしながら一九六〇年代になると、発展や進歩の結果生みだされ分配された富は、わたしたちを裏切るものになってきた。世界がますます豊かな国と貧しい国に偏極化しただけでない。わたしたち素人は、専門家たちだけが問題を解決できると信じ、さらに現在の諸制度に依存するだけでなく、それを受容してはじめて社会的に生存できると思いこんでいる。そこでは、わたしたちの政治的自律性が不能化されている。

現代世界の変様は、社会形成の構造において、古典的な理論領域からは不可視なユニバースを構制するにまでいたっている。わたしたちの生活様式そのものがサービス諸価値を制象化して構制された、産業社会の変身である。これまでサービス諸制度は、それぞれ独立した形態としてのみ考えられていたため、産業的生産様式そのものとしておさえられず、学校制度や医療制度や輸送制度という、分類された特別な諸形態においてのみ考察されていたにとどまる。そのため必然的な理論上の誤りが生ざるをえなかった。資本制社会から社会主義社会への移行は、〈産業的生産様式〉になんらの転換をもたらすものとはならなかった。資本主義の根源的な諸悪にたいして、社会主義国家はもちろん社会主義の思想も解答をだしえなかったといえよう。

イバン・イリイチは、復回不可能な状態にまで無限成長している産業社会の産業的生産様式にかわって、既存の社会主義やコミューンとも違う〈新しい世界〉のイメージを、自律共働社会 convivial society の再構制として提唱した。それは生産を中心とした諸社会が組織されるのではなく、自律共働的な道具・手段の使用と、人間の自律的行為の相互交換を中心に組織された諸社会が構想されたのである。この社会は、諸々のアウトプットが「ある限界閾値」以下に限界設定されて政治的自律性がとり戻されている世界である。

こうした自律共働的《コンビビアル》と形容される生産様式を中心に構制された世界は、技術科学文明の極度の発展・成長にいたった西欧の制度の歴史そのものを、ギリシア文明から現代の産業技術文明にまでわたって再検証しようとするものである。この大じかけな思想的作業をイリイチは三つの産業パラダイムを用いてなしとげた。『学校のない社会』（一九七一年）での学校化、『エネルギーと公正』（一九七三年）での加速化、『医療ネメシス：健康の収奪』（一九七六年）での医療化が、特殊な形能としてでなく、産業的生産様式における「制度化」＝〈制象化〉というイリイチの新鮮な理論タームでもってとらえられたのである。

イバン・イリイチはカトリック司祭として、ニューヨークに移住したプエルト・リコ人と接触しながら、ついでプエルト・リコ大学の副学長として、ラテン・アメリカの現実と欧米文明の現実との間における諸矛盾を身をもって体験した。教会制度上の矛盾は、やがて産業制度上の根源的な問題として彼の前にたちふさがってくるが、折しもローマ・カトリックのラテン・アメリカ援助計画に抗する闘争を組むことによって、イリイチの思想的立場は確固としていった。一九六〇年代のラテン・アメリカは、キューバ革命の社会主義化の影響が拡がるとともに、それに抗する帝国主義的な「進歩のための同盟」の政治的・経済的援助にからんで、宗教上の援助・協力問題が、人々の身近な生活にふれはじめていった状況にあった。

イリイチは一九六一年、CIF（国際文化形成センター）を創立し、北米宣教師の南米派遣をこのメヒコのクエルナバカでくいとめようとした。その効が奏した頃、彼はカトリックを文化帝国主義であると批判したため、ローマ・カトリック教会との大論戦がはじまり、教会からはなれていく。そして、およそ一九六七年前後に、CIFをCIDOC（Centro Intercultural de Documentación 国際文化資料センター）へと改組した。スペイン語の学習に加えてラテン・アメリカの文化的・宗教的な現象を知るとともに、産業諸制度の分析をすすめる現代ラテン・アメリカ研究所（ICLAS）を併設し、ヨーロッパ、ラテン・アメリカ、北アメリカ、オーストラリア等から研究者や学生や牧師・神父たちが集う場をつくった。

この間のイリイチの考えは、『自覚の祝祭』（一九七〇年）に収められている。イリイチの思想を理解するには、ラテン・アメリカの現状認識なしにはほとんど不可能である。それほどラテン・アメリカの現状は彼の経験の舞台としてエスノメトドロジカル（民族思考法的）に作用している。産業化された転倒が如実に露呈しているラテン・アメリカの複雑な文化と文明は、混沌とした世界での生活体験にもとづいた思考をとおすと、産業化された眼のうろこや感覚のベールをはがしてくれる。これは、書物の世界でも、また旅行でも、さらに一、二年の大学から派遣された研究をとおしてもみえてこない、しかも語りえない「体験」としかいいようのない世界である。わたしは一九七五年四月から、一九七八年一〇月まで、メヒコのクエルナバカに生活しながら、CIDOCでイリイチ思想の研究と産業社会の研究にとりくんだ。CIDOCは一九七六年二月に閉鎖され、クエルナバカ・ランゲージ・スクールとなったが、イリイチのゼミは継承されて春と夏に開かれた。一九七五年の夏は、毎週イリイチと一対一で『学校のない社会』の不明な箇所を検討し、翻訳を仕上げた。この作業は、イリイチとわたしとの共同作業であったが、翻訳権の問題のため実ることはなかった。また『医療ネメシス』もイリイチから本を贈呈され、訳すようすすめられたがこれも翻訳権の問題で実現できなかった。

日本で『シャドウ・ワーク』以前の著書はイバン・イリイチの思想の深淵さや理論的可能性とおよそ無縁のところで、訳され解説されていた。彼を師としてだけでなく友人としても尊敬するわたしは、憤りをとおりすぎた寂しさを感じるほかない。

本書は、日本での数少ないイリイチ理解者や、浅才なわたしへの支持を惜しまなかった人たちの協力をえながら、イリイチ思想と理論の筋の最低限おさえておかなければならない点を示そうとしたものである。加えて、わたしなりにイリイチの思想から読みとった〈制度学〉の理論的な諸問題をひきだしてみた。イリイチを読むという行為は、日常的な常識をひっくり返すものであるが、イリイチと話したり彼のセミナーを聞くことは、コンビビアルで楽しく、かつ厳しいものでもあった。イリイチの思想を学校解体とか病院解体の水準でしか理解しない人たちは、マルクスの思想を生産工場解体と理解するようなものである。学校や病院や車を攻撃するのは容易であるが、その制度的な影の社会形成を分析するのは決して容易ではない。本書は、産業的生産様式に対応している産業社会の神話とその日常的儀礼とを中心にして、イリイチ思想の初源的世界を眺望し、序説として神話発生の制度学の端緒を展開してみた。

イリイチに内在し、日本の産業社会を見なおしてみるとき、後発先進国の転倒した容態があざやかにみえてくる。いずれ、この〈気づき〉は、少数ながらも他の人たちによって語られていくであろうし、わたし自身、本書を序説として、以後、分析を深めていく所存である。そのとき、わたしの未熟さがむしろ自律エネルギーを失わない原動力となるであろう。

物象化され、かつ、わたし流にいえば制象化されている諸々の社会諸科学への批判は、国際的には多くの理論的考察をもって深化されている。イリイチにとりくむには、古典に加えてそうした現代の新しい理論的・実証的研究に同時にくみすることが必須となる。浅学なわたしは、CIDOCに集められた文献からパンフレットにいたる膨大な資料と、資格もレッテルもなくただ学び論じあう集まった多くの人材とに圧倒された。とても完全にこなしうるものではない。加えて、イリイチ自身の個的な器の巨大さに驚嘆するだけであった。わたしはひたすら読みあさり、いろいろな国々から来た人びとと語りあった。

わたしは、社会科学とは、歴史世界の社会構造を分析するだけでなく、政治的自律性を取り戻すための研究でもあると考える。アカデミズムの手続きをとびこえて、むしろイリイチ思想自体に体当たりすることで、この研究をすすめられると思っている。

本書は専門権力論へ収束する一九七九年までのイリイチ「産業サービス制度論」を展開した。序章は、わたしなりの視角で産業的生産様式にたいするイリイチの全体像をのべている。第一〜三章はイリイチの著作に則して展開した。終章は、わたしなりの理論的出発点を序論的に展開したもので、イリイチを既成の理論枠でもって位置づけながら、イリイチから離陸していく理論世界を構成していこうとするものである。

本書は、イリイチの言葉がわたしの思考を通過して記されている。そのためわたしの浅学さの分だけ卑小化されているかもしれないが、引用の煩雑さを避けるためにも、不遜にもイリイチとの共著といえるつもりで書いた。

イリイチを理解すること、学ぶことは、自分自身を知るということになるのだ。

序章

産業社会の制度と神話

産業的生産様式の問題の所在と提起

the industrial mode of production
industrialization
institutionalization
industorial services
heteronomous mode
autonomous mode
productivity

一　消費者とサービス制度の生活世界——商品

現在のわたしたちは生まれながら〈消費者〉である。生産者であるよりむしろ消費者として、商品だけでなくサービスを購入することで社会生活をおくれる。この生活世界は「消費の社会」という所与の世界である。〈超資本主義〉ともいえる現代資本主義が、グローバルに変貌した現象である。そこでは、学校制度や医療制度や交通制度などの〈サービス諸制度〉が、画一的に社会的な世界となっている。このような諸制度なしに人間は生活できないと信じられている。わたしたちの生活世界は、サービス諸制度が支配的となっている〈消費者社会〉といってもいいだろう。わたしは、現代社会の過剰消費現象を〈蕩尽〉だなどといってすましてはいられない。「政治支配」の根元的変貌をそこに感じとっている。

あまりに肥大化している現代社会のグローバルな変身は、既存の古典的な理論タームでの認識を許さなくしている。だがいくつかの手がかりのうちで、一方で主要な公的制度が確立し、他方で個人は私的にしたいことができる、そうした個人と制度の両立している現象をどうとらえるかという制度上の視角から考えていけそうである。

宗教社会学者のトーマス・ルックマンは、「現代の聖なるコスモスは、個人が〝私の領域〟に閉じ籠もることを合法化し、個人の主観的〝自律性〟を聖化する。かくて、必然的に、聖なるコスモスは第一次的公的制度の機能的自律性を補強する。人間存在の主観性を強化し、それに聖なる性質を与えることで、聖なるコスモスは単に社会構造の世俗化を支持するだけでなく、その非人間化をも促進する。」（ヤン・スィンゲドー／赤池憲昭訳『見えない宗教』ヨルダン社、一七五頁）と、宗教の新しい社会的形態を、制度と個人を対応させて語っている。

この宗教社会学の現象学的な指摘は、制度、宗教、個人を考えなおすうえで根本的ともいえる問題を提起している。ヴェーバーとデュルケームからパーソンズ、アルフレート・シュッツ、ピーター・バーガー、トーマス・ルックマンらの社会学における「制度化」と「聖―俗」を考察する種々の方法にたいする批判的継承から、イリイチ思想は制度的視座を獲得していった。思想系譜的に簡略化していえば、〈制度化〉にたいする現象学的な社会学の考察を、マルクスの理論を媒介にして、ヴェーバーを継承したところに、イリイチの世界が鮮やかに描きだされるといえよう。「聖なる宇宙」でのわたしたちの生活様式は、ルックマンのいう個人の自律性と公的制度の自律性の地平からもう一歩すすんで、消費者とサービス制度のなかに体現されている、とみることからその解明が深められる。

産業社会の人間は〈消費者〉である。わたしたちは、消費者としてうまれ、よりよい消費者に育成され、消費者として日常生活をおくって、消費者として死す。消費者とは、商品、サービスを購入して生活（＝生命）の必要と欲求を充たす存在である。わたしたちは、行為するよりむしろ「得る」ことに馴らされ、得た物を消費して行為に代える。また同時に、わたしたちの生活世界は、商品化されていないものに出会うことができなくなっている。自然の樹木から道端に棄てられたゴミまで、すべてが商品であるか、あるいは商品であったものである。この商品は、「触知できる主要品」tangible staples にかぎらず、サービスのような「触知できない主要品」intangible staples までをも含む。産業的人間・消費者は、主要品・基幹物 staples が〈商品 commodities〉に転じられてそれにとりかこまれた生活世界を生きぬいている。

商品に包囲された生活では より良い、より多くの商品・サービスを得た人が幸福であると考えられている。そして、この生活とこの考えは世界的に一様に均質化されている。単純化していえば、アメリカ合衆国の中間層にむかって世界の人々は平準化され、そうありたいと望んでいる。

ここでいう〈商品世界〉は、日常生活で手にする〈物〉にとどまらない広い意味で考えられる。誕生、入学、結婚、葬式、病気の治療、交通、安全、学習等々のサービスや諸行為も、商品として現象している。全く目的もなくふだんの棲家をはなれて他の場所に泊まり、風情を楽しんだ「旅」でさえ、パッケージされたサービス商品となっている。生産物商品だけにとどまらないサービス商品をも含んだ商品世界である。

また、商品が世界の隅々にまで進出しているというのは、コカ・コーラやネッスルやフォードやダットサンやフォルクスワーゲンという商品商標がでまわっているという現実にとどまらない。電気スイッチやティッシュペーパーを使う生活、学校や病院に通う生活、そうした生活の仕方に、産業商品・産業サービスが入りこんでいるという意味での〈商品世界〉である。電気スイッチのある生活を良好状態であるとする「生活の仕方」は、電気スイッチ自体の商品形態とは問題の所在する次元を異にする商品世界において考えられねばならない。

商品をこのように〈観〉るとき、それは商品生活様式が問題とされるのであって、商品の生産形態や商品形態が問題とされる経済学的な原理とは違う世界が考えられようとしているのである。かつて宇野弘蔵は毅然と、「消費」は経済学の対象ではないといったが、その消費生活をわたしは商品生産様式から考えようとしているのである。現代のあるマルクス主義経済学は、消費を経済学からとらえようとする転倒をあえて行なっている。〈経済学批判〉の質をもたねば〈消費〉はつかめない。この問題は、非常に原理的であるが、〈生活世界〉そのものを語ろうとする体験的なものから近づくこともできる。パッケージされた結婚式を予算に応じて選択し、パッケージされて売りに出された家に住み、パッケージされた墓におさまるという生活様式は、商品関係に物象化された現象である、と物象化論で片づけてしまうことはできない別のレベルを構成している。物象化の規制はうけていても、物象化そのものではない世界である。こうした理論的な問題点は、終章で論じるが、古典的な資本主義のタームとは異なって、「資本主義が〝変身 metamorphosis〟した」世界が問題にされようとしているのが、ここで感じられれば十分である。その世界での商品・サービスを考えようとするのである。

このような商品・サービスは、ふだんの日常生活を社会的に無事おくっていくうえで〈必要〉need であるとみなされている。たとえば日本ではテレビは娯楽としてだけでなく、情報を伝達する民主主義的な過程としても必要であると考えられているが、このほんの十数年の間に広範にいきわたって「必需品」

となったにすぎない。アンデスの山中でテレビが必要でないように、わたしたちの生活でも実際には必要ないのであるが、「必要である」と嫁されている(押しつけられている)特徴を有した〈必要〉imputed needである。これは、公的なサービス制度においてはもっと顕著にあらわれる。たとえば、実際に学習は学校の外でほとんどなされているのに、学校は学習にとって〈必要〉であり、教育は必要である、医療は必要である、子どもは義務的に就学させるべきだというものである。

〈必要〉をめぐってイリイチは、歴史上三つの変化があったと、医療を例にして説明している。第一の必要の変化はスルファ剤と抗生物質とともにやってきた。注射が簡単で効果あるものになり薬品が療法により多く使われはじめてきた。そして、どこかが悪いと感じた者は診療所にいき、「疾患」名をふされ「病人」と呼ばれる少数の者になった。第二の必要の変化は、病気が少数から多数者になり、各人の歯、子宮、血圧、心理、労働慣習が観察され、診断され、矯正されるようになったときに生じた。専門医師が患者を適切に処方するようになった。多数者のために、専門的処置がなされていく。第三の必要の変化は、専門的処置の多様化にみられる。一つのことに、多様な局面から何人かの専門家たちが動員される。そして、顧客はこのようなチームのアプローチが必要なのだと馴らされる。(DP p4-9)

〈必要〉は歴史的には特権的少数者から多数消費者に移り、ついで専門家集団が決定していくものへと転じた。この〈必要〉の変身の過程で、サービス制度が多数者のために確立されていった。個人がそれを選んでいた段階から、専門家集団がそれを義務的におしつけるものに変化した。今や〈必要〉が定義されて、それに向かって馴らされるのである。〈必要〉の変身は、資本主義社会の変身を物語っている。この変化において、サービスの義務的消費化、サービスを提供する専門家集団の権力化、そして個人の自律性の麻痺が形成されていった。

資本主義が変身し、触知しえない〈サービス〉が生活世界で主要な位置をもち、必要が押しつけられていく。こうした商品市場に集中した社会をいかにとらえうるか。このグローバルに変貌した社会を分析しうる対象とするには、新しい視座と概念でもって、新しい対象をつくりだしていかないことには、この社会変貌の現象さえ知覚されないであろう。全く新しい〈観〉方が求められている。もはや、労働の疎外とか、機械の支配とか、民主主義の反動化とか、という水準で非人間化を指摘しても、現代の社会に根深く切りこんでいくことはできない。

わたしたちは、イリイチにならって、健康、学習、コミュニケーション、安全、諸矛盾の解決、というような諸々のサービス価値の制象化を対象にして考えていこう。この〈制象化〉とは、社会学で〈制度化〉と訳されてきた"institutionalization"にたいするわたしなりの理論用語である。本書全体は、産業社会の支配的な特徴を、この〈制象化〉の現象として解明していくものであるが、これまでの経済学的な「生産物＝商品」を対象にするのでもなく、一般的な社会行為の「制度化」を対象にするのでもなく、サービス諸価値のインスティチューショナライゼーション〈制象化〉を理論的概念に練りあげられるように全般にわたって考えていこうとしている。それには、まず〈サービス〉に関してその意味を考えておかねばならない。

　マルクスは、生産的労働にたいする不生産的労働の古典経済学理論を批判しながら、「サービス労働」の問題を『剰余価値学説史』であちこちにわたってとりあげている。そこでは、女中や仕立て屋のサービス、兵士、医師、弁護士、教師のサービス、享楽を与える歌手などのサービス、役人のような押しつけるサービス等々が、いかなる場合に生産的でいかなる場合に不生産的であるか、「剰余価値生産」との関わりでもって考察されている。マルクスはサービス〈労働〉を語りながら、潜在的にサービス〈制度〉が支配的となりうるような未来的世界をも語っている。しかし、彼の着眼点は経済的制度の賃労働および剰余価値生産を、俗流古典派経済学から離陸してとらえようとするものであって、現代的な特徴となっている生産への要求・需要を増すように関わる、サービス・コストやその制度のあり方に真正面からとりくんでいるわけではない。

　一九世紀経済社会においては、人々の消費行動を特定の方向へ向けるという事業は、まだ資本集中化されていなかった。消費者コントロールは、現在、経済（学）のなかでも主要な部門となりつつあるが、わたしたちは、サービス制度の問題をサービス・コストないし消費コスト、あるいは社会的費用の経済学的な問題領域と混同してはならない。むしろ、マルクスのいう、サービス労働に従事する者たちの世界を、経済学ではない制度学（とわたしは呼称しはじめている）的な視座からとりくんでいくことである（かつての古典派経済学にたいするマルクスの「サービス労働」における批判は、現在の新古典派経済学にたいする批判に対応する質をもった理論地平として、現代にも通じるマルクスのエネルギーを示しうる重要なポイントともなるであろう。この経済学的理論にかかわる論議は、別の機会に論じる予定である)。

ここで、わたしたちは、はっきりと、生産労働とサービス労働との識別の水準を、労働行為とサービス行為の識別の水準に切りかえておかねばならない。これは、「価値」の規定にもかかわる基本的な問題で、この労働と行為をめぐる生産・サービスの識別がないために実に単純な生活体験が生産イデオロギーにとらわれてしまっているのである。

マルクスの「労働」概念は人間と自然の物質的代謝の次元で規定されている根源的なもので、「行為」の内容を包括している。というのは、アリストテレスはたとえば、『ニコマコス倫理学』の中で、「製作。つくること」making (poesis) と「行為＝すること」acting (praxis) とを本質的に全く異なるものであると区分している。製作とはそれ自身のほかにつくりだす物を目的にしているが、行為とはそれ自体が目的である。近代的な科学技術は物の製作を機械にまかせるというもので、行為しうる時間をそれによって増したが、アリストテレスのこの定義は、まさにマルクスの「労働」によって統合され、最近ではルイス・マンフォードによる「技術」と「芸術」の統合としてもうけつがれているが、いずれにせよ行為と製作をめぐる根源的な問題をはっきりと掴むように促している。

マルクスは自らの「労働」概念を、生産物の側からみたときに「生産労働」であるとして、認識の視点を切りかえたうえで労働過程と価値増殖過程の統一である資本主義的生産を解明しようとする。われわれは難しく考える必要がない。生活体験のレベルで、生産物をつくりだす労働行為と、目に見える生産物をつくりださないサービス行為との違いを容易に識別できるはずである。サービス行為は他者への働きかけであって、生産物をつくるものではない。ここに「触知しえない商品」を生産するという制度（学）上の対象が存在している。兵士も教師も弁護士も医師も運転手も、また歌手やお手伝いさんや役人も働いてはいるが、「生産物」をつくりだしていない。生産物をつくらない行為を認めることと、それを不生産的労働と規定する水準とは混同してはならない。不生産的労働は、〈剰余価値〉の生産いかんにかかわる経済学的規定であるが、生産物をつくらないサービス行為は〈制象化された価値〉にかかわる制度学的範疇である。ところが、サービス行為が生産的労働であるかのように、生産の総過程にくみこまれて（マルクスが示したこと）、事実、生産的労働として機能し、あたかも生産物をつくりだしているかのように現実に現象しているのである。このサービス行為のサービス労働への転移かつ転倒が問題であるのだ。

イリイチはいう。「何か一つの過程があれば、それは必ず何か価値のあるものをうみだす」（DS 八〇頁）。またもっと具体的に「健康、教育、輸送、福祉、心理的治療といった価値は、制度からのサービスあるいは制度による取り扱いを受けたことの結果として得られる」という「思いこみ」「誤解」「信仰」になっている、と。この信仰は、剰余価値生産の総過程に、生産物をつくらないサービス行為が〈生産的に〉くみこまれていることに規制されて生じている。それに実際にたずさわるのが、医師、牧師、運転手、ソーシャルワーカー、セラピスト等であることはいうまでもないであろう。だが、制度（学）は、「制度の過程」

を問題にするがサービス労働を問題にするのではない。労働論ではない。

　これを裏づけるかのように、平田清明は〝produce〟の本来の意味が「産むということではなくて、訴訟の文書を提出するという意味」であると指摘している。フロー（年々の生産物）ではなく、産出物の帰属関係、分配なのだといっている。『資本論』を必死に制度論として読みかえようとしていたわたしにとって、この「マルクス研究者」が経済学的認識を破るかのような概念の再定義はまさに「頭をひっくり返された思い」のした、当然といえば当然の印象深い指摘であった。流通過程でのプラス一〇の発生にたいしてマイナスが労働からでるという剰余価値ならざる「付加価値」という訳語にからんだ平田の理解の展開は、「価値を生産し、増殖した価値を生産するからその帰属が問題となるのであって生産過程という用語自体が、その生産物の帰属を含む概念です」とまで言っている。それを経済学認識に再びとりこむのか、政治経済学的批判の別の次元にいたろうとするのか、わたしがこの所詮マルクス主義経済学者と岐れるところだが、「生産物」論の側からこのような指摘がでたのは面白い。（『転換期の思想』新地書房、一二〇 - 一二四頁）

　後に示す、イリイチの「生産様式」なる範疇も、少なくとも「生産物」をつくる生産を語っているのではないのである。もちろん、生産物の帰属関係を語るのでもないが。「マルクスにとって商品の需要をうみだすためのコストはほとんど意味がなかった。」（DS 九三頁）にもかかわらず、マルクスのいう「生産過程」の「過程」の理論が制度的にも非常に有効な理論となっていくのは事実である。

　しかし、資本主義的生産の総過程で、「ある種の需要を引き起こす労働に」――つまりサービス企業の労働に——多数の者が従事し、経済的には資本を集中的に利用できる産業のみが、その需要を充たすことができるのであるが、こうした資本主義経済の変身した構成にたいして、制度的には学校がその需要創出に影の大きな力をはたしている点が今まで見落されていた。階級関係の従属様式を再生産するのが学校であるというマルクス主義的な見解は、まだ非常に未熟である。制度（学）上、学校のようなサービス制度は、「商品の消費需要」を高めるだけでなく、「サービスの生産需要」をも高めて、総生産過程を領導するほどのものとなっている。交通・輸送の加速化は、回転期間に直接かかわるだけにもっと具体的にイメージできよう。

以上のことに関してもう一点、どうしてもサービス制度を考察するうえでおさえておかなければならない、「価値」の概念がある。使用価値、交換価値、価値の三つに識別され統一された「商品論」における規定をここでくりかえすことはあるまい。ただ、イリイチが、「商品対使用価値」というようなマルクス主義者がきいたらとんでもないというような「価値」概念の使い方をしている。そこにサービス価値をめぐる極めて基本的な問題視座があるのだとわたしは指摘したい。イリイチにたいするマルクス主義的な誤解に基づく批判は、おおよそこの点に集中しうるし、日本でもそうなるであろうと予想される。

イリイチは二〇〇〇人を前にしたオーストラリアの教育集会で、「交換価値を有していない使用価値」をマルクスの『資本論』第一巻 第一章の「商品論」からひきだし、学校のようなサービス制度を考えるうえで重要な問題であるとのべている。それは、第一に、自然水、空気、処女土。第二に、他者または自分自身が直接に消費する簡単な物。第三に、喜びのようにわたしたちが望んでいるが、社会的な価値とならないものである。現代の資本主義的商品生産はこれらの世界にまで侵入しているが、この点に関してイリイチが強調したいのは、この三領域の具体的な内容ではなく、商品世界のなかで、「交換価値にならない使用価値」という「考え方」が成りたちうるのだという、その「視座」である（「使用価値」と「有効性」の識別をめぐって論議するのは、経済学的に意味があっても、制度（学）的には影響を及ぼさない）。

この考え方をもってイリイチは、「自律行為」autonomous action に「使用価値」をあて、サービス諸価値に「商品」をあて、対立概念とした。このとき彼は、〈社会〉のあり方までをも語ろうとしているのであるが、それは今ここでは問わない。「歩く」「学ぶ」「癒す」「見る」「聞く」等の自らが統治しうる行為そのものを「使用価値」とし、「移動」「学習」「治癒」「遊び」「安全」などがその内容となってくる（『学校のない社会』で、これをイリイチは「価値」と呼んでいるが、正しくは「使用価値」の意味である）。

そして、サービス価値とは、これらの〈自律行為―使用価値〉にたいする他者の働きかけ（＝他律行為）がサービス行為としてになう価値を意味する。「輸送」（動かす）「教育」（または教授＝教える）「治療」「娯楽」「防衛」などである。これら、サービス価値が「商品」としての性格をうけとっている。そのため教えた結果が学習であり、医学的に治療した結果が健康であり、モーター輸送の結果が移動であり、警察・軍隊が守った結果が安全であり、ショー娯楽興行の結果が遊びである、等となっていく。

だいぶ概念の世界に入って、理論的にはしょって提示してきたため話が難しくなっているようであるが、過剰に産業化された社会では消費者とサービス制度において、次のように簡明にしめされる生活世界がつくりだされているのだと語ってきたのである。

「（消費者となった―訳者）人々は物事を自らなすdoというよりもそれを得ようgetとする。自らが創造しうることではなく、購入されうるものに価値をおくように訓練される。自ら学び、自ら癒し、自分で道を進むよりも、教えられ、動かされ、治療され（取り扱われ）、ガイドされるのを欲する。人格でない諸制度が人格的な機能を割りあてられるのである。」（ME 一六八頁）

これは健康、学習、移動、独立、安全などの「使用価値」が、これらの（使用）価値の実現にサービスすると唱える（サービス）制度の活動そのものと、ほとんど同じことのように思いこまれている世界である。（DS 一四頁）

このようなサービスの制象化は、自律的様式と他律的様式の「共働」synergy のあり方でもって示される。産業的サービス制度 institution である学校制度や輸送制度や医療制度は、他律的様式の働きかけが勝利して自律的様式をおさえこんでしまったという制象化 institutionalization が、制度として専門的に分化し確立 establishment したものである。そして、この制度機関 institute への資金や人材のわりあてがどう増進されるかに、健康や学習の増進いかんがかかっていると信じられている（このように"institute""instutiion""institutionalizaton"は、そのタームの水準がそれぞれ異なっている）。制度におけるこのような構成は、さきのルックマンのいう第一義的公的制度とは異なるもので、それゆえサービス制度を確立し、それを公的な制度に仕上げるという制度的形成をうながす資本主義の歴史的な到達水準があり、また制度を「パラダイム」としておさえる方法が考えられてこそ、解明しうる制度上の構成が問題の俎上にのせられているのである。

生産性の増大にともない、サービスの供給も増加しているサービス・セクターにおいては、諸個人が「私の領域」にとじこもりうる主観的な自立性をつくりだしたと同時に、自身の潜勢力や自由を諸個人から奪っているのではないだろうか。そうしたパラレルな過程が、制度の様式になっているのではないかと予想される生活世界の産業的特徴を考える手立てを示してきた。実際には生産者が社会の基盤であるのに、消費者が神様となっている社会では、制度が「生産性」のために編制 establishment されているのである。この編制はサービス・セクターを、生産セクターから分離された領域として考えるのではなく、サービス・セクターの増大を必然としている社会の形成 formation そのものを象徴としているものと考えるべきである。「進んだ社会の諸々の局面は、それが資本主義的であれ社会主義的であれ、いかなるものであろうと、エスカレートする生産と消費の幼虫的システムの部分となり、それを正当化し、それに支払わねばならない」(PI p.335/3) としている。

資本制社会の古典的な形態は今や消費者社会に変わっているのである。第一に、消費の本来の性格が変わった。触知しうる商品よりも、情報や教育や健康などの触知しえない商品が進歩の結果大きな場所を占め、そこでのコストが急速に上昇している。それは、第二に、経済学的認識では不十分にしか指摘できない制度形成を、社会形成においてつくりだしている。第三に、この社会形成に現われたサービス諸制度が特殊な自立した諸形態として認識されている限り、真の理論的な世界は全くといってよいほど見えてこない。現象学的な生活世界を商品・サービスの世界においてとらえ返す必要がある。

このような新しい社会形成がなされた物質的な根拠を、次に探っておこう。

二　エネルギー高消費と制度

サービス・セクターの増大にみられる消費の変化は、制度の目的が生産性の増大にむけてくまれている社会のシステムを、多次元的な生活世界に対して、一元的・均一的に構成して覆っている。この消費・サービスの変化は、一つの資本主義の変身を示すものであろう。

「ある成熟段階に達すれば、一定の歴史的な形態は脱ぎ捨てられて、より高い形態に席を譲る」というマルクスは、「このような危機の瞬間が到来したということがわかるのは、一方の分配関係したがってまたそれに対応する生産関係の特定の歴史的な姿と、他方の生産諸力、その諸能因の生産能力および発展とのあいだの矛盾と対立とが、広さと深さとを増したときである。そうなれば、生産の物質的発展と生産の社会的形態とのあいだに衝突が起きるのである」（『資本論』大月文庫、第八分冊、四四〇頁）と意味深い指摘をしている。制度編制や環境は、産業経済においては分配関係に配置されるものであるのだ。

かつて一九五五年体制のはじまりつつあるころに「大衆社会論」は、ある成熟段偕に達した「社会形態」

の変化をとらえた規定として論議された。今、エネルギー危機以来の「転換期」が、成長曲線の弛緩化ないしゼロ成長のなかでもって論議されている。だが、エネルギーをめぐる様々の議論の認識の地平は、エネルギー高消費の根源に潜む意味をとらえているとはいいがたい。もしこの危機を〈社会形態〉の変化として示してしまうならば、資本制社会のある成熟段階の到達水準がどのような変化を社会全体にもたらしているのか、見えなくしてしまうであろう。一体、生産力の発達水準とか、成熟段階とはなんであるのか、それは決して単純な生産と消費のエスカレートでも、直線的な発達でもないはずである。そして示唆に富んださきのマルクスの図式は、その記述的な展開のなかで、エネルギー消費と（分配）制度の関係を暗示する潜在的な内容をもっている。

エネルギー問題に関する一般的な見解は次のようなものであろう。エネルギー資源の危機は環境汚染が併行しているなかで、世界の国々が人類の生存をかけて乗り越えていかなければならない問題である。政治家のみならず、科学者・経済学者・技術（論）者を先陣に、おおよそありとあらゆる人たちが、この危機を〈火急の危機〉であると解説して警鐘を打ち鳴らした。ついで専門特術科学者たちは、エネルギーの不足をかなり高い精度で推定して、本気で心配し、これが「国民全体」のひとりひとりの生活に直接関わり各人が深刻に考えねばならない問題である、と啓蒙しはじめた。そして、一方では、個人が原子爆弾を作成できるプルトニウム時代の可能性がある状況下で、原子力の開発が研究・実験されはじめたのである。

エネルギー危機の影響は、日常生活の物質的条件に直接関係するという現実の危機感より、むしろ物質的生活に波紋をもたらすに違いないと思いこんでいる幻想の危機意識に関わっているようだ。「エネルギー不足↓産業成長低下↓消費生活の窮乏」という、短絡した回路図式の意識である。それはまた、高度成長によってえられた物質的富の豊かさが失われるかもしれないという怖れにとどまらず、失業の恐怖感にまでつながっている。

一九七三年、キッシンジャーの世紀的な大演出は、日本のトイレットペーパー戦争までまきおこすパニック劇であった。しかし、石油資源の不足・限界で示されたエネルギー消費の危機演劇は、産業社会の生活様式の土台がどのようになっているのかを再検証する好機でもあった。見解は三つの選択に分岐した。すなわち、人間社会の良好状態 well-being/bien-estar とは、

(1) 一人当たりのエネルギー使用が多ければ多いほどよい。

(2) エネルギーを他の資源に変容することでより高度の効果をもたらしうる。

(3) 社会メンバーの参画によって機械エネルギーを最小限な状態にとどめることによる。(EE p.22)

これらのガイドラインにたいして、イリイチは、「第一のアプローチは、欠乏や破壊的燃料にたいする管理運営を産業のためにさらに強化するものであり、第二のアプローチは、熱力学的な倹約がなされるような産業制度の再編成を強めるものである」と批判した。この両者は、ともに巨大な公的予算と社会統制(コントロール)を必然的に増す。エネルギー消費を高めつづけることで、制度は公正を実現するの

ではなく、管理統制を強化していく。エネルギー危機への実際の対処は、この二つのアプローチに集約され、広範にいきわたっている。成長のテンポをはやめようと遅らせようと、成長そのものを絶やしてはならないというイデオロギーあるいは理念は疑われていない。この理念はもちろん合法化される必要もなく、広く共有されているのである。

石油危機の虚構性を批判する専門技術者や論者たちも、結局は、他のエネルギー資源への変換可能性を測定したり、危機をうたう政策的な意図を批判したり、あるいは現代のラッダイト（機械破壊の暴動をおこした職工団）をうながしたりするにとどまっているようだ。

私たちが腹立たしいのは、今は原子力発電の安全は確証できなくとも、いずれ安全に運転しうると平然と唱える技術官僚たちだけではなく、原子力を開発せずとも石油資源不足のなかで、石炭・水力・太陽エネルギー・風力・波力・天然ガス等、あれこれとその変換可能性を専門的に考察しながら、大量の石油ネルギー消費からの置換は難しい、いや可能だ、と論議している誠実な専門家たちを含んでの、専門主義者がつくりだした「エネルギー問題」そのものである。それは、自分たちがつくりだした子どもの学習問題や医原性疾患にたいして、誠実に対処を考えている教師や医師さらに医療機器工学者と同じものである。

エネルギー危機は一九七〇年には専門科学者の間ですでに論じられていたし、一九七三年の危機表明に先立つ欠乏の事実も存在していた。問題は、エネルギー危機の政治的演出の是非でも資源変換の可能性でもなく、エネルギー消費が〈問題〉とされ、〈解決〉が究明されなければならないという、そうした社会のあり方そのものは一体何であるのか、という根源的な問いである。

エネルギーの高消費は、生活水準の向上を制約しはじめるだけでなく、物理的環境をも破壊する、という逆説的効果が感知されている。そして、エネルギー政策は、紀元二〇〇〇年までに、社会がそれぞれ享受しうるエネルギーを基に社会体制がどうあるべきかを決定する点に集中している。一般的にエネルギー問題を語るほとんどの人たちは、それが科学や技術の問題にとどまらず、人間の考え方にも関わると指摘している。だが、技術科学論や経済学や政治学の既存の論議から解放されるために、また鋭い専門技術研究・実証をおおってしまっている幻想的前提から解放されるために、ほんの紙一重の違いのある世界をとらえねばならない。それが、さきにあげたガイドラインの第三のアプローチであるエネルギー消費に限界を設定する、というイリイチの見解である。

社会秩序の基盤には、可能な最小限のパワーの使用が最適である、とは考えられなくなっている。というのは人間の自然な生存は、生態的な限界を克服していく最大限エネルギーの使用によって保たれるとして、歴史的な発展・成長がなされてきたからである。一人当たりのエネルギー使用を高めた国の者たちは、貧しさと自然の驚異を克服し豊かになったが、それが低い国は飢餓と生存の恐怖に脅かされていると考えられている。

にもかかわらず、他方では、最大限のエネルギー消費による発展が低開発をうみだしたとする認識が、理論上では常識にさえなっているのだが、先進諸国をベターとする幻想は疑われないまま残されているようだ。発展観ないし進歩観に基づく一般的な幻想とは、「公正 equity」はエネルギー消費の増大に伴って実現され、社会的に好ましくない人間の生態的状態は、より清潔で豊富なエネルギーを万能薬にしたある理想的な政治状況下で克服されるという、広範にいきわたった信念である。これが信念となりえたのも、歴史的にそのような効果を奏したある段階があったからであろう。しかし、エネルギー消費が「ある閾値（a threshold）」を越えたとき、それは事実に反する幻想となった。また、社会主義国が「小生産力」から脱出し、資本主義の搾取をふりきって社会正義を遂行しようとしながら、やはり「ある閾」を越えてからというもの、その電化と公正の同時遂行はデマゴギーとなってしまったのである。

エネルギー消費は、生産力の発達水準を示すものである。この生産力の発展が、公正あるいは社会正義を人間の社会的諸関係に実現しえた時期が確かにあった。ところが、生産力の発達が社会諸関係を衰退させてしまうような段階に現在は突入している。エネルギー消費の成長に社会的な限界を設定するという考えが思いつかれさえしないところに、「生産力主義」の思想があるのであって、理論の教条的理解に生産力主義があるのではない。その意味で多くの生産力主義批判は、エネルギー高消費の幻想イデオロギーの下に呪縛されている。マルクス主義も、無限成長のイデオロギーに呪縛されている「生産主義」の思想である。

エネルギー消費への限界設定とは、「省エネルギー」ではない。エネルギーを節約しながら産業発展・

成長を保とうとすることとは本質的に異なる、「参加民主主義」の根本原理に関わる「政治的」問題が「限界設定」のアプローチにあることだ。人間の自律性の表現である参加デモクラシーは、低エネルギーを公理とする。

エネルギー消費にたいするイリイチの見解は、次のように説かれる。現代世界は、その消費が批判基準に達した豊かな国と、その基準下にある貧しい国が、ともに共謀して機械的な全体性をもって、産業成長を維持しながらエネルギー効率を高める、という政策を実施している。この政策の結果は、第一に、人間の政治的自律性を不能にし、同じことであるが、第二に、社会コントロールを増すだけである。そのような「政治的態度」の危機に関わっている問題である、と彼は考える。産業的成長と公正の結合遂行は実際にはありえないというのである。

社会公正の実現を妨げる産業成長の到達段階とは一体どこまできてしまったのであろうか。それを視覚的に巻末の図からみてとれる。人類史の大半は自分の足で歩く世界であったが、最高速度の急速な発展にみられる現代の技術科学の進歩は、異常な事態であるに違いない。この社会的な生活様式については第三章で語るが、エネルギー高消費が制度による社会統制をます根拠の、もう一つの側面を技術科学の進歩から確認しておこう。それをイリイチは、河の流れが分流していくような（通時的）イメージから「二つの分水界（watershed）」という言葉でもって示した。

主要な制度は、二つの分水界をここ一五〇年の間に通過している。第一は、新しい知識が明確に陳述された問題への解釈として適用され、科学的な物差しが新しい効果の測定に適用されえたときである。科学的寄与の、効果・結果が測定可能であり、他方サービスが急速に増大していった。第二は、この到達において示成された進歩が、価値のサービスにおける社会の搾取を合理化するものとして使われ、主要な専門家が設定した基準が、彼らのみによってコンスタントに修正されるようになった。もはや、科学的成果は測定不可能となり、専門的な処理が損害となる時代に入った。

イリイチは、一九一三年と一九五五年を医療における二つの分水界点であると例にあげ、第一は、患者が医学校卒の医者の治療を五〇％うけるようになった時に、第二は、「医者のつくる病気」(iatrogenesis)、科学の適用の結果である病気が五〇％をしめるようになった時であるという。第一の分水界通過後、病気を構成しているものとその療法とが識別され、医療サービスが医科学の進歩によって効果的実践となり、道具手段の簡素化とその独占・合法化がすすめられ、衛生が専門化された儀式となり、幼児死亡率の低下、死亡と病的状態の傾斜、また、労働人口増加とその仕事への効果、新しい道具手段の害にたいする治療等が効を奏しはじめた。他方、副作用が出現し、最上の健康を主張する医者が出現、新しい病気が定義され、その制度化がすすみ、周辺的な非効用が増加し、第二分水界へと入っていく（このよりくわしい様態は、ルネ・デュボワの『健康の幻想』（紀伊国屋書店）をみられたい）。

学校は教育を供給する効果的手段でなくなった。車も輸送にとって安全な道具手段ではなくなってきた。第二分水界後の危機とフラストレーションにたいする六〇年代の反動は、より多くの技術的・官僚的エスカレーションであった。科学と技術が問題を発生させているところでは、より多くの科学的理解とよりよい技術が問題解決だと考えられている。知識ストック、より多くの〝科学〟は、エスカレーションによって危機を解決する最後の試みといえようが、危機の真の解決ではない。

人間のために機械をつくり、機械をつかうため生活のために人間を学校にやる、という産業社会の経験的な仮説はすてさるべきである。発展にむけて加速化されている現代の危機は、この二つの折り重なった経験に根があるのであって、この失敗の根元的《ラディカル》な認識から解決がうみだされる。

機械はもはや働かず、機械のサービスによってあまった分だけ将来の生活のために学校にいって「学校化」される、その効さえ実現されなくなっている。機械の力がますにつれ、個人の役割はますます消費者の役割へとおとしこまれていく。「プロレタリア独裁も、レジャー大衆も、たえず拡大する産業道具手段の支配から逃れることができない」(TC 二二頁)。

現在の「道具手段の構造」を転換することが危機の解決である。人々は、彼らのために働く道具手段でなく、ともに働く新しい道具を必要としている。自律的諸個人と主要な諸集団が、生産の新しいシステムの全体的有効性をある限界閾内で実践するところに社会が再建されうる。産業社会の制度は、これと全く逆のことをしている。

わたしたちは、ここで次の点を確認しておけば十分であろう。それはエネルギー消費が、ある「限界閾値」を越えると、「社会的コントロールのコストが全体の出力よりも速く上昇し、それが経済内部で主要な制度的活動性となる」(EE p.18) ということである。いかなる社会であれ、政治システムと文化的内容は、この限界閾値をエネルギー消費がこえるならば衰退する。ある発達段階が社会形態に変貌をおよぼすという、その根元の意味は、社会的諸関係において制度的統制を発生させる「限界閾値」があるということである。革命への土台となるような自然発生的な生産諸力の発展などはないのである。現代社会の変身の根拠とその制度的形成の必然性は、以上の点を考察上不可欠にしている。増大した富が、個人の上にコントロールを制度的に構成 constitution していく様相は、「交通の神話」(第三章) でより詳しく、パラダイムをもって示されるであろう。

三　制度パラダイム――学校・医療・交通

産業社会の生活世界をサービス制度でもって分析しようとしたイリイチは、「技術科学的進歩の社会的査証のモデル」として、①学校、②交通、③医療を選んだ。それぞれは、『学校のない社会』(一九七一年)、『エネルギーと公正』(一九七四年)、『医療ネメシス：健康の収奪』(一九七六年) の著作でもって個々展開されてはいるが、彼の全著作を貫いて、常にこの三つのモデルは並記されている。このモデルは、産業社会の生活様式を示す〈パラダイム〉である。

交通制度、医療制度、そして中でも学校制度は、「制度的秩序が高度に分節化され」一つの公的な制度として自立しているようにみえる。それぞれはバラバラの個々独立した制度のようである。そして誰にでもその制度の存在は当然のこととして共有されている。イリイチが〈パラダイム〉として示そうとしたのは、学校形態、交通形態、医療形態という制度形態でもその社会的形態でもない。邦訳書の誤訳やミスは、イリイチの著作をそのような専門分化された制度形態として無批判的に前提したことにその根本の原因があり、多くのイリイチ解説の水準もそれを前提にしているにとどまっているといえよう。既存の形態およびそれにたいする意識・認識を疑うことなく、分節化された制度をイリイチは扱っていると考えてしまっている。

R・P・ドーアが、エバレット・ライマーは「整然たる理性的な議論を展開し、問題を掘下げて考え、実証的に論じる」が、「イリイチの文体は書くよりも話す——できれば大勢の興奮した聴衆を相手に——のが得意な人と思われるものがある」（『学歴社会』新しい文明病』岩波書店、一八七頁）というとき、ライマーは〈機能的-経済的〉制度論をもって学校を分析したのにたいして、イリイチはそのような既存の制度論を疑い、その地平をこえるものを分析しはじめていたのを、凡庸なドーア自身が卑小にしか解釈できなかったのを示しているものでしかない。大学知性の理解の仕方の典型だ。ドーアにももちろん日本の教育学者にも、社会学がかかえている〈制度論〉の地平がみえなかったのである。社会生活そのもの、文明そのものを見ようとしていないからだ。だから、イリイチはただのアジテーターであるとしか理解できない。学校形態あるいはその社会形態を探るには、ライマーのほうが機能論的だから確かにずっとわかりやすいのである（第二章参照）。しかしながらわかりやすさは、そのまま社会生活の解明や分析には直結しない。制度を実証的ないし形態的に分析しているのは、現代社会における制度および制度的領域の専門分化が前提とされていて、その機能上の特殊性を考察しようとしているか、あるいはこれらの制度を社会体系の制度的な下位体系として描いているものである。そして、そのような視座ないし視角からイリイチが問題にした〈サービス〉諸制度を読む者は、彼の分析に不満を覚える他ないであろう。また、そのような考えは、学校や医療や輸送は、政治的・経済的構造に従属するものであるから、政治的指導性のスタイルを変えたり、経済の所有形態を変えれば、それらの制度を変えられるであろうと思っている政策なり戦略へと結びついているようだ。

それでは産業社会のパラダイムとして、イリイチは産業社会そのものの社会形態を表示しようとしたのであろうか？　それにしては、形態的な要素やその規定要因、また構造的機能についてほとんど注意が払われていない。制度間の相互連関も歴史的な分析も明確に示されていない。非常にマクロ的な描き方がされているし、相互依存の全体性が漠然と示されているにとどまる。巨大制度が社会的な広がりをもったものとしてに描かれているように感じられるとでもいえようか。

ともかく、確かにイリイチは〈学校〉〈輸送〉〈医療〉をとりあげた。しかしながら、専門分化された制度も、その形態上の差異も問題にしていないし、産業社会の社会形態も問題にしてはいない。イリイチをうけて、自分自身で学校論や教育論を発展・展開する態度には納得がいくが、イリイチの学校論というものはないのに、それを云々するのは的がはずれているのもはなはだしい。さきの三著は、教育論でも交通論でも医療論でもない。また社会の状況や形状を問題にしているのでもない。そうした考え方を支えている視座さえもが問題にされるような、生活世界そのものが考えられているのである。

各パラダイムには、それぞれ時事的ともいえる〈情況〉が背景にある。世界中で噴出した学生反乱、エネルギー問題、慢性化した医療問題、さらに都市問題や公害・汚染、避妊、技術援助、とくに一九六〇年代のありとあらゆる情況が考慮されている。ただ肝要なことは、これらの諸情況はたんに身近な日常生活の範囲にとどまるものでなく、国際的に均一化している一般的情況とその世界構造が含みにいれられて問題にとりあげられているが、いわゆる情勢分析ではないという点である。

たとえば、日本の学校形態は他の先進国と違うし、社会主義や第三世界の諸国とも異なる。それは多様である。しかし、学校で教え学ぶ社会生活を良しとする様式は、支配的にいずこの国であれ貫かれている。教育を学校化する方向でもって制度全体がととのえられようとしている。この学校は歴史的にも、アレクサンダー大王やローマや中世などの学校とも違う、産業社会に特有な学校として描きだされる。つまり、産業社会時代内での形態上の多様性は捨象され、産業社会の歴史通時上の差異が考慮される。自然社会、農耕社会、遊牧、牧畜社会とは異なる「産業社会」が識別されて対象にされている。それは〈生活様式〉の違いが考慮されているといってよいであろう。それはまた、資本主義的生産様式や社会主義的生産様式という、生産メカニズムの経済的様式の差異をこえた、両者の生産様式を産業社会の生活様式として括りうる世界でもある。だが、国家は同じだ、社会は同じだという類の論述でもない。

わたしたちは、どのような生活の仕方をしているのであろうか、という簡明な問いが、その対象にせまりうる道である。生活様式が学校・医療・交通の世界に表現されている産業社会とは何であるのかを考えるのである。これらのサービス諸制度は、「様式 mode」として考えられている。その〈様式〉とは、生活の志向性を包括する〈産業化 industrialization〉である。

まず、第一の水準で、教育や移動や健康か〈学校化〉〈加速化〉〈医療化〉されているという、技術的な水準での産業化がなされている。

ついで、第二の水準で、社会生活が学校化・加速化・医療化されているという社会レベルの産業化が考えられる。

第三に、文明史的にみて、そうした産業化が歴史上の種別性として構造化されていると指摘される。学校化・加速化・医療化という営みが生活全体の様式として日々なされている歴史的な段階にあるというのである。わたしが、それぞれにあてた訳語は、

学校化 schooling
加速化 acceleration　｝産業化 industrialization
医療化 medicalization

である。この三つの産業化の生活様式が、産業社会の生活の特徴を描きだす。制度化によって構成され

る個人と生活現実との関係の様式化、共有化ともいえよう。

〈産業化〉の内容は本書の各章で示されるが、この産業化は、さまざまな物や事の商品化、そのためのエンジニア化（デザイン化、プログラム化等）、制度化という多様な次元ですすめられている。これを解明するのが本書の大きな目的である。ここでは概略、教育・健康・交通のエンジニア化により、それらが産業商品として販売しうるようにデザイン・企画され、しかも、それらは社会生活の規範として制度化されていることを示す。そのうえで、学校制度・輸送制度・医療制度の独立した制度が編制（establishment）され、またそれぞれの機関 institute が設立されていく、この制度的な設立のされ方が、制度化として示されよう。教育の制度化は学校制度に、交通の制度化は輸送制度に、健康の制度化は医療制度に、というように。しかしながら、この〈制度化〉という用語は簡単な概念ではない。これも、産業化とならんで本書で開示されていくもう一つの主要な問題点である。

イリイチは、こうした産業社会の生活様式をサービスの制度化・産業化の範疇でもって「制度（学）的」に分析しようとした。そのパラダイムに選ばれたのが学校・交通・医療なのである。それは、Th・クーンがいう「パラダイム」、つまりわれわれの意識は、産業社会という特定の時代を支配するパラダイムに限定された主観性を越えることができない、という「パラダイム」である。

いいかえれば、「我々の知識や経験についての最終的な判断の拠り所が、我々が共同主観的に生きている世界を前提として成り立つ」（山口昌男『文化と両義性』岩波書店、一五一頁）ということを示すパラダイムである。ただ現象学的にいえば、複数の主観的世界の集合体が客観的世界の全体性を形造っているとなろうが、制度の様式は主観的現実と客観的現実の世界からみているのでは十分に解明できそうもない。

ここに二つの問題点が残っている。第一は、学校形態それ自身の多様性や差異は教育様式の形態上の多様性として考えられるのではないか？　それはしたがって第二には、学校は交通や医療の様式と違うのだから、それらの相関関係の総体から全体的多様性が導きだされるのではないか？

この点をイリイチは直截には明示していない。しかしながら、産業社会の全体的な多様性は、道具と人間との多様な関係の現われ方にあるのであって、制度間の相互関係の多様性にあるという視座をイリイチはとらない。これは、産業諸制度が普遍的なものとしてあるというのではなく、それが普遍的と考えられるのは、産業諸制度の「土台となる現象、つまり個人と社会秩序を結ぶさいに、双方に同じ機能を及ぼす現象」（ルックマン）があるからである。山口昌男氏の言葉でいえば、「全主観的相対性の世界がつくりだされる」という点に対応しよう。A・シュッツでいえば、社会的に客体化された意味体系が、一方では日常的世界にかかわり、他方では日常性を超越する体験世界という「象徴的ユニバース」である。いずれにせよ、「制度化論」は非常に困難であり、既存の社会科学的思考では把捉されえないものであり、わたしのいう〈制度学〉はこうした諸問題を考えてみようと思うものである。

さて体験的に、交通・医療・学校の三大パラダイムを考えてみると、極めて単純な現象に気づく。それは、交通のユニバースは人間の外界であり、医療のユニバースは人間の内界であり、教育のユニバー

図1 三つのパラダイム

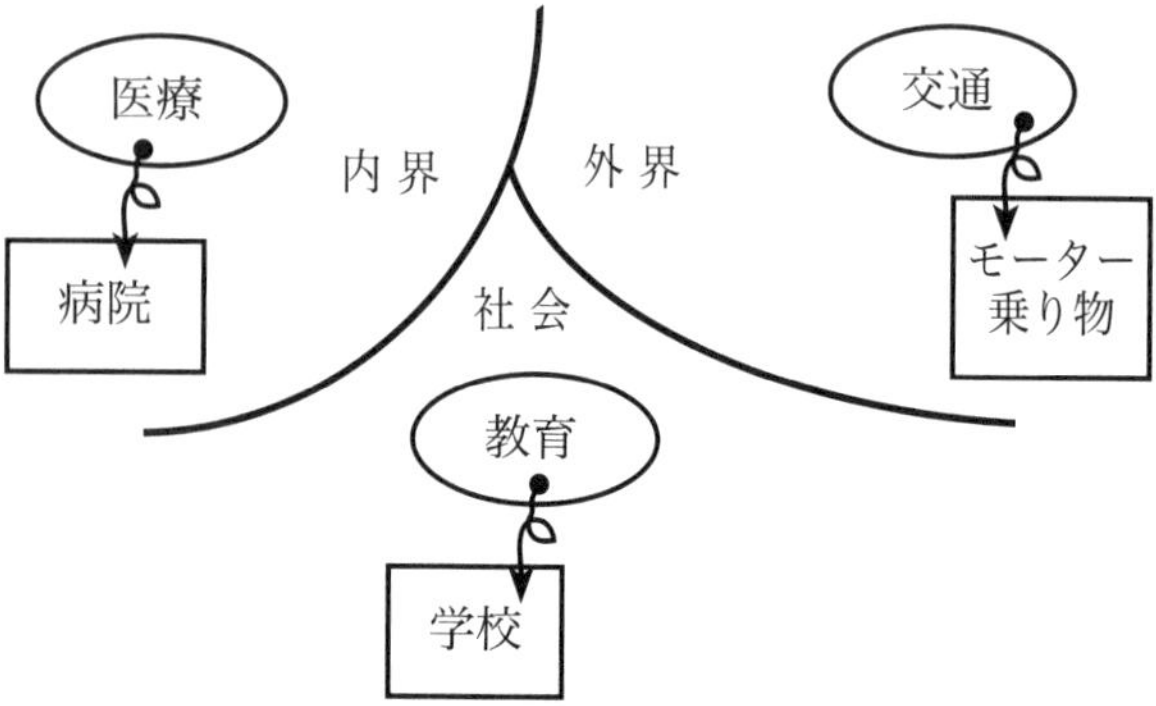

スはこの内界と外界を個人と社会の関係で結びつけている世界である。マルクスの用語を用いれば、人間の非有機的自然たる交通界、人間の有機的自然（身体）たる医療界、そして心身の訓練に関わる個人・社会の教育世界となる。遊びをかねて図式化すると、〈人〉という文字を書いて、それぞれ区切られた空間に、人間の内界（身体）、外界（環境）、個人・社会をあてることができそうだ。イリイチの三大パラダイムは、それらに対応する。この全体的な構成が、人間 - 自然 - 社会の産業的生活様式として医療・交通・教育から表示されるといえよう。そして、なかでも教育は学校という国家的な装置に構造的に仕上げられている。（図1参照）

この産業的生活様式の多様性は、道具と人間との多様なバランスから示される。〈様式〉の問題を、たんに記号論的・象徴的世界にとどめずに〈生産様式〉という制度化から考えるうえで、ここに「技術科学」の具体的な現実が登場するのである。さきにも示したように、制度の変化をイリイチは、技術科学の効果の水準から語っていた。〈技術科学〉とは、かつての技術科学論争にみられたような、労働の手段でも労働の体系でもない。そうした〈生産物‐労働〉史観からはとらえきれない世界を、技術科学は構成している。

第一に、技術科学は物をつくりだす人間の労働にとって代わった発明であっただけでなく、人間の〈行為〉をも代行するものであった。それは、すなわち労働手段にとどまるものではない。もう一点、大事なのは、〈技術科学〉は農耕社会の道具でも牧畜社会のそれでもなく、「産業的道具手段 industrial tools」である。つまり、産業社会の特質を歴史的に表示する道具手段であるが、労働の体系にとどまるものではない。行為をも含めた生活のためのもの　つまり生活様式なのである、という意味で、制度的なものともいえよう。

マーシャル・サーリンズは「人類史の大部分は、労働が道具よりも意味をもち、生産者の知的努力が彼の簡単な装備よりも決定的であったのだ」とのべているが、しかし、道具《ツール》が、生活のなかで意味をもち決定的な位置を占めている類的本質を見逃してはなるまい。道具なき労働はありえない、そこに知的努力が関与する。そうした生産＝生活様式の本質が変容して歴史的に出現したのが産業社会である。この道具 tools には、「制度」が含まれる、手道具だけのことではない。

技術科学論への制度（学）的な再検証は、技術論・科学論の不備さもついていくであろう。とくに、技術科学論が最初は技術科学の進歩・発展に寄与し、現在では、公害や環境破壊の批判的分析に寄与しているのをみても、技術者のもつ象徴的な権力性（制度権力）というものが、当初から十分にみえていなかったためである。知的努力の質が歪んだのだ。その理由は、おそらく制度化論の視座が備わっていないから把捉されなかったと思われる。パラダイムはこのように多様な諸水準を含んだ現代社会の生活世界の地平を示すものである。その地平をひとつの言葉でくくれば、「産業的生産様式」the industrial mode of production である。世界的に、資本主義的生産様式に基づいて、エネルギー消費が「限界閾値」をこえて構成されはじめた生活世界の様式である。

四　産業的生産様式

イリイチが、パラダイムでもってサービス諸価値の制度化を分析してとらえようとしたものが〈産業的生産様式 the industrial mode of production〉であった。それは、産業的生産を資本主義的にコントロールするか社会主義的にコントロールするかという問題の枠組でなく、「産業的（=スペシフィックな）」〈生産様式〉そのものをとらえようとするものである。つまり、人間生活の歴史的な様式を、〈人間／道具手段〉の多次元的均衡から検証しようとするものであった。

経済とはいうまでもなく、人間と生産物との関係だけでなく、人間と道具との関係をも問題としている。マルクスの一般図式は、マルクス主義者がいうような

労働

労働手段
労働生産物

という単純なものではない。「産業的生産様式」なるイリイチの用語が、マルクスの「資本主義的生産様式」から継承されているのはいうまでもないであろうが、この両者のスペシフィックな差異は、「現代」の生産様式の〈支配的なもの〉がなんであるかを考えるうえで、非常に重要である。

マルクスはベラ・ザスリッチへの解答を準備する稿の中で、『資本論』フランス語版での言及である「資本主義的生産の創世紀を論じたさい、結局『生産者と生産手段との根本的分離』がある」という点が肝要である、ととりあげた。道具（労働手段）が決定的な位置を占める資本主義社会では、生産者と生産手段の分離の結合のされ方が、「資本主義的生産様式」を決めるうえで当然のごとく決定的なものになる。この分離・結合（さらに技術の包摂）をめぐって、諸形態の体系を構成している諸要素、すなわち、資本主義的生産様式の基本的要素とその統合とを、エティエンヌ・バリバールは次のように図示した。

［I］(1) 労働者
(2) 生産手段
(i) 労働対象
(ii) 労働手段

(3) 非労働者

(a) 所有関係

(b) 現実的な物質的領有関係

この図式から、資本主義生産の大きな問題としてわたしたちがうけとめなければならないのが、〈領有〉をめぐる二重性である。（新書註：領有 appropriation とは対象の側へもたれること、所有の反対概念。）

第一に、「自然対象の個人的獲得（領有）では、労働者は自分自身を統御する。のちには彼の労働は他人によって統御される」。

すなわち、第二に、「資本によるこの剰余労働の領有」である。

労働過程における生産者による生産手段の現実的・物質的領有は、労働者にとってこのような二重の関係をとる。このとき、マルクスは、労働過程を生産過程へと転じて、労働過程における自然対象の領有を、生産過程における非労働者による労働者の剰余労働の領有とみる。その構造的認識によって、資本主義的生産様式のスペシフィックなものがとらえられた。資本家は、労働者の労働力を搾取者として所有し、生産の組織者として現実的領有をおこなう。バリバールが互いに排除しあう二つの価値と呼んだ「分離／所有」が資本主義的な結合を表示しているのが、この地点である。「直接的生産過程」の二重性とは、労働過程であると同時に、価値増殖過程である結合を示している。労働過程＝生産過程でなく、影の価値増殖過程をとらえるのがマルクスの鍵である。

　労働者が、生産手段を非労働者に領有されかつ自らの労働力をも所有されていくとき、この労働者の労働は「生産的労働」という剰余価値をうむ労働形態へと転じられている。その結果、労働と自然の物質的代謝の過程（新陳代謝エネルギーの消費）から〈自律行為〉は、「不生産的労働」という世界へはじきだされている。また、労働手段という道具諸手段は、「生産的道具手段」と「不生産的道具手段」とに分離され、後者が排除されている。非労働者は、生産的労働と生産的道具手段とを有機的に生産組織化し、〈生産物＝商品〉の生産をすすめるが、そのとき、不生産的な自律行為と自律共働的《コンビビアルな》道具手段を「生産的世界」で領有・所有しないという、別のマイナスの次元での領有関係を装置化している。それを、わたしなりにさきのバリバールの図式に対応させて示すと、

〔Ⅱ〕 (1) 自律的行為
　　 (2) 自律共働的道具手段
　　 (3) 非自律的行為＝他律的行為

となりそうである。(2)では、労働対象ならざる自律的行為そのものがサービス対象となり、(3)の非自律的行為は、サービス提供者として出現している。〔Ⅰ〕の労働の世界から〔Ⅱ〕の行為の世界が、マルクスの側からみれば分離され排除されているのであるが、それは、また別の次元の構成としてくみたてられていく。その「包摂」をめぐって、剰余価値を論議の対象にしてマルクスはサービス労働に関して非

常に多くを語っているのである。検討しない対象であるとして検証しているマルクスの「サービスの世界」——それが、ともかくあるのだと指摘すれば、ここでは十分である。他方、生産者の方は、経済システム内で考えられたにとどまっている。「生産者が生産」されるという独自のシステムが、教育体系によって独占的に構成されたことは、マルクスの時代では考えられようもなかった。この理論構成は、多分、経済理論の根本原理にまで関わっていく膨大なものになりそうだという予感がする。そして「制度過程」の理論は、剰余価値の影の「制象化価値」の形成をとらえようとするものへ向かうだろう。

産業的生産様式は資本主義的生産様式の制度化であると、わたしがイリイチをふまえて仮定したとき、この〈I〉と〈II〉の構成が再び生産様式として有機的に構成されていく、その〈制度化〉が種別的にありうるのだろう、といおうとしている。本書はそれを直截に語るものではないが、問題は提起している。さきの使用価値、価値の問題ともからみあっているのであるが、別の機会で論じようと思う。ここではただ、産業社会における「(a)〈労働〉の性格の変化」と、人間と道具手段との均衡がくずれた結果生起している「(b)産業社会の損害特徴」を示しておこう。それは、制度的な均衡がくずれたもので、サービス諸価値の制度化を、あくことなく昂進しつづけた結果生じたものである。

(a) 産業的労働

イリイチは「労働」に関する言語と道具手段との関係を史的に考察して、それが産業的に変容していくプロセスを示している。それは刑罰（六世紀）、仕事での働きと汗を流すこと（一二世紀）、物が働きはじめる意味（一七世紀）、そして練金術師による人間のために働き、道具の使い方を人間に教育する（educate）こととなり、産業時代の言葉に移っていく。この練金術師とは『大教授学』の著者コメニウスのような存在である。つまり、時間を保持し、空間を測定し、計算勘定を保持するという、メカニカルな規則性へと変革していく。それは他ならない、具体的な対象や複雑な事実を抽象的な量へと変えていったのである。そして、時間にたいする言葉が金銭のように使われるようになっていった。「時は金なり」の世界が日常化していったのだ。

科学者たちは人間をパワーの資源と考えるようになり、馬力とそれを比較して日々発揮できる力をさがした。人間が機械の力として使われるのは、ガリオン船に典型であるが、イギリスでは、一九世紀はじめに、踏み車をふむ刑罰として囚人が働かされた。

資本主義の時代で、人間の道具にたいする状態は大きく変わった。つまり、人間は機械にとってかわられ、機械の操作者となる一方、蒸気機関の発明以前からあった大量生産の流れ作業がますますエンジニア化されていったのである。そして、現代の制度的配置のもとでは、道具手段の使われ方として三つのタイプの労働が考えられる。

第一は、十分に満足がいくような、想像的で自律的な「働き」（work）として通常使われる道具。

第二は、「労働」labor として示される諸活動（具体的には賃労働 wage labor）で使われる道具手段。

第三に、単に「操作される」(operated) 機械である。そして、車がハイウェイを操作するように教師は子どもたちを学校で操作する。非常に限られた意味でしか、トラック運転手や教師は「労働する」labor ことができない。まして誰も「働いている work」とは感じられなくなっている。

イリイチによるこの work, labor, operate の差異は、自律的な行為としての work、他律的従属ではあるが自律的行為と他律的行為の共関としてある labor、他律的行為による排他的な支配である "operate" ということができる。したがって、現代の「労働」は生命的な発現力である "work" にかわって、サービス的な関係のとり方を支配的にした他律的な「する」ことの "operate" へと変じられているといえよう。この変化はもちろん、「労働 (labor)」が資本主義的な生産に支配され、剰余価値の生産をより促進する技術科学の導入により、もたらされたものである。

このような変化は、「ワーク」work が産業化された生産的行為にとってかわられたとき、「生産性」の追求によって、そのようなものへと転じた。そして、生産的労働と不生産的労働が区別され前者に価値・意味がおかれるようになった。もともとワークに一体として結合していた「する」と「つくる」は、「つくる」ことに価値があり、「する」ことに価値がないとして歴史的に分離される。「する」ことは、消費生活における「サービス」として制度化され、再び生産的なものへと吸収される。加えて、サービス制度への吸収から取り残された自律的な行為は、全く意味のないものとなるか、あるいはサービスを消費する「シャドウ・ワーク」へと転倒された。働く諸関係が転じられてしまったのだ。

産業的労働は測定しうるもの（労働時間／労働日によって）へと抽象化され、歩く・学ぶ・癒すなどの自律的行為は、産業的制度の産物――輸送・教育・治療――として商品化されたものに従うようになる。「する」ことのサービス制度への転化・吸収に、「産業的生産様式」の出現がみられる。（新書註：「産業的労働」の詳細は拙書『消費のメタファー：男と女の政治経済学批判』参照）

(b) 産業社会の制度的な不均衡

第二の分水界を通過したことによって、主要な道具手段は、過剰な成長をとげ、制度的均衡をくずし、産業社会に特有の現象をうみだした。

限られたパラメーター・紐帯の中で、人間的均衡の変更は可能であり、人々は諸関係を変換することができる。そして、現在の産業システムはダイナミックに不安定であるにもかかわらず、生産力を高めるために他のタイプへの変更は許すが、諸価値の制度化の昂進に限界設定することは許さない。道具手段の過剰成長は、新しい不当行為でもって諸個人を脅かしている。それは被害者が同時に犯人であり、発展ゲームでキャッシュやりとりをしているが最終的にはすべてを失ってしまうような不当行為である。イリイチは、五つの損害概念とフラストレーションを確認する。

① 生物学的退化（Biological Degradation）　人間と生態的領域の間に均衡の不安定が認められ、突然に

人々を不安におとしいれている。環境の均衡の破壊とは、①過剰人口、②極端な富裕、③誤った技術、が結びついて人間と自然環境の均衡をくずしているものである。道具手段の基本的構造を考慮せずに、この問題の解決として、現在の諸価値の制度化を発展させ、エンジニア化・生産計画システム化によって人間的活動を技術的全体へ一致させ、経済を拡大しつづける、といった技術的な対応と考えるなら、それは、人間の身体的保存の場は、人間の生命の再生産において、期待・生産・消費を再編制する官僚的合理化をすすめるだけである。

生産・消費・浪費に限界を設定し、機械は人間のために働き、セラピストが学習・健康をつくるという期待を後退させ、かわりに共に働き互いにケアすることがより幸福なのだという、人民の看破力が環境危機への唯一の解決である。これには、人間主義・経済進歩のイデオロギーに反対するだけでなく、自由教育や科学的・技術的進歩それ自体に反対する知的な勇気が必要である。

過剰人口は学習の均衡のゆがみの結果であり、富への依存は個人的価値にたいする制度的な根元的《ラディカル》独占の結果であり、誤った技術は諸手段を目的へ転換する容赦のない征服の結果である、という多様に異なった次元から不均衡はもたらされているが、そのひとつの根源が人間と環境との間の不均衡である。これに抗するには、諸個人のみが目的を有し、そのために自らによって働くことができる、と認識することが重要である。

②根元的独占（Radical Monopoly）　根元的独占とは、一つの商標による排他的支配である一般の独占と

違い、生産物のある一タイプによる支配で、ひとつの産業生産過程が基本的必要の充足にたいして排他的操作を行ない、競争から非産業的諸活動を排除したときに生じる。たとえば商標コカ・コーラの独占下ではまだ喝きの充足がビールか水かという選択を残しているが、この喝きがコークの必要へと二者択一の選択の余地をなくして変更されたとき、独占はラディカルになったといえる。独占がたんに徹底したというだけでなく、深層構造にまでいたって構成されるという意味で「根元的」と訳語をあてた。

主要な道具手段が、自然の力能を除外し消費をおしつけているところ、その義務的消費によって個人的自律性が限定されているところに根元的独占は発生する。そして大制度のみが提供する標準的産物の消費をおしつける手段が強化されているゆえに、特殊な社会的操作を構成する。人々は、治癒・移動・学習、自分の家の建造、埋葬に土着的力能を有しており、この力能に必要な充足のために個人の力に第一に依存している限り豊かで、これらの諸行為は交換価値を与えられることなく使用価値を有している。しかし根元的独占は、この土着的力能を人々が諦め、主要な道具手段によってのみ「より良い better」ものがなされるのだ、と受けいれたときに編制され、諸価値の産業的制度化 (industrial institutionalization) を反映する。個人的必要を個人的やり方で満足しようという力能を奪うことによって、根元的独占は制度的サービスと対立する個人的サービスの根元的欠乏をつくりだした。

学校の根元的独占は、学校の外で学んだものは公けには「教育されていない」、価値がないと烙印をおす。車は交通を独占し、非人間的速力の生産が各人の速力を退化させ、町は車のイメージに合わせて形づくられる。医者によって指示されていない病気は、ケアを奪われている。病院の環境に人間の必要を限定することと、真正の治癒行為に全人の必要を限定することとの均衡は今や破壊的水準に接している。この危険性が多くの者に知られていないのは、学習の均衡をくずしている「過剰計画《プログラム》」のためであり、それを正すことができないのは、力の均衡が「偏極化」しているからである。

③ 過剰計画化 (Overprograming)　世界を通じて高度に資本主義化された道具手段は、高度に資本主義化された人間を求める。学校の「影のカリキュラム hidden curriculum」を通して人々は、市場における価値、累進的消費の価値、視えない物(教育や健康)まで含んだ価値を主要な制度が生産すること、段階的前進の価値、官僚のために訓練された競争力能、知識ストックの保有者の意味、自己の地位の容認などを学ぶ。(第一章参照)

ある閾値以上に集中化と専門化が進展したとき、産業的な道具手段は高度に計画化された操作者と顧客を求める。道具手段の専門化と労働の分業が互いに強化しあい、各人が知らなければならないことは、他の人間が意匠し強制力を与えることに依存するようになる。学習 learning の均衡がくずれていく。

学習の均衡とは、オリジナルな「生活する」ことから学習されうるもの(環境にたいする人々の創造的活動の結果――話す、歩く、子どもの世話など)と、意図的な教えること(teaching)の結果として学習されなければならないこと(製造された場における人間の平均化――数学、バレー、絵をかくなど)という二つの社会的知識の比率によって決定される。人間相互の第一義的な必要・内容から、またコンビビアルな道具手段の使用から生じているものと、人々が課題にされ目的的・計画的訓練の結果として発生するものとの間の均衡である。

限界づけられ統合された部族社会では、知識は同様にメンバーに分け与えられ各人は皆の知っていることはほとんど知っているが、文明化された社会では、新しい道具手段が導入され、確かに部族社会よりもより多くの者がより多くを知っているが、すべてが同様にはその使い方を知らない。パッケージされた商品の中での自己正当化に学習は限定され、料理・礼儀・性にたいしては教授が求められ、学習の均衡が悪化し、各人は自分のすることからはとんど学習できないと知り、「教育」が必要であると感じていく。学習＝学ぶことは道具手段の構造に決定されているのである。

④ 偏極化 (Polarization)　非特権者が数において増加し、特権者が富において成長するにしたがい、前者は不満を強め、後者は想定される権利と必要を防衛する。貧しい者の空腹・不能は急速な産業化を求め、豊かな者の使っている資源の後退を要求する。増長する贅沢の防衛はもっと熱狂的生産に豊かな者をおしこみ、貧しい者が資源にたいして殺人的要求をもつように仕向ける。こうした状況下で、権力が偏極化され、フラストレーションが一般化される。低いレベルの富がより大きな幸福であるという分水嶺設定は、社会的展望の盲点になる。この盲点は、教えること (teaching) に学習がかぎどめされているために、個人的成長を制度的生産の蓄積とみなし、自分のできることは制度がつくりだしているのだとみなす。「学習の均衡」がくずれているためである。

学習の均衡のゆがみは、商品の根元的独占が感知できなくなった理由を説明するが、深い混乱を正すことができなくなっていると不能を感じる理由を説明できない。これは拡大するメガ‐機械の圧力の下で権力が少数の手に集中し、多数者が施しものに依存している「権力の偏極化」によって、人々の自律性が不能となっているからである。

貧困が現代化されている。産業的主要商品が基本的必要に転じ、多数者が支払えるかなたに単位コストが設定されたため「貧困のレベル」が上昇する。また、生産のコントロールは最上の者たちのために最上の商品へと集中化されるため「権力のギャップ」が拡大する。産業的アウトプットの構造である貧困レベルの上昇と、イン・プットの構造である権力ギャップは、相互に関連し現代的貧困をすすめている。道具手段が巨大になるにつれ少数者のものとなり、道具手段が効率的になるにつれ乏しい資源は操作者の思いのままになる。無限の成長は少数の専門エリートと多数の素人の差をますだけである。

⑤消耗回転（Obsolescence）　更新（renewal）は、進歩のイデオロギーに連結された生産の産業様式に固有である。新しいモデルのために大きな市場が創造されるが、市場を開くには新しい物の所有が主要な特権であるとして同一化されねばならない。この同一化が継続すると古いモデルは価値がなくなり、消費者の自己利害は決して終ることのない進歩的イデオロギーに融合される。使っている物の年代によって、諸個人の社会的地位が規定されるが、これは資本主義的実践にとどまらず、経済が主要商品の仕上げの損耗のパッケージにされた大規模な生産に基づいている社会であれば、いずこでもサービス・品物の最

新モデルに近づくことは限られた特権となっている。産業的社会主義の法則下では、擬科学はアリバイ証明を行なわなければならず、市場経済のアピールは消費者意見を生存させるように作成される。

消費商品における定期的革新は、新しいものはよりよい（better）と証明されているものだという信念を育て、現代世界観の統合的一部となっている信念である。市場化された結合は充足よりも欲求を発生させる。新しいモデルはコンスタントに貧困を革新し、消費者は持っている物と得なければならない物との間に新旧の差を覚える。生産物は常により価値のあるものとして測定できるよう作られていると信じ、その消費のために自分が再教育されるのを受けいれる。「良い」（good）は、「より良い」（better）を基本的な標準とする信念に置換されている。"better"を競い合う社会では、改良への限界設定は脅迫と経験される。生産物の精緻な仕上げとその消耗を速めることは、ヒエラルキー的層をつみかさねる特権社会を補強する、二つの過剰効果の異なった次元である。自律共働的（コンビビアル）な再建は、この義務的な消耗回転の速度率に限界を要求する。

以上の五つの脅迫は、⑴過剰成長は人間が進化させた環境の基本的な自然構造への権利を脅かし、欠点のある技術は環境を住みにくいものへと変えてきた。⑵産業化は自律共働的《コンビビアル》な働きを脅かし、根元的独占は働く力能を麻痺させる地点で富のための要求を強めてきた。⑶新しい環境のための人間の過剰計画は、彼の創造的構想力を脅かし、世界を単に、人々が教えられ、社会化され、テストされ、改革される「扱い」へと変容させている。⑷生産性の新しいレベルは参加政治の権利を脅かし、中央集中化され、制度的に生産された諸価値のパッケージは、社会をとり返しのつかない構造的専制へと偏極化している。⑸強制された磨滅は伝統的に前もってあった言語・神話・道徳・判断への権利を脅かし、エンジニア化された消耗回転が、深淵な伝統にかけられるすべての橋を平均的な過去へと破壊している。

　このように産業社会は、手段を目的へと破壊的に転換し、人間と道具手段の均衡を破壊し、「義務の手段」によって「フラストレーション」を構成している。これら五つの概念的批判基準は、エスカレートする不均衡を自覚するのを助け、道具手段が限界設定される政治過程のガイドラインに役立つ。

　「多次元的均衡」は生活世界の世界構造を、たんに人間‐自然の社会構造で考えるのではなく、道具の基本構造から人間の行為・想像力、そして自然環境がどのように〈産業的〉〈制度的〉に構成されているかを示そうとしたものである。そして、イリイチは「産業的生産様式」の実状を明示しながら、失われた自律共働的《コンビビアル》なものを見直し、限界設定の参加民主主義を展望しようとした。構造的な諸限界なしに、威厳と自由は鎖圧されてしまう。技術科学・言語・法を限界設定の政治的転換のために再考し、個人の自律性を復活しようと提起する。委譲と羨望の囚人となった消費者を、想像力のある創造的自律者にとり戻そうとする政治転換を提起するが、イリイチは人間主義者ではない。透徹した彼の眼は「産業的生産様式」をとらえ、その歴史的な転換を構想していく。

(c) 産業的生産様式の基本概念

イリイチを理解するには、その問題対象、問題対象に切りこむ諸概念、そしてイリイチの窮極目標がどのようなものであるのかを、最初に明らかにしておいたほうがわかりやすいであろう。というのも、まずイリイチは既存の諸対象（サービス諸制度）に既存の視座から切りこんでいない。つまり同じ対象を対象としながら、新しい対象をとりだしている。そして、諸概念が論述の後から抽出されているため、定義づけられた概念をもって対象を上向法的に分析しているわけではない。一言でいうならば、アルチュセールのいうような「認識」という生産行為を行なっていない（『甦るマルクス』人文書院、参照）。イリイチの言葉でいえば、転換という行為そのものに生きつづけているだけであって、それを「自覚 awareness」と呼んですましている。この自覚は、産業的幻想・錯覚・転倒を見抜いていく慧眼的行為そのものである。その結果、いくつかの主要なイリイチ固有の諸概念が抽出されていった。ところが、イリイチはそれらの諸概念を体系化していない。つまり、理論的認識をあえてしないのである。

にもかかわらず、イリイチの草稿や英・仏・西の各版を綿密に読みこんでいくと、一つの筋をつかまえることが可能であり、いくつかの中心的な諸概念をとりだすことができる。加えて三大パラダイムといえる、学校・交通・医療の考察を完成し、理論的な道具手段 tools 論と専門権力論を書き終えた一九七九年末の時点で、イリイチを総体的に考察し、ある理論範式をうちだすのが可能となったといえる。折しも、友人ジャン・ロベルト Jean Robert とジャン＝ピエール・デュプイ Jean-Pierre Dupuy は、イリイチの理論概念をもって、一つの〈経済学批判〉の批判ともいえる書 *La trahison de l'opulance* (PUF, 1976) を公刊した。ジャンは、その主要な批判対象を新古典派経済学とマルクス〈主義〉認識に据えているが、わたしにはやはり、日本の現代マルクス研究の理論的土壌で育ったこともあって、その高みを無視できないものが強く働いている。〈生産〉観中心の日本マルクス研究にたいする批判を実現しえない限り、イリイチの思想は「恣意性」の域を越ええない、そういう理論的呪縛が日本にはあるようだ。

この現時代の根元の対象は、実はマルクスの対象でもあったとのべてきたが、現代に通用するマルクス理論のエネルギーを容認すると同時に、マルクスの分析を「歴史的フレーム」において正確に限定づける、という鋭いマルクス主義者自身が苦闘しようとしている課題を、実はイリイチは思想的に処理してしまっている。

それは〈経済学〉が対象となるのではなく、経済学が発生し勝利しえたその歴史そのものが対象となっている。別のいい方をすれば、資本主義がある発達水準に到ってその基本法則をかえずに変態しえた、そうした資本主義が対象となっている。この対象には、経済学から切りこむことができない。階級論からも切りこめない。むしろ、階級論がいまだに理論的に成立しえない、その歴史的根拠のほうに問題を立脚させたものといえるだろう。生産経済活動だけが人間の活動ではないのだ。

イリイチは「進歩」の裏面を、あるいは、あるシステムが産みだした、そのシステムの内部にかぎどめされている非経済的なものを社会的に査証している。すでにイリイチはその司祭体験から、キリスト愛的慈善がそれに反する文化的帝国主義を産みだすのを知っていた。同時に、産業的な諸制度が目的として提供しようとデザインしたものと逆のものを産みだす、そうした制度の様式に資本主義の（また社会主義の）特徴がある、という問題意識をもっていた。この辺は『自覚の祝祭』で語られている。学校は、教育を提供するとして、技術的競争により多くの人々を駆りたて学習不能者を一般化し、モーター輸送は、より速い移動を提供するとして、移動時間に費やす時間を増幅し、時間を消費する加速化を交通麻痺として一般化し、歩行不能者をうみだし、医療科学は、健康ケアを提供するとして、副作用を含んで病気・病的状態を一般化していく等々——の逆説的な結果を、制度のなかへビュルト・インしていく。このような態様を、イリイチは「逆生産性 counterproductivity」と呼び、制度的出力の増大によって生じる望ましくない副作用が、そのスペシフィックな specifique/specific 価値（教育や移動や健康ケア等）から起源し、システムの内部へスペシフィックに固定されていくと定義したのである。

このような、目的に反する結果を産む「逆生産性」は、「産業的生産様式」の特徴であり、そこではすべての国々が高度の水準でもって、物・事の「産業化」をすすめている。「学校化」「加速化」「医療化」が、その産業化のパラダイムと考えられた。そしてこの産業化は、専門職化 professionalization として結果し、素人にたいする専門職のコントロール・操縦 manipulation の増加が深まっているという。

このように、イリイチの対象とは「産業的生産様式そのもの」で、そのパラダイムに、学校化・加速化・医療化、より具体的現実としては学校制度・輸送制度・医療制度に代表されるサービス制度が対象に選択された。この産業的生産様式は、資本主義的生産様式とも社会主義的生産様式とも異なる。後者の二つの生産様式は、（労働）生産物、生産諸手段、生産対象という、生産物になる世界とその労働・制作（make=poesia）を理論的な問題対象にしているが（経済学）、「産業的生産様式」は生産物とはならない、あるいは生産の仮象をまとわされた世界、サービス・行為（action/praxis）そのものが問題対象とされている。しかしながら、経済学的対象を全く切断してこの問題が考えられているのではなく、わたしのいい方になってしまうが、「資本主義的生産様式が制度化された世界」がとりあげられているのである。

産業的生産様式を生活モードとしている産業社会が――それは、経験的に技術科学文明社会とも消費者社会ともいえるものを含んでいる――イリイチの〈対象〉であり、経済学の対象とはなりえない領域である（教育産業、医療産業、輸送産業等は、部分的な領域でしかない）。この様式は、個人がその環境と関係し適応する二つの様式の〈共働 synergy〉から解明される。すなわち、「自律的様式 autonomous mode」と「他律的様式 heteronomous mode」である。

この自己自身による（たとえば、自己統治）処理の様式と他者からの働きかけによる（たとえば、管理）維持・操作は、環境と関わる際に、何らかの「道具」を手段としている。この手段とは、概念的に生産物をつくりだす労働手段‐生産手段に限定づけられない、ひとつのテクニカル・タームで、「道具諸手段（tools/outiles/herramientas）」とイリイチが呼んだ概念である。イリイチは、この概念でもって、道具の「所有」を問題としているのではなく、道具の使い方・使われ方という様式を問題にし、とくに人間と道具との多次元的な均衡（equibrium）を検証の課題にしている。技術科学の社会的査証が、この道具手段概念によって考察された。イリイチのキイ概念となるテクニカル・タームである。*Tools for Conviviality* がその結節点になる考察である。

以上の基本概念が、イリイチの諸著作のなかで使用されたり、潜在的に考察されたりしながら、「制象化された価値」とか「根元的独占」とか耳なれない特殊な概念が、社会学や経済学とは異なる水準で登場するのであるが、これらについては本文のなかでより詳しく触れられるであろう。

それではイリイチの窮極目標とは何であろうか？　それは、この生産の産業的様式に限界を設定することであり、この限界設定は専門的処置ではなく、聖なる専門寺院の素人化（laicization）、産業的事柄の非神話化（demystification）、現代産業の宗教的信条の非正統化（delegitimizing）、あるいは単直に「非専門化（deprofessionalization）」といわれるような、産業諸制度の世俗化である。これは「政治転換（political inversion）」そのものである、と考えられる。この「諸限界 limits」は、負的な意味ではなく、過剰に産業化された道具手段に限界を設定し、産業的生産様式に限界を加える、という積極的な政治的行動を示しているため、「限界設定（limits）」と訳すのがよいであろう。

この限界設定によって復回される社会が、「**自律共働世界**（**convivial universe**）」で、生産の自律共働的様式（the convivial mode of production）が、自律様式、他律様式、道具諸手段の均衡のもとに成立している社会である。産業社会は「生産性 procuctivity」を価値としていたが、自律共働《コンビビアル》世界は、「自律共働性

図2 イリイチの基礎範疇

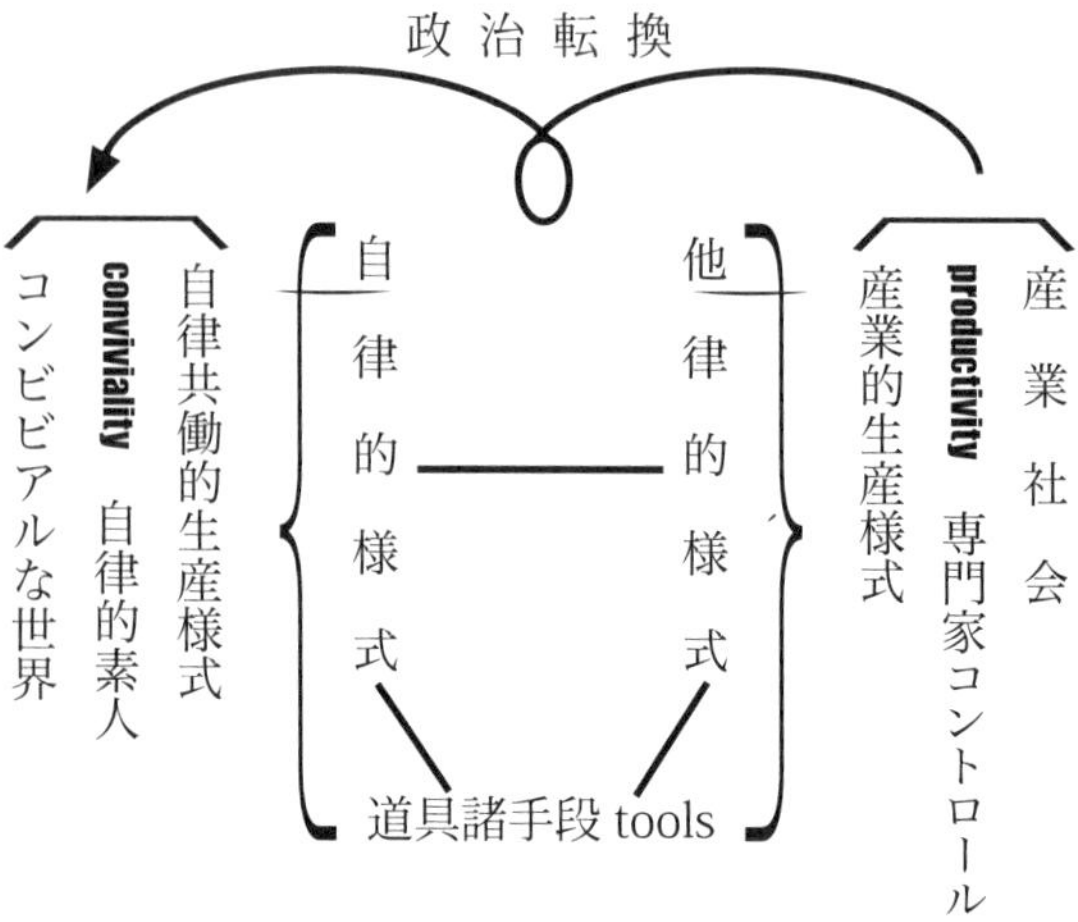

(conviviality/convivialité/conviviencialidad/Mitmenschlichkeit(独))」を価値としている。この世界では、産業社会でおとしめられ後退させられていた「自律性 autonomy」が復回され、個人の相互交換が保たれている。（その後、一九八〇年以降、イリイチは、このコンビビアルをも絶望的であるかのように考え、「ジエンダー」「パナキュラー」なる概念から再考を加える。）

以上がイリイチ思想の初発の基本概念の枠組みである。産業的生産様式に限界設定して、自律共働的生産様式を復回させる政治転換が可能となるには、転換の移行過程を語ることではなく、産業的生産様式の神話-儀式を徹底的に分析・考察することである。

以上の基礎範疇を図式化すると図2のようになるが、他律性が勝利した側に産業社会が、自律性が勝利した側に自律共働世界が描かれよう。（新書註：「社会」はなくなり「コンビビアルな場所」となる。初版・新版では「社会」概念をまだひきづっていたゆえ、またイリイチ自身が使用していたことでもあるが、誤りなので幾分訂正してある。本書新稿を参照。）

産業的生産様式という言葉は、イリイチにとっても概念定義としては曖昧である。それほど多様なものであるともいえる。だがここでわたしが示したことを少なくともおさえておかないと、これを「工業的生産様式」と訳してすましてしまうことになる。『医療ネメシス』全体は、しかしながらこの概念に真向うから「厳密に」くみしている。経済学の「生産様式」と社会学の「制度化」なる用語が、ある意味でイリイチの思想の手のなかで自在に転回的に使われているといえるものだ。

さきにもふれたようにイリイチは、〈認識〉という思想を意識的に越えようとして格闘している。"perception（知覚）"とか"recognition（認知／再認）"そして"awareness（自覚）"という言葉でもって〈対象-概念〉に立ち向かっている。現象学的な方法にも対峙している。イリイチの哲学的・思想的な意味をみいだすのは、今のところわたしの力を越える。認織方法がひとつの文明の成果であるなら、それをも越えようというのは一体どういうことなのであろうか？――文明を転換する哲学・思想の意味はわたしなりに力がついたとき展開してみたいと考えているが。

五　神話と制象化・制度化

産業社会は技術科学をイコンとして崇拝しているが、現実には世界の周縁部の人たちにとって、先進諸国の中産階級の生活そのものがイコン崇拝となっている。『自覚の祝祭』は、「イコン」批判といえる水準で展開されているが、『学校のない社会』では、〈制度 - 神話〉論へと深まっている。宗教社会学の前提であった宗教と教会の同一視を、ルックマンが批判し分離したその視座をもって、〈教育 - 宗教〉と〈学校 - 教会〉が同一視しうる現代的編制を批判したものである。それは、ある意味で神話解釈論といえよう。現代産業社会の神話が教育神話として学校の制度に集中的に表象されているとみたイリイチは、サービス諸制度と産業的生産様式を潜在的に対象にしていた。『学校のない社会』が理論的な筋としては曖昧であるにもかかわらず面白くよめるのは、それが神話世界を制度的視座でもって描いているからであろう。

低開発諸国および先進諸国のイコンが「進歩」であるとみたイリイチは、その「進歩の儀式化 ritualization」を制度化の理論として対応させていた。

「アメリカの大学は、世界中でもかってなかったほどの包摂的な加入儀礼の最終段階となっている。歴史上のいかなる社会もその存続のために儀礼または神話を必要とした。しかし、われわれの社会ほど、非常に退屈で費用のかかるその神話への加入儀礼が必要であった社会はなかった。また、現代文明は、その基本的な加入儀礼を教育の名において合理化する必要を認めた最初の社会である。」(DS 七九頁)

ここには、産業社会が人間社会に固有な加入儀礼を合理化し、神秘化し、制度化し、消費者社会を再生産しつづけるあり方が語られている。学校制度は三つの宗教的な機能、①社会の神話の貯蔵所、②神話のもつ矛盾の制度化、③神話と現実の間のずれを再生産し隠蔽する儀礼の場所、を果たしている。

産業社会の神話は、「終なき消費の神話（the Myth of Unending Consumption）」である。それは経済的には、無限の成長へむけた生産であり、流通の無限の加速化である。しかし、制度的には過程において、あるものが消費されれば価値をうみだすという神話でもって、産業諸制度をすべての人たちが受容していくようにしている。イリイチがとりあげた制度上の神話は、

(1)　制象化された価値の神話
(2)　価値を測定しうるという神話
(3)　価値をパッケージするという神話

そして、

(4)　無限の進歩を自己永久化するという神話

である。

無限の量的な増大の結果として現実は、「有機的発展の可能性を低下させる」という点が「逆生産性」の概念において示され、またエネルギー消費の「限界閾値」を通過したとき、目的と現実との間の矛盾、コントロールの増大という現象としてあらわれることは、すでに指摘したとおりである。にもかかわらず、産業社会は量的な無限成長の神話を不動にしている。

ここで問題にとりあげうるのは、「神話」が「価値」論として解釈されている点である。ヴェーバー的な精神の状態としての、あるいは制度としての価値体系とその合理化が、またマルクス的な商品論の価

値とが、〈神話・制度・生産様式〉の図式のなかで、これまた理論化の概念規定にしばられずに展開されている。

イリイチは技術援助が助長する低開発の悪質な諸結果をとりあげながら、初期の彼の論稿で「低開発」とは「精神のひとつの状態（a state of mind）」あるいは「精神の一形態（a form of mind）」であるとのべた。低開発は「大衆的必要が、多数者の永久に手のとどかないかなたにあるパッケージされた諸解決の新しいブランドへの要求に転じたとき」に生じるとした。「富の文化」のために、デザインされた諸々のサービスを支配階級が導入設定し、多数者が、必要であると嫁されながらそれを決して自分に充足させることができない独占がうちたてられる。そして、イリイチはこの「精神の一形態としての低開発」は「マルクスやフロイドのいう"Verdinglichung"（英語では"reification"西語では"cosification"）つまり「物象化」とよべる言語の極端な結果である」とのべている。（CA p.157-8）

イリイチのこの物象化は、彼自身が「具体的な諸必要が大量の製造産品の要求へと知覚が硬化すること」（CA p.158）と言及している、それ以上の内容を含むものである。物象化へのこのような規定は、商品諸関係を不在にした単なる〈物化〉でしかないではないか、と批判してはすまされないものを、実はイリイチは語っている。それは「徹底した根元的な独占」なのである。第一義的な人間的必要が、消費者の想像力までをも支配しつづけ、全く「制象化された価値」を疑うことなく、しかもその制度に依存していれば社会生活が成りたってしまう。そこまで徹底した物象化である。資本主義的生産様式が制度化された産業的生産様式は、商品の物神崇拝などに呑気にとどまっていない。人間の第一義的必要、自律価値までをも転倒する物象化の極端にすすめられた世界が構成されているのだ。

疎外論マルクス主義者、ラディカル・エコノミクス派の気鋭（ハーバート・ギンタスはイリイチの「制象化された価値」は「商品の物神性」に対応すると指摘し、マルクス主義的見地からイリイチを断罪したが、方向違いもはなはだしいものになってしまった（※）。

※彼のこの批判は、『ハーバード・エデュケーショナル・レビュー』から、仏語では『ル・タン・モデルンヌ』そして西語では「クエルボ」のシリーズに入って、国際的にイリイチ批判の教科書のごとく評価されているのをみても、日本でもだいたいこの水準でもってイリイチへの理論的批判がなされるのではないかと思われる。ギンタスの批判はマルクス（主義）的理論としては「再生産の視角」が不在であるし、イリイチそのものへの批判としては「制度化論」を全く理解していないという、場違いのものである。わたし自身いずれ稿を改めてギンタスを批判する予定であるが、その問題点はすでに拙稿「学校無化論へのマルクス主義的対応」（『情況』一九七六年八月号）で指摘してある。ちなみに、ギンタスの同僚の教育経済学者サミュエル・ポールズはイリイチの協力者であり、同じ教育経済学者マーティン・カーノイはイリイチの積極的な継承者である。

「制象化された価値」の論議は、すでにわたしが指摘してきたサービス制度の次元でもって考察されるべきもので、社会学の「制度化」ともマルクスの「物象化」とも異なる「制象化」の理論地平にある。この「制象化」と解した"institutionalization"は、「儀礼化」の次元における「商品化」ないし「物象化」への対

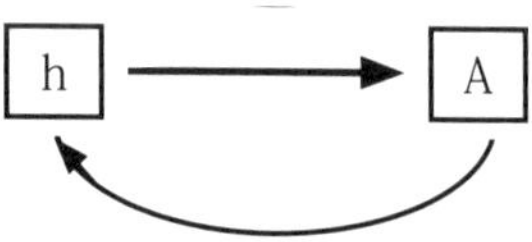

図3

図4

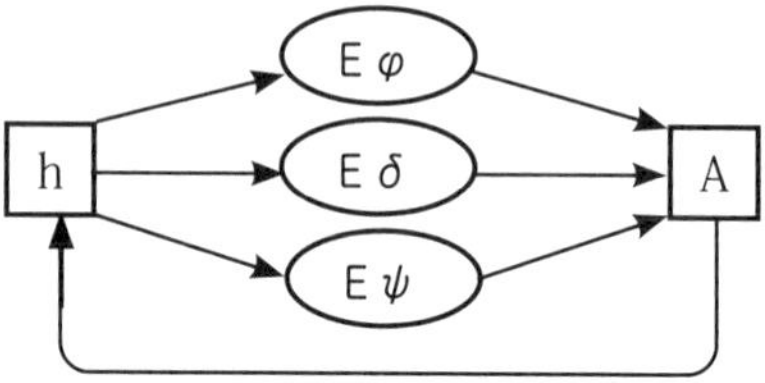

応概念で、イリイチの「自律的様式」と「他律的様式」から疎外構成されるものである。「物」をつくりだすレベルでの商品の価値と、触知できない「物」とならないもの（しかし、物質的ではある）の価値との差異が区別されているのだ。

「自律的生産様式」を〈A〉、「他律的生産様式」を〈h〉として、その相互関係は図3のように示される。

Aの力能はhの働きによってつくりだされるのではなく、Aからhへのフィードバックとのバランスのもとでなされる。サービス行為としてのhは、このAへの働きかけを、(Eφ)：物理的環境、(Eδ)：社会的環境、(Eψ)：象徴的環境、の三つの次元で構成する。（図4）

これら三次元から、制度的な構成がなされるのを示しえたのは『医療ネメシス』であるが、Aはhの結果であるとするレベルが「制象化」の次元である。hからAへの関わり方は、「制度的な過程」として構成されているが、たとえば、学校ですごす消費時間が長ければ価値が高くなる。そうした価値が「制象化された価値」である。「教える」から「学ぶ」ことへの働きかけ=サービスは制度的行為であるが、教育が学校制度へと形態化される「制度化」とは次元を異にする。図式にいえば、h↓Aの関わりに商品の物象化が規制して、サービス価値としての「教育」が商品となり、使用価値Aに働きかけているとき、「制象化」が編制されているのだ。

物象化、制象化、制度化の識別は、イリイチをマルクスと宗教社会学ないし現象学的社会学との関連でもって再考するうえでのキイポイントとなるだけでなく、現代産業社会の生活の支配的様式がどのような構成となっているかを解明するうえでの基本視座ともなるであろう。物象化がみえたところで幻想が解体しないのも、制象化が根元的に徹底して構成されて象徴的なものを物質的なものへ《reification》（物化から物象化まで）しているからである。また、物象化の人間学的な考察は、「必要（needs）」をめぐる制度（学）的考察なしには現象的なものにとどまる他ないのではないだろうか。

さて、サービス制度を神話学的に解釈するイリイチは、「制象化」という制度学的理論を内在しているようだと示してきたが、「根元的独占」や「逆生産性」に結果するこの様式は、イデオロギー的なものでも意図的なものでもない。合法化の法や規範のレベルで働いているものではないといえる。いかなる教師であれ、子どもの力能を不能にしてしまおうと働きかけてもいないし、患者を病気にしてやろうと働きかけている医師もいない。教育しよう、病気を治そう、という目的を実現しようとすればするほど「根元的独占」「逆生産」に結果していく、そこに制度の神話的な制象化問題があるのだ。

この産業社会の宗教は、「特定の社会階層の既得権を擁護するものでもなく、また政治的プロプラムとして分節化されることもない。それは理想論者のものでもなく復古論者のものでもなく、共産主義的でも資本主義的でもない（ルックマン、前掲書、一七六頁）。またイデオロギー的と呼びうるようなものでもない。

イリイチはいう「その国がファシズム的、民主主義的、社会主義的のいずれであろうと、大国であろうと小国であろうと、豊かであろうと貧しかろうと、すべての国において学校は似たようなものになっている。……われわれは、神話集の内容が非常に多様であるにもかかわらず（訳註：社会諸形態が多様である、と読みかえられよう）、神話、神話の生産様式および神話による社会コントロールの方法は、全世界的規模で同一であると認めざるをえない。」（DS 一三八—九頁）

主観的でもイデオロギー的でもない、神話生産様式である産業的産生様式は、消費者社会を再生産する価値体系の問題としてあるようだ。そして、宗教社会学に敏感な人は、これが「世俗化」の問題であることにすぐ気がつくであろう。この世俗化は、わたしたちには二重の課題としてあらわれる。

第一は、教会宗教の近代への世俗化であり、第二は、現代の〈宗教〉の世俗化である。

「世俗化」という言葉も曖昧な概念であるが、イリイチはこの用語を使ったりあえて使わなかったりしているが、一番いいたい点は次のようなものである。

「宗教は最終的には置きかえられている。しかし国家、あるいは信仰の衰退によってではなく、専門的諸編制（professional establishments）と顧客の確信（client confidence）によってである。」（DP p.27）

〈聖‐俗〉の構造は、「専門権力‐顧客（素人）」の構造における「幻想」illusion として構成されている、とイリイチはいう。イリイチの「制度－神話」論は、「幻想の権力（illusion-power）」の理論にまで到るのであるが、制度と神話にアーチをかける最有力の価値の位置について少し考えておこう。ルックマンによれば、かつて、教会宗教を基礎づけていた価値とは、制度上の規範ではなく、個人の生活をその全体像において意義づける規範であったという。つまり、「あらゆる制度上の規範、日常生活の諸領域で個人の行動を決定し、個人の経歴にそのつど影響を与える規範を超越し、それらの規範を上から規制するものであった」という。工業化と都市化は、制度上の専門化をおしすすめ、宗教的価値を時折の規範にしたといえるが、この制度的な専門化・分化は、それらを包摂する価値とその社会的・組織的基礎を一体どこにつくりあげ、再び個人の生活全体を包む「社会的に客体化された意味宇宙」をつくりあげたのであろうか？

「産業化された諸社会では、世俗の諸制度が主要な神話作成の祭儀を行なう」「教育、輸送、マスコミュニケーションなどの分離した諸々の祭式cultsが異なった名でもって、ボエーグリンが現代のグノシス（神秘的知識）と呼んだ、同じ社会的神話を助長している」（MN八四頁）のである。イリイチはマックス・グルックマンの分析をかりて、諸神話を「セットされた行動（behaviour）パターン」とし、儀礼の祝祭によって強化される合理化とその同じ祝祭によってうみだされる社会的諸結果――それは神話に矛盾するが――の間の不一致にたいして、参与者が盲目であるかあるいは寛容であるかにさせる力能をもったパターンだとする。そして、技術的な医療や教育や輸送の社会的組織の底には、進歩の理念・理想を儀式化し祝祭する次のようなグノスティックな世界観の特徴がある。

(1) 現代世界が貧困化しているという理由で、この世界に不満を覚えているメンバーによって実施される祭式。

そしてその帰依者は、

(2) この世界からの救済は可能であると信じ、

(3) それは少なくとも選ばれた者にとって可能であり、

(4) 現世代の間にもたらされる、と信じている。

そしてさらに、グノスティックな人たちはこの救済は、

(5) 技術的行動に依存し、

(6) そのために、特別の公式手続きを独占した者に与えられるよう用意されていると信じている。(MN 八四頁)

病気や学習不能を技術的に征服するのに多くの注意が集中されればされるほど、「象徴的な、非技術的」機能が大きくなっていく。この技術化、そしてそれの社会的指導は、倫理的で世俗的にすすめられ、非技術的な象徴世界を構成していく。具体的には不必要な処方が、必要であるかのように――たとえば、学校検診のまぶたのひっくりかえし――うけいれられ、心臓移植は国際的に反響を呼んだりする。象徴的副作用はよき効果をもたらすこともあるが、そのような効・無効の水準以上に、グノシスにたいする

判断停止をつくりだしている。

イリイチは、この象徴的作用にたいして、技術的な「白魔術」が「黒魔術」にかわったという言葉でもって逆生産性的特徴を示した。健康なり治癒を支えていた白魔術は、健康を否定する黒魔術になったというのである。敵を呪い殺すハイチのブードゥー教は「自律神経‐アドレナリン系の強い反応を起こし、血圧を突然に下げて死をもたらす」という。医学的診断は、「死」を保証してくれるし（医者が死亡したと診断しない限り死んでいない）、教授学的診断は「不能さ」を保証してくれる（点数が低い）というわけだ。

こうした象徴形式は制度化されているが、「不幸な者に対する同情、身体障害者に対する厚遇、悩める者にたいする猶予、老人にたいする尊敬を発展させてきた文化は、そのメンバーの多数を、かなりの規模で、毎日の生活に統合しうる」（MN 八五頁）権力までをも有しうるのである。象徴的な権力は、個人の生活全体を包むユニバースを統御している。そして、「専門家たちは、その特別の知識を、諸問題のタームでもって公的な事項を定義するように適用する」（DP p.27）のである。

専門エキスパートは、自分たちだけが定義し、作成し、修善し、開発し、破壊しうる技術的力能をもっているだけではない。それはただ消費者にたいして諸々の必要をサービスすることに限られているが、エキスパートの象徴的なパワーはその技術的パワーよりももっと危険である。それは、必要が定義される一方で、個人の力能を骨抜きにしているのである。個人の自律的力能は、サービス諸機関の過剰なサービスによって時代おくれの古くさいものにされ、個人は自ら統治する必要もなく教えられ、動かされ、治されている。
太郎／花子は、教師から読み書きを教えられるだけではない。資格ある専門教師の教授がよりよいと教えられる。義務的学校なしには学べないと信じている。車は人を運ぶだけではない。環境を変え、歩くことを追いだしてしまう。（RU p.4/24）
子どもは自分の目で自分の身体を判断する際に、ドイツ語を使用する技術者の前に身をさらすのを知り、自分の身体は見知らぬ専門家がとり扱うものだと知り、社会保障や医者の数がそなわっている自分の社会を誇るのである。（MN 八六頁）
このようにわたしたちの日常世界での諸行為が産業的活動に（かつ制度化された行動に）転化されている。その転化を産業社会の神話は合理化しているのである。〈行為〉と〈行動〉の矛盾的対立をおおう産業的神話は、人間の諸行為に束縛を与えていた伝統的な神話と違って、無限の成長にむけてわたしたちを駆りたてる〈幻想の権力〉となっている。その神話を保つのが魔術師・司祭・聖職者となっている専門家たちである。そして、消費者は彼らの儀礼的祭式に従順になってのみ、産業的な危機・破壊性からの救済を保障される。その見返りは、自分でも気づかない「自律性の不能化」である。
以下、学校、医療、交通の三大パラダイムのそれぞれの様式を通して、産業社会の神話の構造とその非神話化の可能領域を考えていってみよう。

1章

学校の神話

The Schooled Society

schooling
ritualization
institutinalized value
manipulated institution
school
education
learning
hidden curriculum
service value
Epimethean Man
deshooling
learning web
teacher/pupils

一 〈学校化〉された日常世界

わたしたちはある年齢に達すると小学校に入学し、中学へ進学し、さらにその中のある者たちが高校、大学、とはしご段式に昇っていくのに不安を感じつつも当然のことと考えている。かつて学校に退屈させられた者でさえ、自分の子どもがある年齢に達すれば学校へやり、大学は出ておけと進学させる。これは、法律上の義務というよりむしろ社会的人間として認められる必要上から、自らすすんでそうするのである。

特定の年齢に到っての入学は、なぜ他の年齢であってはならないのか? また学年別になぜ同一の年齢が区切られて、上へ上へと押しだされているのか? また、なぜ三〇〜四〇人の子どもたちを一ぺんに、同じ教科、同じ知識を獲得させるために、一定時間、机に座らせておくのか? 疑問をどこか感じつつもそれを受容している。子ども各人の力能が尊重されながら、同じことが教えられるように平等主義のレトリックをもって組織だてられている。考えてみれば、こんな奇妙な制度は学校以外のどこにもとられていないし、人類史上においても全く前例のないものであり、強いて類似しているといえば、装置として刑務所と軍隊ぐらいである。

「子どもは学校に所属し、学校で学び、学校でのみ教えられうる」(DS 五九頁) という疑いなき前提がある。学校にすべての子どもをいかせるという制度は、政治形態やイデオロギーの差を越え、先進国であれ低開発国であれ、中心部であれ周辺部であれ、豊かであれ貧しくあれ、あらゆる民族国家において同様の様式である。人民、国民、市民のために整った政体であるか否かは、この子どもにたいする学校制度がどれだけ整っているかに主としてかかっているといわれる。さらに子どものときはたされなかった教育は、成人にたいする成人教育あるいは社会教育という学校教育の延長としてどこまで整備されているかによって補償される。わたしたちは、学校教育以外に教育形態をもっていないだけでなく考えられもしない時代に生存している。

イリイチ理解が深化される一般的な段階を、私的な体験からまず示しておこう。

最初、未熟な語学力でもってイバン・イリイチのDeschooling Societyと題された本を読んだとき、わたしには彼が何をいっているのかわからなかった。どうも学校教育を批判しているようだが、なにを否定してなにを肯定しているのかわからなかった。ただ直感で、イリイチがどんでん返しをやっているという未踏の思想の世界が拓けているのではないか、とキャッチしていただけである。やがて、彼が学校を批判しているだけでなく、無用のものであるといっているかのように理解した。だが、かつてロシア革命後の学校死滅論のような世界とは別の次元で、つまり、社会主義をも批判しているのがわたしの興味をひいた。

さらに読みすすむうちに、学校が教育領域だけの問題でなく、わたしたちの社会生活に学校があるということ自体が問われているのに気がついた。つまり「教育が学校化されているだけでなく、社会的現実それ自体も学校化されている」（DS 一五頁）という点である。わたしたちの眼には不可視の世界、わたしたちの認識はもとより知覚さえも及ばない「影の世界」が、学校によってつくりだされているらしいことに気がついた。

今おもえば学校化された日常生活は、大学闘争の実践的体験でさえ認識できない意識をつくりあげ、またいかなる書もその体験を対象化するのに役だつものではなかった。客観世界だけでない、日常意識もさらに思想や理論も、生活の仕方も学校化されていたのである。

「われわれはわれわれに知られていない。われわれ認識者が、すなわち、われわれ自身がわれわれに知られていない」（ニーチェ『道徳の系譜』岩波文庫、七頁）のだという、ニーチェの言葉が慰めではなく脅迫的にさえひびいた。

わたしは、キューバ教育の社会主義的変容を実証的に研究しながら、資本制学校を、かくもダイナミックなキューバ革命でさえ最終的には打ち破りえないのか、と知って社会主義教育への興味を失っていた。キューバからラテン・アメリカに眼を拡げてみようとしていた頃、やたらにイバン・イリイチの論文が目に入りはじめた。それは、ラテン・アメリカ教育を認識するうえで不可欠の文献となっているようであった。イリイチはかなり断定的に、ラテン・アメリカにおける学校制度の確立は欧米のようには絶対的になされえない、といっていた。学校制度とは別の教育形態が考えられないことには、ラテン・アメリカは崩壊する他ないであろうとさえいっているようであった。

この時点で、わたしはイリイチに直接あって話をしたほうが手っとり早い、ラテン・アメリカの現実もイリイチの考えも——当時わたしはイリイチを〈思想家〉であるとは思っていなかった。現在日本で知られるように、教育にたいして漸新な考え方を問題提起した人間ぐらいにしか思っていなかった——日本の現実や日本での見方からはとても掴みえないようだと感じていた。

イリイチとともに週一回、Deschooling Society を一対一で訳し始めながら、わたしは自分の学校化された意識・認識というものがひっくり返されていくとともに、同時に理論偏重に育っていたため、イリイチの理論上の飛躍にかなりの不満を覚えた。彼はたんにこけおどしをやっているのではないか、という疑惑がなんどかわたしを襲ったのも事実である。当時イリイチは、『医療ネメシス』の第二草稿を第三草稿へと、セミナーを開きながら加筆していたときであった。学校と医療がまずわたしには結びつかなかったのと、学校はもう数年前に考えたことで今のわたしには問題ではない、とさえいうイリイチがわたしにはわからなかった。イリイチを読むには、自らの思想的対峙が強いられる。あまりに明確なことを言われると、わたしたちはその明確性を疑うとともに不安になる。産業的に操作されていたバランスを失うのである。幸いにもわたしにはこのバランス喪失が、CIDOCの仲間やメヒコの現実それ自体を体験できたことによって支えられたため、パニックとならずにかなり大担にイリイチ思想にとりくむことができた。

教育と学校の同一視を制度的に統御している産業社会は、教育者・教育学者の眼までも覆ってしまっている。学校化されていなければ教育ではないと、「制度化されない教育」を排除しようと強いるこの教育＝学校と同一視するものは、イリイチの思想を、学校解体／教育解体と決めつける。また、一方、イリイチの"deschooling"を〈脱学校〉と理解して、その文明史的洞察や政治的ポイントを見落とし、ひとつの学校改革の領域に閉じこめてしまう。非学校化の政治的転換なしに「学習社会」が提起されていく。

イリイチの学校に対する考察は、教育論でも学校改革論でも、さらに〈脱学校〉論でもないのである。こうした理解は彼の批判を再び逆戻りさせている、学校化された理解である。コメニウスやコンドルセやルソーもたんなる教育学者ではなかったが、時代を変えるようなコミットをする思想は、必ず教育を語っている。だがイリイチは、学校と教育を切断することで、教育にとどまらないまったく先例のない近代西欧文明の批判を展開しはじめた。学校化の生活様式総体の根源からの問い直しが、イリイチによって初めてなされたのである。

学ぶために学校にいくだけでない。移動に自動車や電車といったモーター乗り物を利用し、病気になれば病院にいったり医薬品をのむ。そんな当り前の日常的な生活スタイルは、学校化された世界と無縁ではなく、見えない構造において有機的に関連しあっている。イリイチの思想の身近さとその豊かさとは、〈わたし〉自身が文明史、社会構造、専門分化されたある技術世界のなかで自分にみえてくるという点にあろう。彼の著作をひととおり全部読んで読み返しはじめたとき、産業的生活の一つの様式としての〈学校化〉がみえはじめてきた。そして、学校化そのものが、産業的生活様式として、次にやっとみえてくるようになったのである。

さて、人類史において近代は、「子ども時代 childhood」を発見し、それを普遍的教育（universal-education）の名でもって「義務的学校化 compulsory scooling」した時代である。それは、社会そのものをマクロ的な時代でもって特色づける「学校化の時代 the age of schooling」を創造した。現象的に、学校教育はいわゆる義務教育の期間だけにとどまっているようにみえるが、自分の個体史のある時期が学校に鉤止めされたということによって、わたしたちは想像もつかないような特異な生活世界におしこめられている。その生活世界は一言でいえば、「産業的に制度化された生活様式」である。

日本のようにほとんどすべての子どもたちが学校にいく豊かな国と、第三世界諸国のようにむしろ大半の者が学校にいかない貧しい国とでは、生活世界が全く逆転してしまう。共同社会のなかで自らを失わずにいられる可能性の残っている世界は貧しく愚かで、学校をとおして自らを自己確立していながら実際には自分自身の固有な自律力を喪失している世界が、豊かで賢いとでもいうかのごとくになっている。しかも、学校へいかなかったという人生の悲劇は、先進諸国よりも低開発諸国のほうが激しいという逆転さえ生じている。学校化されてうみだされた〈個人〉という豊かな国での存在は、学校化された偏見の意識でもって、最も顕著に、貧しい国の現実にたいして対応する。

貧しい国の学校化された現実は、制度的な目標がほとんど実現されずに目的とは逆の効果を結果するため、学校化ないし制度化の本来の姿が隠されずにそのまま露見するという悲劇的なものとなる。たとえば、臨床経験もない医者の速成や、字も満足に読み書きできない「学校教師」の輩出や、交通安全を保つよりも罰金の出所を血まなこに探している「警官」というような現実が発生する。これを、豊かな国の学校化された者たちは、産業的制度の本来の姿とみるのではなく、学校化された意識そのままでもって、管理のゆきとどかない貧しい国の者たちの愚かさとみなすのである。低開発諸国は、通り一遍の産業的合理化を推進しようとして、伝統的な共同社会の固有な文化を破壊しつつある。しかも他国の産業的侵略がそれに加担している。そのために、産業的制度の本性が露呈しただけである。愚劣さの根源は、産業化そのものにあるのにもかかわらず、産業的な人間はそれをただ不備なものとみなし、低開発諸国の人間よりも豊かであると信じている。

イリイチの基本概念である〈学校化〉とは、一体どのようなものであるのかを掴むには、第一に学校制度が有している社会的な機能と、また学校の制度的儀礼とを明確に識別しながら示さねばならない。そして、第二に、社会生活が学校化されているために、どのような制度意識がわたしたちの日常生活世界のなかで働いているのかが示されねばならない。さらに、第三に、「制度づくり」に献身している現在の文明 civilization のなかで、わたしたち人間はどのような象徴世界を構造化しているのかが示されねばならない。以上の三つのレベルから無批判的な学校化されたままのイリイチ理解を克服できよう。

〈学校化〉が明確にされるとは、つまり「産業的生活様式」が明確になることであって、彼を〈脱学校論者〉として紹介や翻訳をするのは少なくとも本筋をはずれている。イリイチに「脱学校 post-schooling」を求めるのは、「イリイチ思想」の水準では確実に誤りである。『学校のない社会』についていえば、イリイチは「学校化社会」を像として描きだすのにはっきりとした手つづきとなる概念をもっていなかったため、「学校のない社会」のイメージを対峙させることから、それを描きだそうとした。その思想的に未熟な展開がかえって、この書のバリエーションを表現しているため面白いのであるが、数多の誤解を日本のみならず世界でうみだしたのも事実である。少なくとも『脱学校の社会』と題される書を彼は書いていない。人々は、学校化された世界を徹底して考察するというよりも、「学校のない社会」の世界をイリイチに求め、彼をついにはユートピア論、ルソー的自然主義（ダニニル・ベル）などときめつけた。にもかかわらず、いわゆる「脱学校論」ブームがまきおこった。イリイチが「deshooling」論とはっきり訣別を表明したのは、一九七四年である。現時点では、学校の神話を解体するとは、他ならぬ脱学校および"deschooling"の神話をも解体することになるようだ。

　学校化された世界を自覚するのは、産業化された生活様式を考えはじめる開始点であり、産業制度のなかで最も支配的な制度となったその姿を、どこまでわたしたちは気づいているのか、そしてわたしたちの考えとどれほど違ったものが日常世界を占めているのかを気づくうえで、手頃な対象といえる。しかし、この手頃さはあまりにも根源的なものをわたしたちに示すため、医療や交通の世界を駆けめぐってからでないとはっきりつかめないという問題がある。そこでわたしたちは、学校化をめぐる考察が「教育」に流れないように細心の注意を払うといった、まさに教育の学校化を批判する実践そのものを本章で貫かねばならない。教育はアミバーのように癒着してくる。たとえば、「私の祖母はわたしに教育をえさせたかったので、わたしを学校にはやりませんでした。」（マーガレット・ミード）という教育のために学校を拒否する意識や、学校が、教育をすべての人に平等に与えようとしながらその制度的な目標に反した結果をうみだしている事実を指摘しても、学校の幻想は解体しない。「教育」をもってしてもたちうちできない、それほど学校の支配は徹底している。普遍的な「教育」それ自体を問いなおすのが、イリイチの〈学校化〉論である。

ナショナリスティックな意識が民族国家の諸制度をととのえる精神的土台にあったという歴史に加えて、世界観が学校化されているため、普遍的な教育は、いかなる国であれ非常に民族主義的に形成された。自国の学校制度が整っているのを誇りとしない民族はない。社会主義さえもそれを誇示する。こうした民族意識の中で、多くの人たちは世界の子どもたちの半数以上は学校にいっていないという事実にたいして、普遍的教育を実現するために少しでも多くの子どもを就学させようとし、その民族国家の発展水準を競い合う。

世界の半数以上の子どもが学校にいっていないのみならず、小学校の学年を終了するまでにほとんどの子どもたちがドロップアウトするという事実は、それぞれの国が子どもへの社会正義を実施しえていないというような問題にとどまるものではない。事実の本質はもっと深刻である。ひとつは、先進諸国の発展が低開発の搾取の結果であったという歴史からみて、もともと学校化の可能性が低開発諸国ではぬきとられていたという理由が考えられる。そして、もう一つは、学校制度というものは本来のその姿からして、万人に教育を保障するものではないという理由である。

イリイチが、そのよき協力者であった経済学者エバレット・ライマーらとともに達した学校教育にたいする結論的な見解は、次のようなものである。

一　義務的学校化を通じての普遍的教育は不可能である。
二　普遍的教育の生産にたいして、それと異なる分水嶺的な諸々の装置を設けるほうが、（学校化をますます強化するより）もっと可能であり、もっと容易になしうる。
三　分割された学習の高水準にコミットしている社会では、産業的成長にたいして、批判的な個人相互関係が教育学的な諸限界を設定していくべきである。（TC六頁）

ここでは、第一に、学校化（schooling）と教育（education）とが識別されて考えられている。第二に、学校化とは異なる別の学習（learning）の仕方が考えられる。第三に、産業的成長にたいして限界設定を教育学的にもなしうる（しかし、それは政治的な限界設定の質を有するが）、という諸点がしめされている。

イリイチは制度の基本構造を現実からみなおしていく際に、『自覚の祝祭』において、「アメリカ合衆国人」の目醒めというものが、三つの世界の現実を鏡にしてなされると示した。

それは、①国内の黒人貧民街の実状、②同じアメリカ大陸の南アメリカの現状、③そして、ベトナムである。折しもベトナム戦争とラテン・アメリカでの解放ゲリラ運動の盛んな時期に、他者を鏡として自らをみつめることが「気づき」の糸口になると、今にしてみれば極めて当然のことを示した。しかしながら、この周縁部からの見直しが、自国内の産業諸制度自体の分析に関わると指摘したのはイリイチの独自性であろう。それを「学校化」にたいする考察で深めたのである。

なかでも学校化への考察が、ラテン・アメリカの一九六〇年代の情況をぬきにしてはなされえなかったこと。この点は、日本とアジアとの鏡として忘れてはならない基本視角に対応しよう。（小沢有作氏の、「在日朝鮮人」や日本のアジア侵略をめぐる帝国主義教育の研究を参照されたい。）イリイチにとって、それはとくにムーニョス・マリン治政下でのプゥルト・リコの発展であり、カストロの社会主義キューバの状況であり、ボリビア国民革命政府の教育政策であり、クーデター後のブラジル軍事政権下での社会改革であり、ペルーのアプラ政権、および社会主義的軍事クーデターなどの現実であった。世界的パースペクティブのなかで、ラテン・アメリカの状況から学校化社会を見直したのである。

このような具体状況を、イリイチは自分の足で飛び回ってみている。それに、カトリック教育の体験と実状が重なりあっている。そのうえで学校化された教育・社会を考えているのだ。

学校の制度的目標に反するケースは、子どもの就学状況や成人の就学という事実にとどまるものではない。教育予算は、国家収入や就学者の増加よりもはるかに急速に増加する。そして、人口は学校の収容人員力能よりも速く増加し、経済発展は学校の拡充においつかない。伝統社会の紐帯の下で生活していた人たちは学校にいくことで、伝統的な食べ物や衣服や習慣、さらに言葉まで変えざるをえなくなる。最初に学校へいった兄や姉たちよりも可酷な試練が、子どもたちを待ちかまえている。人々のためと称して、これほどまでに生活スタイルを変えたものは歴史上なかった。学校を途中で去った自分は、学校を終えた者よりもなにからなにまで劣っていると感じる。「ほんの少しの学校教育はあまりに多くの不満足をもたらす。」(エバレット・ライマー、P.17)。

学校が実際にすべての子どもたちにみたされうるのか否か、その論証はそれぞれの立場の論者たちがそれぞれのデータをもって示すであろう。だが学校が完全にこの世界でみたされたとき、人類の破滅はその後であれ前であれ不可避的であろうという予兆のほうが確かである。学校は子どもに教育を与えるものでも、学ぶ機会を与えるのでもなく、それを「ある程度」なしとげながら全く別の機能をはたしている。しかもその機能は、機能にとどまらずわたしたちの意識やエートスまでをも涸渇させている。それが〈学校 school〉と違う〈学校化 schooling〉の世界なのである。

この"schooling"は「学校教育」と訳されているが、それは教育が学校のなかに独占された結果的状態をもってそう理解される。しかし、わたしたちは、「教育が学校化されていく」その過程的状態をも含んで、「学校化」とそれを訳し、その構造を社会的・制度的に理解していこうと思う。学校がこれこれといった教育の事実に反することをしていると告発・攻撃するよりも、学校化を構造として理解することの方が、はるかに困難であり根源的であり、その自覚を通じてわたしたちは、日常生活世界の基本構造をとらえることができる。学校の内情を知るのでなく、学校化されている自分たちの生活それ自体が自己破壊的であり、学校中心の産業社会・技術科学文明のエートスが、自分たちの自律性を不能化している様態を考え直すことができる。

イリイチ理解を正確にしていくことは、自分自身を自分ではっきり理解していくことになる。〈学校化〉は社会的諸関係総体を再考するうえで、最も根元的な範疇なのである。

二 〈学校化〉とはなにか――技術的次元

『学校のない社会』でイリイチは、「学校の現象学」という章を書いている。現象学的社会学の成果をふまえて「制度としての学校」をとらえた画期的な考察である。中でも、Th・ルックマンによる宗教社会学における「宗教と教会」の同一視にたいする批判を、「教育と学校」の同一視にたいする批判としてとりいれるにあたっての、現代社会の宗教的形態を探りだすうえでの礎石となったものである。

「学校」と「教育」と「学習」の三つの間の識別は、たんなる字句拘泥でなく、マルクスの労働と労働力の識別にも匹敵する制度（学）的には根源的な分析である。鮮明に「学校化」schooling という範疇がこれらの識別からとりだされた。「学校」の影にある「学校化」の抽出である。

それは学校を学校化として定義づけるために、「教育という言葉を用いなくとも学校について語れるような」公的学校の現象学的考察である。現象学的考察の他にいくつかの方法が考えられる。ライマーは、学校をその社会的諸機能からリストアップして、①子どもの世話、②社会的役割の選択、③教化、④教育、の四つが集権化されているものとみた。また、人類学的アプローチによるならば、学校に似た諸制度をそれぞれの部族の生活を調査することからひきだし示しうる。また、さらに、教育思想をめぐっての言説の世界からフーコー的な考察も可能である。イリイチがそうした諸々のアプローチの中から、現象学的考察を選んだという点は、その思想形成を考えるうえでは重要なポイントといえる。この現象学的アプローチは、彼のひとつの大きな飛躍となり、しかも『学校のない社会』での「学校化」論の限界ともなるものであった。この限界というのは、後に頻繁に使われる「影のカリキュラム hidden curriculum」が明確に示しきれなかったという意味での限界である。

「学校化への分水嶺設定 Alternatives to schooling」と題する『サタディ・レビュー』誌での論文が、イリイチの学校化論の中でもっとも簡明にまとまったものである。そこでイリイチは「影のカリキュラム」の役割を次のように示した。

㈠学校を通してのみ人々は社会的メンバーとして認められる。

㈡学校の外で教えられたことは価値 value がない。

㈢学校の外で学んだことは価値 worth がない。

(ここで、「教育」に当てられた価値とは“value”であり交換価値の意味を内在している商品的なものであり、「学習」

にあてられた価値とは価値に値するという"worth"で、本来の価値であることは非常に重大である。イリイチはなにげないような言葉をきちんとつかまえて理論的に語っている。）

そして、これが不動の枠組となっているのは「学校の現象学」で語られた三要素が学校制度のなかで営まれているからだ。それは、

① 年齢別に区分された三〇～四〇人の集団。

② 資格ある教師の下で監督されている生徒として定義づけられた児童。

③ 年に一〇〇〇～一五〇〇時間の段階的カリキュラムへのフルタイム出席。

である。

これらの三要素がある限り、学校は、経済的、政治国家的な、諸々の関連を現状のまま再生産できる。つまり、学校は社会を再生産しているのである。社会が学校を再生産しているのでもなければ、学校がマルクス主義のいうように労働力商品を再生産しているのでもない。（もちろん、ルイ・アルチュセールのような透徹したマルクス主義者は、「国家と国家のイデオロギー装置」の中で、学校が社会を再生産しているのを示している。『国家とイデオロギー』福村出版、参照）

このような定義を、エパレット・ライマーも明示している。しかし、ライマーは「影のカリキュラム」を語る人ではない。この違いは、学校（化）を〈機能的‐経済的〉制度とみるか、それを越える生活様式の〈制度化〉論とみるかという、非常に異なった制度的考察上での基本視角になるため、ライマーとイ

リイチを対応させながら検討することにしよう。

ライマーは、学校を制度として考えるにあたって、次の角度から明証な機能的分析をしている。

㈠学校とは何をするか？——社会的組織を考察。

㈡学校とは何であるか？——学校を定義づける四要素を指摘。

㈢学校はいかに働いているか？——イデオロギーと現実の差異を示す。

㈣学校はいずこからやってきたか？——発生史的な実証。

第四点はともかくとして、㈠、㈡、㈢は、制度としての学校を、イリイチよりも簡明に実にわかりやすく呈示している。

イリイチの〈学校化〉論を鮮明にするには、数多の脱学校論との差異を明らかにしていく方法が第一に考えられる。イリイチ思想を教育論に閉じこめたこの十年間の歪みはそれではっきりしよう。だがもっと根源的な反省は、イリイチとともに学校批判をはじめ、最も彼に近かったライマーとの差をはっきりさせることである。同じ〈制度視座〉に立脚しながら、学校教育の公的制度の分析はその後まったく相容れなくなっていく。この対立がはっきりすれば、イリイチが他の脱学校論とおよそ無縁であるのが根源的に示されるはずだ。これをキャッチしないと、制度化された教育を前提にしたまま学校論をのべるという検討違いを犯してしまう。わたしは以下、これまでの日本での一般的理解をくつがえしながらイリイチに近づいていくために、〈影のカリキュラム〉の三要素を「制度の過程」の理論展開として再解釈しつつ、ライマーの機能的経済的分析と異なる制度儀礼の世界を示していこうと思う。そして、「制象化価値」のうみだされる制度過程がどのようなタームで考えられているか示したい。

1　空間の時間化――子どもの発見と年齢別集団

ライマーもイリイチも「児童期 childhood」の発見という視座をフィリップ・アリエスの『子どもの世紀』に負っている（また、J・H・プルムも同様の実証的研究を行なっている）。それをふまえてライマーは、「学校が児童期を制度化する」ととらえ、その社会的制度的な機能の様相を示すが、イリイチは児童期を「生産様式」としてとらえた。

「もし、年齢別に区分けされたしかも義務的な学習制度がなくなれば、『児童期』は生産の外へ出ていってしまうであろう（訳註―大量生産という生産形態の存在が消滅するという意味）。豊かな国々の若者は（学校制度の）破壊性から解放され、貧しい国々は子どもっぽさをつくりだすことを豊かな国と競いあうようなことをやめるであろう。」（DS 六二～三頁）つまり、人間の一部分を「子ども」というカテゴリーに分割する生産様式はなくなるべきだ、といっている。それにより社会生活の仕方も、社会それ自体も変わる。つまり、児童期をなくすことは近代的生産様式の転換に大きな意味をもつ、とイリイチはいっているのである。

〈子ども時代（児童期）〉の発見が近代でなされたという驚くべき史的事実は、もう教育学者の間では常識となっているし、アリエスの書も近く翻訳されると聞く。近代以前には子どもの遊び、子どもの衣服、子どもの物語もなく、墓にも子どもの名は記されず、絵画においても子どもは大人の等身大をそのまま小さくした、今からみると妙な姿で描かれている。日本でも〈子ども〉がどのように発見されてきたのか、最近その研究がすすめられている。

わたしたちはただ、そうした実証事実をもって事実への驚きにとどまるのではなく、子ども期を〈生産様式〉としておさえるという制度学的視座をのがさなければよいと思う。それは、人間の一生を時間的に区切って、学校空間のなかへ時間化し、価値を形成しうる過程を創造したのである。学校制度の過程で時間を消費すれば、その消費量が価値となって形成され、市場に売りだされる（＝学歴としてラベリングされる）。その現象が、実は空間の時間化として示されたといえる。

2　時間の空間化——資格のある教師と生徒の関係

児童は〈生徒〉と定義され、児童期の場は資格をもった教師の限りない市場となる。そして、学校は決定的ともいえる公理をビュルト・インした制度となる。ライマーはいう、「学ぶことは教えることの産物 product である」と。この〈産物〉はイタリック体で強調された。機能的・経済的制度論は、制度による生産物のつくり方を追求するのである。だがイリイチは、ただ「学習が教えたことの結果となる」というだけで、教育が制度化され学校化されているという過程に重点をおいている。学校の外で子どもたちは、教師の介入なしに、「話し、考え、愛し、感じ、遊び、呪い、政治をし、働くのを学ぶ」（DS 六四頁）

のにもかかわらず、学校制度は、学習を学校の中へととりこんできた。それは、学習時間が「資格」ある教師と「生徒」の関係として、学校制度に固定された空間におしこめられたという現象を明示している。〈生徒―教師〉関係とは、教える労働の生産物を考えるのではなく、制度の「過程」を解明するものである。ライマーは、学習が教師によってつくりだされようと試みられながらも、それが実際にはうまくいっていない情況や、教師の機能的な不備が制度目標に反していると分析指摘するだけである。

学習時間が学校空間化された過程での、資格ある教師‐生徒の関係は、教育実践の象徴性を問題にする。教師による学習生産がうまくいっているかいないかの問題視座からは、教師の機能的実践の不充分性が指摘されるにとどまるが、象徴的な分析は、効果的でしかも価値ある学習は専門的な資格ある教師によってのみなされるのだ、と子どもをはじめ産業的な人間全体がそれを信じているという様式をとりあげる。この様式への信仰をうけて専門教師の専門パワーという象徴的権力が構成されている。この権力は、暴力そのものでなく、ピエル・ブルデューとジャン＝クロード・パスロンが指摘したように、象徴的暴力である。そしてこの専門的取り扱いのなかで、子どもはますます不能化されて、自分で学ぶ力を失っている。

3 〈空間‐時間〉の過程化――フルタイムな出席

ライマーは〈教師〉を2の範疇領域で考え、ⓐアンパイヤー、ⓑ判事、ⓒカウンセラーとしての三機能を結合した「全能者」であるとした。この役割の結合した力のおそるべきことは、次のような、政治的、経済的、運動スポーツ上の機能の結合をイメージしてみればわかるだろうといっている。それは、警察官・判事・被告弁護人の役割の結合、あるいはバイヤー・税関査定官・経済カウンセラーの結合、あるいは、レフリー・運動コミッショナー・コーチが結合したようなもので、あまりに全能であり、決してうまくいくはずがないという機能的な分析である。

ライマーが、教師を学習の生産者であるとみているのにたいして、イリイチは教師を、フルタイムな参加者の時間とエネルギーにたいする儀礼遂行者であるとみている。その存在は、ⓐ保護者、ⓑモラリスト、ⓒセラピスト（治療者）である。この教師の象徴的権力と儀礼執行からみると、道徳性・正統性・個人的価値(worth)という異なったレベルは価値 value へと一つにまとめあげられ、ゆるがしがたい力となってそびえている、というのだ。あくまで教師の象徴的権力が問題とされた。

再びくりかえすことになるが、教師がそれらの横暴な役割を機能的にはたしているかいないかではなく、そうした役割をもつ存在として制度的に、しかもそれは現実というより象徴化として、幻想として受け入れられているという存在の仕方である。フルタイムの出席という生活のあり方が、ある制度過程で営まれていれば、この象徴権力が受容され、段階的にそれを処理していく儀礼的な伝授儀式によって、秩序体系は再生産されていく。この段階的カリキュラムは、制度の階梯を示すというより、進歩なり発展というものは「累進的」なのだと日常的に体験化してそれを個人的に内化するのに役立っている。イリイチも当初は、段階的カリキュラムを第四の要素としてライマーと同様にフルタイムな出席と区別していたが、その区別をやめた。というのも、学校空間の過程における学校〈時間〉のあり様として統合された〈時－空〉の過程化と理解したからであろう。

同じテーマで、同じ教材で、同じ時間に、同じことをするのが、学習であるかのような学校化の〈時間〉を、イリイチは制度の問題としてとりだしたのであって、段階的カリキュラムの機能的弊害を云々したのではない。このフルタイムな出席のなかで、〈学習〉は学校教材の学習に転じてしまっている。学習者の力能は、学校での儀礼時間に服従してのみえられるのだという。

「学習（学ぶ）」とは、自分自身のエネルギーでもってなされる自己表現で、他者からの取り扱いを必要としないものである。歩いたり話したりする力は他者の自然な働きかけのなかで学ばれるが、他者の〈取り扱い〉によってえられるものではないし、ましてそれに置換されるようなものではない。読み・書く力能は、他者からの働きかけが意識的になされる学習である。その働きかけが過度になされたとき、読み書き以上のことが実践されている。読み書きを教えることが保守的であったり革新的であったりしても、その他律的行為は必ず意識化・イデオロギー化の可能性をもつ。

以上のようにライマーの制度としての学校は、子ども／教師／教室／カリキュラムの四要素の機能的なコンビネーションでもって考察され定義づけられるのであるが、イリイチの「制度としての学校」は、その儀礼的な様式、力の象徴的な形式に求められる。したがって、イリイチは学校教師のように力をもった者でもどうにも動かしがたい「影のカリキュラム」という、時間・空間が制度化された構造があるのだ、と指摘する。教育の制度化とは機能的なものでなく、儀礼的・象徴的な過程が構成されているのであって、教師の権限をもってしてもどうにもならない、産業的生産様式それ自体としての学校化である。

ライマーは、さらに学校のイデオロギー的機能を、〈機会均等〉〈自由〉〈進歩〉〈効率性〉にわたって検討し、実際にその理念が実現されていないと実証する。イリイチはこのようなイデオロギー的な機能を分析しない。むしろ、何が制度化されて儀礼的に再生産されているのかを考察する。

このように、ライマーとイリイチは最初から決定的といえる制度論上の差異をもっていた。両者は、同じ実在の対象を全く違った角度・視座から考察したため、分析された対象は全く別のものになっている。ライマーは、学校制度を国家のサブシステムと考え近代的な生産企業とみなす。イリイチは、制度化された（学校化された）わたしたちの生活様式そのものの水準で考えている。

ライマーには、「サービス生産」の視点はないといってよい。あくまで制度を生産物（サービスも同一視する）の生産過程として機能的-経済的に対応させる。イリイチは、制度の過程からなぜそのような仮象が生じるのかを儀礼的視点からみて、サービス生産による生産物生産とは異なるサービス制度の構制を考えたのである。

両者は、わかれるべくしてわかれた。イリイチは「たとえ友情関係はなかったにせよ、よき協力者であった」とライマーを述懐し、セミナーでは経済主義者の典型的な見解であると批判していた。

イリイチとライマーの同列視は、学校化を教育にひきつけて学校論とみなす。下山哲夫氏の『先きどり学校論』（学陽書房）はその典型である。そこからは「価値」論がみえてこない。

イリイチの「影のカリキュラム」が「価値の制象化」として神話的・儀礼的に考えられていくのを考察するまえに、もう一度しっかりとライマーの〈機能的‐経済的制度〉論がどのようになされているのか示しておこう。

ライマーは、「人間的諸必要の提供が制度化されている」点を次のように、諸制度が生産物とコントロールを定義しているからであると考える。

㈠ 必要をみたす生産物ないしサービスを定義する（たとえば、学校は教育を学校教育として定義する）。
㈡ この定義を貧しい人たちの間に一般的に受け入れられるように仕向ける（たとえば、人々は、教育を学校教育であると同一視するよう説き伏せられる）。
㈢ 生産物ないしサービスが完全にみたされることから貧しい者のある部分を排除する（たとえば、学校は、ある段階で、ただ限られたある者のみに役立つものとなる）。
㈣ 必要をみたすために融資される諸資源は前もって先どりされている（たとえば、学校は教育のために融資しうる諸資源を使い尽す）。

（エバレット・ライマー、P.68）

これは、健康、輸送など、他の多くの、人間的必要をみたすためにつくられた諸制度にも一般的に通用する定義であるという。ちなみに、この部分を書いたライマーの原稿は、「経済発展にたいする制度的アプローチ」として一九六九年九月に書かれ、CIDOCで積極的に論議されたものだ。

しかしイリイチは、ライマーのこの〈機能的－経済的〉制度論を批判的に継承して、「影のカリキュラム」から「価値の制象化」の理論レベルを開いたのである。ライマーの"schooling"には「学校化」という訳語よりむしろ実態としての「学校教育」をあてたほうがよい。つまり、ライマーには教育と学校制度が区別されてはいても、「学校」と「学校化」の識別はないのである。

三　〈制象化された価値〉の世界——社会的次元

「学校の現象学」の章が技術的・教授学的な制度化の次元を示していれば、「進歩の儀礼化」の章は社会的な制度化の次元を示しかつ価値の問題にくみしている。それは学校が社会生活で必要になると、社会そのものが学校化されていく世界である。イリイチは、教授学的な学校化が社会的に転成されるレベルを神話の世界で考え、〈制度化＝神話化〉の考察・分析をそこで深めた。

教育の学校化が、社会的に転成されるのは、学校制度の頂点である大学から地上にむかってなされる。「大学は、仕事にいても家にいても、消費者の諸々の標準をおしつける効力をもっており、それを世界のあらゆるところであらゆる政治体制の下でなすのである。」（DS 七四頁）生産面でもまた消費面でも、大学は消費者標準を決定することで、社会の人々の期待の水準を決め、「もしも文明的な人間でありたいならば、自分も大卒者がしているような生活をしたいと願う」(DS 七四頁) ように仕向けるのである。

おそらく、多くの人たちは、『学校のない社会』第三章の大学に関する叙述を、イリイチの「大学論」と理解したに違いない。その理解からは、世界のエリートである先進国の大学生が、抑圧された第三世界の民衆との連帯を唱えるのは陳腐である、大学生は競争する他者をけおとして選ばれた者だ、大学改革は教育制度の改革なしにはありえない、等々といった類の、日本でもなされている喧噪な告発的見解を読みとるだけであろう。なぜ、現実社会の学校化、世界の学校化を考えるうえで「大学」からはじめたのかは、さきにものべたように「教育の学校化」が社会的に転成される水準を考慮していたからである。

大学生のために教育費を大量に投資する。大学生を学力の名でもって社会的な役割へと選択する、その選ばれた者の役割とは、社会の独占者そのものである。そして大学は、学位という流通の価格札をつける。こうして歴史上前例のない「消費者の目標を決める大学の力能」がつくりだされてきたのである。この力能の獲得は一九六〇年代、公教育への機会均等の幻想が広まったときになされた(第二分水界)。「すえは博士か大臣か」という明治日本のナショナリズムの意識にかかわるものであって、個人の意識が富に自動的に代わりうるという消費者社会の意識とは本質的に違うものである。

解放区としての中世の大学は、学問的・批判的探究と人々の統制されない出会いの場が保たれていたが、今や大学は研究と教えることをうみだす過程を「管理」する場となっている。市民にとって大学での勉強は経済的に最も有利な投資であり、国家発展の主要な人材を育成するのだと考えられた。六〇年代末の大学批判の闘争があっても、大卒の肩書きを主要な目的として大学に入学してきた多数の者にとって、大学の威信を少しも喪失させていない。確かに少数の者は、学位を拒否し、反文化を準備し、大気汚染や研究の弊害を告発したが、それは「階級組織の真只中の異教の温床」でのことであり、消費者経済や民主主義的〈特権〉、日本の自己イメージを脅かす者たちであるとみなされた。

大学や教育の合法性に疑問を表し、その制度目標と実際との違いを告発し、個人的犠牲を払ってまでそうする学生や教師や職員がいるにはいる。そうした彼らの闘いや、意見を異にする個人を再改革することもできないし、追いだしたところでなくなるものではない。問題の根源は、大学や教育の管理強化が強まっているということでなく、大学という制度化された過程が高校や中学校や小学校や幼稚園までをも含んで、消費者の標準を定め、生産体制を煽動しているという制度的な役割の問題にあるのだ。制度化は、社会全体の批判を許したり、疎外された者たちの参入権利を認めるということによってさらに強化されるだけなのである。

たとえば教育制度の根源的な問いかえしにまで深まった反戦派教師の活動が、学校内での実践——それは教育を「共育」にかえるとか「学習」にかえるとかという表現をとっているにせよ——にしかいたらなかったことにより、さらに制度化は強化されているのである。そしてほんのわずかな教師たちは、アウトサイダーとして尊敬とともに軽蔑をもうけて学校から追われた。このとき教師や運動の主体や実践のあり方を問うのは誤りであろう。問題は、学校への制度化が徹底した世界そのもの、その「制象化された価値」がうみだされる世界を分析することである。

「ひとたび学校が必要だと学ぶと、わたしたちのすべての諸活動が他の個別専門化された諸制度にたいして顧客という関係性の形をとるようになる。」(DS 八〇頁) つまり、消費者＝顧客として様々の個別化された制度に依存する他なくなる。それはまた、非専門的な活動は信用されず、自学・独学は意味を失い、専門パワーへの依存と受容におちついていく。こうした依存・受容への転倒は、「価値ある学習」は学校での消費時間量の結果であり、「その学習の価値はインプットの量とともに増大し、ついに、この価値は、学歴や証書によって測定され証明文書化されうる」ように教えられることからなされる。

「学校は、終わりなき消費の神話に招き入れる initiates」のであって、邦訳のように「創り出す」などとんでもないことである(DS 七九頁)。この神話の伝授・入会は、「過程が必然的に価値のある物を生産し、それゆえ、生産は必然的に需要を生産するという信念」の伝授・招き入れである。

教育の学校化は二重である。第一の水準では、「教授 instruction が学習 learning を生産するということを教える teach」内容として現われている。第二のレベルでは、「学校の存在が学校化の要求を生産する」となる。これが、わたしのよぶ、制象化と制度化の二重の意味での〝インスティチューショナライゼーション institutionalization〟である。(原書、p.44〔訳書七九～八〇頁〕の数行は、あまりにもたくさんのことを一文一文に表現している。もう少し、解明が必要なようだ。)

「制象化された価値 institutinalized value」という聴きなれないイリイチ独自の用語は、第一に、サービス生産のレベルで、第二に、その神話のレベルで考えられている。

この生産とは、生産物を〈物〉としてうみだすのではなく、制度過程が、生産物ではないのに価値あるものをうみだす制度上の生産である。この価値は、学校での消費時間量（結果としては学歴）、もっとわかりやすくいえば学校に出席した年数が多ければ多いほど高まり、そうした結果、価値あるもの（つまり反復可能な価値を有したもの）として認められ、それを証しする証書がだされる。労働力の消費時間量・労働時間により価値がうみだされるように、学習消費時間量によって価値がうみだされる。それも学習という使用価値がなければ、この価値はうみだされない。この関係性は、まさにマルクス商品論の論理構制である。

そしてこのサービスとは、他律的な教えるという行為としての働きかけである。他律的な働きかけに投資される教育費がませばますほど価値があがる。それは同時に、資格ある専門教師の教授のみが自分の価値をうみだすのだという「制度サービス」への依存となり、他律性の徹底した様態である専門家への依存ともなり、自らは顧客（サービス受容者）としての位置を日常化している。この考えは、社会学的な制度化の理論をイリイチなりに越えた生活様式の制度論となっている。

制象化――自分の個人的な認知力能の成長は学校が念入りに計画化し操作したことの結果である、となる。個々人身体の技術次元での心的な共同幻想的構成と言ってよいだろう。

媒介——そして、これが「学校を必要とする」ものとして受け入れられると、他の諸制度の必要も容易に受容する。「制度への依存 dependence」が、「制度の受容 acceptance」となったとき、制象化は制度化に同一化されていく。

制度化——カリキュラム教授によって自分のイマジネーションが形づくられると、人々はあらゆる種類の制度的計画化を受け入れるように状態づけられる。そして学校の制度的存在そのものが、いろいろな様式を学校化し、制度化するのである。社会制度次元での編制である。

〈制象化＝制度化〉となるのは、技術的・教授学的なレベルが社会的なレベルに転成される二つの次元が対応するパイプによって、それを神話が無理なくつなぎあわせている。なんでもない読み書き算を教えることで、無限発展する消費者社会が再生産されているというわけだ。この再生産を支えている神話が、サービス生産のあり方にみられる次のような神話である。

(一)「制象化された価値」の神話
(二) 価値測定の神話
(三) 価値をパッケージする神話
(四) 進歩を自己永久化する神話

これらの神話は、実は「制象化された価値」の神話に含まれている。イリイチの『学校のない社会』は、この「制象化された価値」にはじまってそれにおわっている「制象化価値」論の書といえる。本書のキイ・

ワードであるが、この「諸価値の制象化」は、主に「社会」の次元でもって考えられている。だからといって「制度化された価値」と訳すわけにはいかない、難しい概念空間である。

「学校化」が産業的生産様式の理論パラダイムとなりうるかどうかも、この概念の理解にかかっている。その解明に今一歩近づいていこう。

イリイチの問題設定はこうである。「諸価値の制象化が不可避的に、物理的汚染、社会的分極化、心理的不能をもたらしていくのを、私は示そうと思う。」「健康、教育、個人の移動、厚生、心理的治癒」といった「非物理的な諸必要」が、「諸々のサービスあるいは〈取り扱い〉treatment の結果として」つまり、「諸々の商品の要求・需要」にかえられてしまうとき、地球的破壊と現代的悲惨さの過程が進められる。——それを説明するのだと述べている（DS 一四頁）。現在の種々の考察は、価値の制象化を促進し、テクノクラートのコントロールを強化する結果になっているが、そうした研究に対処する「カウンターフォイル研究」をイリイチは提起した。（そのカウンターフォイル研究は、生産中心の組織化に対抗して「個人的、創造的、自律的な相互行為を助ける諸制度」を創りだすために、技術科学をどのように使いうるかを追求する研究である。この「逆転的研究」は産業社会にたいして自律共働《コンビビアル》社会の可能性を求める研究でもある。）

ここでは、「非物質的な必要」が「商品の需要（要求）」に転化される、という点が示されている。「非物質的な必要」とは、健康、移動、学習、幸福、安全等を意味する。これを正確に理解するには、もはや『学校のない社会』の諸用語では、もち札かないのである。というのは、後にイリイチは、こうした「必要」

を「必要であると嫁されたもの」imputed needsとみなし、自律行為が「必要であることへと転嫁される」ところに問題があると考える。また「諸価値」といわれるものは、後に「使用価値」といいかえられる。理論レベルは二重になっている。（序章参照）

㈠使用価値……学習（学ぶ）、移動、個人的治癒・健康（自律的様式）

㈡転嫁された必要商品価値……教育、運ぶこと、（他者＝医師による）治療（他律的様式）

㈢制度化……学校、モーター輸送、専門医療

教育や運ぶことや治療が〈必要〉となったとき、学習や自分の移動や自分の治癒・健康といった「使用価値」は他律的な働きかけの結果となっている。これが「制象化」のレベルである。そして、他律的な様式は商品としての価値に転化している。非物質的な自律様式が、この商品への要求・需要に転化していくのである。これが「制象化された価値」の内容である。つまり、「使用価値」が制象化されて「制象化された価値」に転化されているという、理論的なタームの使い方を見落としてはならない。この「価値」は、制度の過程をとおしてうみだされるのであるが、「使用価値」が転化した結果をそうのべているのである。こうした諸関係が、学校制度、輸送制度、医療制度へ制度化されているのであって、諸価値が制度化されているといっても何の意味かわからないであろう。自律的な使用価値が諸価値に制象化されているから制度化がなされるのである。正確にいえば、そういうことになる。

このような理論レベルの二重性がもっとしなやかに理解されるためには、「生産物の商品化」というマ

ルクス「商品論」の商品の転化形態が別のレベルで考慮され、その規制がどうかかわってくるのかを分析しないと明確にならない。それは、一大論文を要するものとなろう〔定本注：以後のわたしの著作総体がその探究〕。ここでは、多分に誤解されている「制象化された諸価値」の理論的内容を、自律的様式と他律的様式の共働関係における「非物質的な」（生産物とならない）レベルでの商品化の問題としておさえておけば十分である。そのうえで今後最低限の誤りのない、「学校化」を理解できるであろう。

学校の神話の下では、次のような信仰箇条が当然視されている。生徒は教えられれば教えられるほど学んでいるのだと混同し、進級するのはそれだけ教育を受けて力能を獲得したのだと混同し、免状をもらえばそれだけ力能が高まったのだと混同する。〈取り扱い〉がますだけまた段階的にすすんでいけば自分の価値があがるという論理がとられる。制象化価値の現実での現われ方である。

そして、学習や健康が増進されるかどうかは、学校や病院に、より多くの資金・人材を投じることによってなされるということになる。これが、制象化された価値が制度化されて、社会的に一般化しているのである。この制度的構造は〈影のカリキュラム〉として構成されている。

【影のカリキュラム】再考

もう一度くりかえすと、「約三〇人のグループに或る特定の年齢の者たちが、専門教師の権成の下で年に五〇〇〜一〇〇〇回集まる」と規定された〈影のカリキュラム hidden curiculum〉は、すでに近代的学校の伝統的な様式となっている。たとえ現代の学校改革がより改善されようと、教師の権威が計算にいれてあれば、教師が権成者であろうとなかろうとかまわない。なんらかの形で出席と考えられていれば、どのような場所で教室が開かれようと関係ない。ともかく市民は市民的権利を得るために最小限の学校年数の量を蓄積するよう求められている。(AD P.8)

この〈影のカリキュラム〉(隠されたカリキュラム)は、「資本主義であれ社会主義であれ、豊かな国であれ貧しい国であれ、民主主義的選挙の国であれ独裁国であれ共通で、政治的・経済的発展は学校化に、より多くを投資することにかかっている」と仮定している。

子どもにたいしては、(1)専門的教授(teaching)の結果が、経済的に価値ある知識であり、(2)社会的地位は学校の官僚的な過程を段階的に達成したランクにかかっている、と教える。

学校で使われるカリキュラムを商品とし、それを得ることが富の最も確実な形態であるとされる。この知識所有は最も安泰な財産であり、しかもドルよりも流通力の高いものである。ともかく学校は、より大きなパワーを得るため、生産者としての正当性を増すための通り道であると認められている。他方、学校は容易に攻撃目標にされ様々の批判が試みられ、またいろいろな学校改革や教育改革も試みられているが、〈影のカリキュラム〉には何ら手がつけられず、学校化の制度的基本構造には何の転換もなされないのである。

〈影のカリキュラム〉は「学校化の儀礼的な諸局面」であり、学校の影にある「学校化の構造」である。

制象化された価値は〈影のカリキュラム〉の儀礼過程のなかで生産され、学校化された学習者に帰属していく。この〈影のカリキュラム〉は、言語学のいう「パロール」と「ランガージュ」の区別のように、パロールにおいてではなく「言語（ランガージュ）」の構造の水準で理解されるものである。

わたしたちは、古典的な理論世界における労働の疎外を得る以前に、自分自身の〈学び〉から自分を疎外している。〈学ぶ〉ことが必要とされ、学校化の需要に転じられているとき、〈育つ〉質は専門的な取り扱いによってつけられた〈価格表〉に変わっている。そして、親しさ、相互交換、生活経験を示していた「知識」は、学校化された社会では専門的にパッケージされた商品、市場化しうる資格、抽象的な価値へと変わってしまっている。

四　サービス価値の神話

制度過程では、教育と関わりなく制象化された価値がうみだされ、制度化が社会的に転成され、制度の側からの働きかけを受容する体制が構成されているのを示した。この制象化された価値は、消費時間によって測定できる「数量化された価値」である。この測定可能なサービス的働きかけは、「すべてのものが測定できる世界」へ人々を導き入れている。測定できないものまでも測定しうるのだという価値意識からも制度化はすすめられている。ここでは、先の（一一〇頁）(二)〜(四)の価値を「制象化価値」の性格として描いていこう。価値測定、価値のパッケージ化、進歩の自己永久化である。

価値測定であるが、測定可能な世界が構造化されていく。第一に、学校は学習を教科教材に細分化し、それらからくみたてられたカリキュラムの中に子どもをおしこみ、国際的な規模をもった尺度でもってその力能を測定する。これは、本来は測定しえない人間の成長を、測定できるのだと装っているのである。成績づけという他人の標準でもって自分の成長なり力能を測定するのを受け入れると、人々は自分からすすんで自分にわりあてられた穴に入っていく。日々の学校生活が六年、九年、一二年とすすんでいくにつれ、自分で自主的に捜すように教えられてきた適当なところに自分をおしこみ、同時にその過程で他の人々とそれぞれのふさわしい場所に入っていくようにしている。「最終的に、すべての人とすべての物がフィットするまで」そうしつづけている。

第二に、人々は測定できない体験を見のがし、つくられたもの、つくりうるもののみを「価値がある」と考え、「する」よりも「得る」ことを求める。

第三に、「価値は生産することができ、測定できるのだ」という神話が当然であると教えられると、国の発展水準をはかり、赤ん坊の知能を測り、平和への進歩も何人殺しうるかという数ではかり、それぞれのものには固有の測定尺度があるのだという等級づけを受け容れていく。

こうした「価値測定」は、価値をパッケージして売りだすというあり方をうみだす。「販売員である教師は、消費者である生徒にカリキュラムの完成品を引き渡す」。観察、研究、分析は、商品の品質改良であり、「ほどよく、どんな人の購買心をもそそり」、それによって十分に生産コストをとり戻せるように、多くの人々に売られていく商品である。

教師の教育が商品生産であるというのは、日本のような古風な教育意識に支えられているところではひどく冒瀆的にきこえるらしいが、商品として売りださないから学校教師の質なり教育内容が発展せず、原因は管理統制が強まったからだという意識に結びつけられているといえるのではないだろうか。学校教育に期待していない人たちは学校外で教育商品をどんどん開発している。問題の根元は、教育を商品生産しているから悪いという生産レベルでの評定にあるのではなく、価値の制度レベルの構制がどうあるのかにある。（「教育」とは、本来的に商品となる性質のものであるのだ。）

つまり、「消費者である生徒」は、自分の欲望を市場向きの価値に合わせるように教えられる点が、根源的な制度の問題点である。必要な学年に到らなかった、必要な免状がとれなかったという理由は、それが消費者リサーチの処方箋どおりに行動しなかったからだと判定されて、それゆえ自分が期待した職につけなかったのだと、生徒の罪にされる。彼は期待に添う計画化にしたがって、自分を表現していくより他に道がなくなる。パッケージされた価値は、制度的に、すでにある価値に自らを合わせるように仕向けるのである。

このパッケージされた価値は、その価値を生産する過程で生徒一人当たりの教育費を高めていけば、それだけ市場における生徒の価値を高められる。より高い段階に向かつて、また前年の内容よりもより良いものによって、自己の価値を正当化し、一つ提供されたものを消化したらまた次の新しいものを消化して、次々に永久化していくようになる。無限の、終わりない進歩によって、自分の成長が永久化されていくような幻想がつくりだされていくのである。

こうした制象化価値の性格を有しているのが「サービス諸価値」である。サービス価値をめぐる学校化のあり方は、「賭け」の「儀礼ゲーム ritual game」であるとイリイチはいう。

教育は新しい世界宗教になっている。支配階級から軍人、そして労働者階級にまで期待を抱かせる救済の宗教である。世界的宗教は偉大な文化が衰退するときに興ると、歴史家トインビーは指摘したが、現代産業社会の技術科学文明が衰退しつつあるときに、社会の現実と原理との間の矛盾を蔽い隠すうえで、学校ほど巧みに働きかける制度はないであろう、とイリイチはいう。

「学校は誰にたいしても、そのドアを閉ざす前にもう一つのチャンスをあたえる――それは、矯正的な、成人教育、補習教育である。」(DS 八八頁)

この救済のチャンスは、決して校外教育とか学校以外の教育といえるものでなく、学校の聖なる場にとどまらず「聖なる空間」を成人社会にまで拡げていく「学校化」である。

「何が教えられるか」「どのように教えられるか」よりも重要な、学校が人々に教えることは、人々の血となり習慣となっていく、段階的な進級のゲーム(=進歩)、その儀礼の継続そのものである。そこで、社会の神話は維持されていく。イリイチは「学校は社会的神話の効果的な創造者・維持者として働く

(serve)」といっているが、この「創造者」の意味は、「終わりなき神話」を学校がつくりだすというのではなく、全体の社会をこの神話に導いていくという意味での神のような創造者である。それは、学校が知識者階級をつくりだすのではなく、その社会的可動性をも含めて既存の諸階級を再生産していくのと同様である。

終末が可能性=救済へと開かれた学校での儀礼への参加は、義務的となり強制的なものとなっていく。自動車にのることも病院にいくことも教会に参席することもまだ法的に〈義務化〉されていない。しかし「学校化」という制度化の水準は、すべての者にたいして「義務化」という強制を法的に遂行する質を有している。

「学校は、儀礼ゲームをプレイできない者、プレイしようとしない者は世界の悪であるという責めを競争者におしつけ、そうした国際的ゲームに儀礼的競争を導くのである。学校は、累進的に消費をするという聖なる競争に新参者を導く加入儀礼であり、アカデミックな司祭（専門教師のこと：訳者）が忠実な者と特権・権力の神々との間の対立を調停する和解の儀礼であり、学校のドロップアウト者を未発達（「低開発」の意味をもかけている：訳者）なスケープゴートとして烙印をおし、生け贄にささげる贖罪の儀礼である。」（DS 八九頁）

つまり、無限消費への加入儀礼、民主主義的〈特権〉を保つ和解儀礼、スケープゴートの贖罪儀礼を、学校は遂行しながらその正当化をはかり、学校の神話を保っている。国際的標準による平等性という仮定は、もともとの貧困と、自分で学校を終了しなかったために自発的に選んだ差別とを結びつけ、貧困を正当化する。この自発的に獲得されていく被差別は、学校化の促進によって克服されるものではない。自発的被差別を自ら学校化へと仕むけるのは、学校の恩寵を拒絶されたために学校の外で自分の欲求不満がましているのだと感じているからである。それは、学校化されることによって期待が高まると信じられているが、実際には根源的な欲求不満や差別を合理化していくことになる。

「学校は要求という形で表現される消費者の期待を、儀礼という形で表現される生産者の信念に結びつける。」（DS 九〇頁）

つまり、生徒の期待と教師の信念を結びつけ、その期待は儀礼の中であるいはその結果充たされるというのである。学校教師はこの〈教える〉という儀礼を、ヒューマニスティックな信念でもって、生徒を救済するために全力を尽くして遂行している。

文部省の指導要領や学校の管理に屈せず、また組合の方針にも屈せず、自分のヒューマニスティックな子どもとの関わりあいに全力投球してきた良心的な教師が、結局「受験」という〈現実〉の前で屈するのは、そこに生徒の〈救済〉があると生徒側から思われているからだ。それが、現実であるかのようなところまで、また、救世主は上級への進学・進級であるというところまで、人間は自己の救世主を人工的につくりあげてきたのである。「進歩する累進的なエンジニア化に服する者に、科学の無限の報酬があると約束する」のである。

五　管理社会の操縦的制度化

こうして『学校のない社会』での制度論が、「制度スペクトル」の第四章にとどまるものではないのがはっきりしたであろう。制度論全体の中で〈制度の制度化〉といえる管理社会化の現象が、「スペクトル」という視座から考えられている。それは、自律共働的な制度（convivial institution）が操縦的な制度（manipulative institution）に移っていく制度レベルでの制度化である。これまでの論述のレベルをかえて、管理社会をイリイチの制度論から考えてみることができる。

イデオロギーという闘いの〈熱〉からみた左と右は、制度の〈光〉からみた左と右に照らしあわせてみると、左翼が必ずしも右の操縦的制度に反対しているとは限らないのが明らかになる。それが、交通とか医療、病院とか学校の制度にたいする姿勢である。左翼や社会主義は、それらの制度を整えることが革命的であると唱えている。

また、歴史的に制度の形成は、活動を容易にするための働きをする制度から、生産を組織する制度へと変わってきた。その移動を、「左から右」へと移ってきたという言い方をイリイチはしている。フランス革命以来つくられた諸々の制度は、第二分水界後の一九六〇年代に入ると、「一斉に老朽化」し、官僚主義的で、自己正当化的で、人々を操縦する制度となってきた。社会保障や、労働組合、教会組織、外交、老齢者の世話、死の処置などの制度において、この傾向が生じている。

イリイチの「制度スペクトル」とは、こうした〈光〉の気づきと歴史的な移行とを表示したもので、制度が右端に集中する傾向をはっきりと示したものである。

右の制度とは、①法律の操縦（ＦＢＩや国防総省など）、②顧客の操縦を専門とする社会制度（刑務所など）で、軍隊や刑務所がこの典型である。

軍隊は、その任務が殺戮という高度の専門化により、平和・安全を維持するもので、安い価格の爆弾で人を殺すように兵器の開発をしながら一人を殺すコストを増大させている。そして「平定化」という、より一層の費用を支払う体制をつくりだしていく。

刑務所は、治療的、矯正的で、同情をかもすイメージを装っている。かつて、それは獄舎に閉じこめることと自体が目的であったが、現在では囚人の性格や行動を矯正するのに有効であるという目的をもって、社会の不同調者までをも犯罪人にしたてあげている。それは、精神病院、療養院、孤児院と同様の役割をもち、学校も同じものとなっている。

右側の制度は、強制的参加、サービスは一方的、「顧客は、広告、攻撃、教化、投獄、電気ショックの犠牲となる」強圧的な性格をもったものである。しかも高度に複雑で経費の高くつく生産過程となっている。その制度的努力と支出の大部分は、その制度が提供する商品や取り扱いなしに自分たちは生きていけないと消費者に信じこませることに費される。その利用において、消費者は、少量で効を奏さなければもっと多くの処置量でもって処方しようとする、エスカレーションの「社会的中毒」と、それが習慣化していく「心理的中毒」におちいっていく。

他方、左の制度は、利用者が自発的に選択して使用するのが可能で、公式に明らかにされた限界内でその機会を豊富に与えられ、「顧客にそれを使用するような勧誘の売りこみを全く必要としていない」、使用されるだけの自由な行為のできる制度である。それは、自己活動的で自己限定的である。

左から右へ移っていくにつれ、(a)自分の分野で競争するが目立った宣伝はまだしない（洗たく屋、パン屋、美容院、弁護士、音楽教師）、(b)サービスを制度化したが宣伝は制度化しておらず、個人的接触やサービスの質を通して顧客を獲得する（自家営業者）、(c)「〜しよう」というのではなく、「ここにあります」という働きかけをする（ホテル、カフェテリア）、(d)一般的な人々の需要を充たし、購買者が負担できる範囲で広告費用と特殊包装の費用を生産費・流通経費に加算する（繊維や消滅しやすい消費財生産）、(e)付属品への需要をつくりだし、公衆の趣味を私的なものへの需要としてうみだし、消費者の欲望までをもつくりだし、公衆の趣味を私的なものへの需要としてうみだし、消費者の欲望までをもつくりだす。コストはカタログに記載されていない多様なものを含んでいる（自家用車などの製造消費財生産）――という移りゆきを示し、人々の意志に反した消費・参加を要求する方向へ強化されている。

これらは、図5の如きスペクトルをつくるが、左と右が公的なセクターに所属しているのを加味して、わたしなりに円形スペクトルとして描きだしてみた。そして、個人→自営業者→資本家→国家という当

図5　イリイチの制度スペクトルより

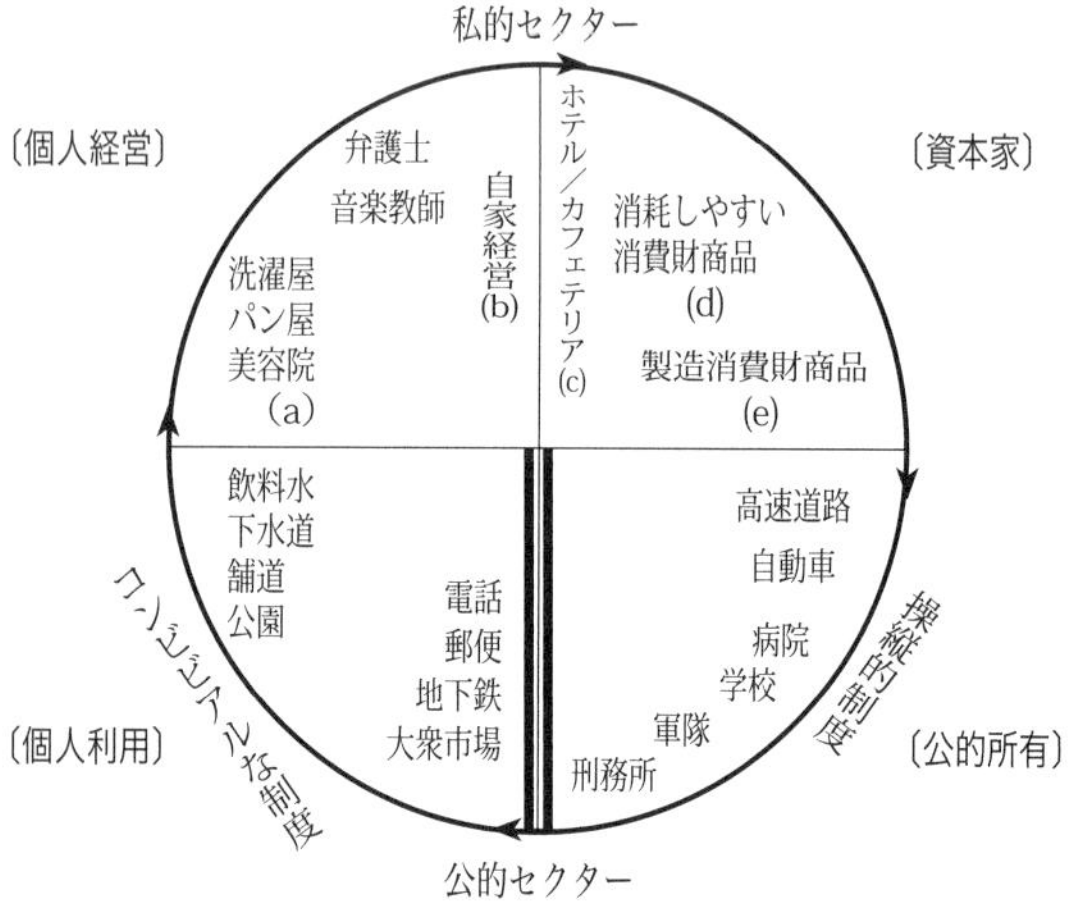

事者の動きも付記しておいた。制度の制度化とは、公的に開かれているものが、私的所有↓資本家所有↓国家所有となって強化されていくと理解される。そして、公的なものは、全く個人のイニシアティブに開かれた制度と完全な強制の制度との裏合わせになっている。「学校化」とは、操縦的制度化ともいえよう。

イリイチは、公益事業なり公共性というものが偽りであることを、普通の道路と高速道路とを区別して、後者の公共性が実は一部の自家用車所有者に使用を限られたものであり、一般の多数者はその建設に費用を払わされながら、それから排除されていく世界として描いた。そして、学校の公共性は高速道路よりも極度に排他的であると示すのである。高速道路を使用せずとも他のルートで目的地にいけるが、学校は学校以外のルートをもっていない。

学校はすべての者に平等に開かれているようにみえるが、「たえず（学校への）信任状を昂進する者にたいしての

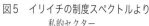

み開かれている」にすぎない。そして必要な力能――それは科学技術を使用する技術であり知識――を身につけるためには、学校が不可欠であると決めつけている。

学校の操縦的性格にたいするイリイチの批判は容赦のないものである。

人々が成長し学習しようとする自然な傾向を、教えられることを要求するように転化する。他人によって成長させてもらおうとする依存は、製造された商品を求めるよりはるかに自発的活動の意欲を放棄させる。この自律的成長の責任の放棄は一種の精神的自殺である。

○特権を与えられた卒業生が税金を納める全公衆に馬乗りになっている。

○学校の中途退学者は学校にかわる別の途をとることができない。

○自動車の使用は法律で強制されないが、学校に通うことはすべての者に法律で義務づけられている。

こうして、学校は「義務的であり、終わりがなく開かれ、競争的である」（DS二八頁）点で、あらゆる国々に共通し、健康ケア、商業、人間管理、政治生活に同じような影響を与え、それらがスペクトルの操縦的な側に集まるように仕向けている。諸制度が右の端へ集中化した結果、世界官僚制度は似たようなものになっている。そして、どこの国でも、官僚制度はこの操縦的制度の成長を助長する任務に焦点を合わせている。これは、やはり「官僚化」とみるより、「管理社会化」と理解したほうが誤解が少ないであろう。というのは官僚の育成でも、官僚の支配強化でもなく、制度の制度化という操縦的な内容の強化だからである。

この管理社会は、つぎの三点に集中している。

①物をつくること。

②儀礼的なルールをつくること。

③執行されることが真理であるというイデオロギー、あるいは命令をつくること——そして、修正すること。それは、生産物に帰属されるべき現行の価値を正当化するものである。

そして、テクノロジーがビューロクラシーの権力の増大を提供していく。いわゆるテクノクラートとビューロクラートが技術科学は万人のものであるとして、そのパワーをより強大化して、消費者から自律力能をますますうばっていくのである。

イリイチは制度の操縦化を、生産の諸計画化そのもの、物を製作し破壊し、物やサービスを生産し消費する、生活スタイルそのもの、人間を生産者や消費者としている、「ホモ・ファベール」という存在そのもの、それが中心となっている世界それ自体にあるとした。そして、こうした世界が、資源の涸渇と環境汚染にいたり、人類の生存を許さない方向へ歩むほかのない危機をまねいているという。その危機にたいして、新しいイデオロギーや技術科学を発展させる対処を考じるのではなく、「行為の生活 a life of action」、つまり、「する」ことに、また「使用する自由」を豊かにし、人々の相互行為の機会を増し、活動し、参加し、自分の力でする、生活スタイルの転換をするように関わっていくべきであると提起する。「自律共働《コンビビアル》社会」の生活様式に向かってである。

『学校のない社会』の言説にとどまっている限り、この「自律共働社会」は、すでにある「自律共働的制度」を「操縦的制度」にとってかわって「選択していく」ことであるかのように考えられるが、深く読みこめば、全く異質の生活スタイルへの〈転換〉であること、基本的な思想・価値・倫理の転換であることがみえるはずだ。そして、この点をよく心得ていないと、「オルターナティヴス」（分水嶺設定）の意味も、「ディスクーリング」の意味も誤って理解されることになるのである。

六　〈脱学校〉論と〈非学校化〉

イリイチを〈脱学校〉論者にしたてあげたのは、わたしのみた限りではどうも英国の社会民主主義者イアン・リスター Ian Lister である。彼の編集した『Deschooling』は、イリイチのみならずパウロ・フレイレまでをも〈脱学校論者〉にくみいれ、アノーキスト、ポール・グッドマンと知覚的教育学者ジョン・ホールトをイリイチに先立つ〈脱学校論者〉と位置づけた。新聞や雑誌に書かれたリスターの解説があまりにわかりやすく、またこの編集本の網羅的な寄せ集めがとても便利であったため、それにつられてしまったのはわたしだけではあるまい。リスターは、〈脱学校論者〉を世界に捜しあてただけでなく、〈脱学校社会〉をも捜し、中国とタンザニアをそうであるとした。いつの時代にも、聡明な社会民主主義者のやる手口だ*。

*だが、リスターの総攬的なまとめは見事であるゆえどうしても気になり、彼とはロンドン郊外の街での自宅

で会ったが、温かく迎えてくれた良き人であったがインタビューにもならず、雑談で終わってしまった普通の教師であった。〔定本注〕

日本ではリスターよりも改良的な視座であるが、下村哲夫氏が『先きどり学校論』として手ぎわよく整理している。〈脱学校論〉としてはよく整理されたものであるが、イリイチ思想における学校化論分析からはほど遠い。深山正光氏は、「右翼的な力能主義的学校改革論」「極左的アナキズム的学校解体論」と減茶苦茶なことをいっているが、下村氏の言うように「改めて教育なり、学校なりについて根本的に考え直す必要に直面しているのではないか」と問い直してみる謙虚さはみられず、数百冊におよぶ脱学校・非学校化論、そして数々の欧米での実践というものを、学者であるなら少なくともおさえたうえで論評すべきであろう。伊東博氏は、実際の新しい学校実践の現状を視察し、『これが学校だ』(大阪心理出版)で報告している。西島建男氏は『学校再考』(新泉社)でもって、ジャーナリストの良心の眼で、もっと公平に事態に迫っていこうとしている。周郷博氏は、教育学者の中では最もきちんとイリイチを読んでいる人であろう。氏の読解は日本の教育の状況にあわせてなされ、イリイチ自身の意義を深く理解している＊＊。竹内良知氏なるマルクス主義哲学者は、平然とイリイチを浅読みして、教育学者をはじめからあなどった横柄な論述を展開している制度論なきマルクス主義的見解の典型を表示した。「ディスクーリング社会」を「社会の学校化の否定」などと表題をいじくりまわしてこじつけているが、バシュラールの『否定の哲学』ではあるまいに。ただ、労働そのものをイリイチは問うているらしいということを気づいているようだが、その根拠また超克まで、イリイチが語っているものごとは読みこめていない。

＊＊周郷先生はこの本の初版を読んでくださり、氏に呼ばれて秦野の自宅にお邪魔した。自分が感じていたことが正しかったと非常に喜んでくださり、これを機に何度か訪れ有意義な会話をなすことができた。しかし、数年後に亡くなられ、なぜかわたしは葬儀を司るひとりにさせられ、その後、周郷博著作集の編者にさせられ学校批判の第1巻を編むことになる。書斎に残されたオルターナティブ教育の英語本にはびっしりと書き込みがなされていた。周郷先生に会えたことは大きな励みになったが、やはり深い思索者は孤立を余儀なくさせられる、その覚悟も学んだ。〔定本注〕

結局、「ディスクーリング」を「非学校化」と訳した政治社会学者、栗原彬氏のみがイリイチを正しく理解していた日本で唯一人の研究者であったということであろう。イリイチの「ディスクーリング」は、学校化された教育にたいして、まったく異なる別の途への転換を意図した「政治転換」であると強調するあまりに、「学校無化」と訳したわたしは、こりすぎであったようだ（しかし、わたしが一九七六年に一時帰国した際に、報告した講演会で、参加者のほとんどの人たちは「学校無化」の訳に賛同したのであったが）。

イリイチ自身から確認できるという特典の環のなかにわたしはとびこんでいたため、またセミナーに参加しつづけたこともあって、「ディスクーリング」が「ポスト・スクーリング」でも〈脱学校〉でもないのを知っていたが、それをはっきりと論証しえるようになったのは、CIDOC図書館での資料文献を読みあさったのと、イリイチの他の著作をすべて読んでイリイチと他の人々との差を知ってからであった。そして彼はわたしに「影のカリキュラム」を正確におさえることを執拗に強調した。つまり「学校化」

を正確に深くおさえよ、というのである。

しかしながら、わたしたちをショッキングにゆり動かしたものは、あたかも「学校を壊滅せよ」といっているかのようなイリイチの「ディスクーリング」であった。たった一つのこの造語が、あまりにも世界をにぎわしたのである。結局、この「ディスクーリング」は内容的には〈脱学校〉と〈非学校化〉に分岐したというのが、わたしなりの見解である。

〈脱学校〉のタームとは、学校改革論であり、教育や学習を学校形態の新しいあり方（学校がなくなるのをも含めて）の中でもって、しかも教育のみの水準で語っているものである。それは、様々の多様な〈教育〉実践の可能性を同時に探っている。

〈非学校化〉とは、社会、政治の転換を語っているもので、ただ学校は、政治や経済を媒介変数にして変わるのではなく、学校化それ自体の転換が社会全体の根元的な転換となり、学校化という構成は社会そのもののあり方であると示している。〈教育〉の再生でなく、むしろ、自律的な〈学ぶ〉行為の甦生を示そうとしている。

わたしは〈脱学校〉論者に、ジョン・ホールトやカール・ベライターを典型にあげ、〈非学校化〉論者には、ジョエル・スプリング、マーティン・カーノイ、ヨルダン・ビショップを典型にかかげる。そして、中間に、エバレット・ライマーやネイル・ポーストマンらを考える。彼らの関わりは、CIDOCにおける実際のあり方でも、また対象にたいするアプローチの仕方でも根本的に違っている。

〈脱学校〉論者はイリイチの後に、先進国内の情況を認識基盤にしてCIDOCに客人的に関わっているのにたいし、〈非学校化〉論者はイリイチとともに第三世界の情況から学校化の分析をはじめた者たちである。そして、中間帯は先進国と低開発国との両者を均等にして関わっている。この関わり方の差異の決定的な立脚点は、教育を帝国主義の視座から既存の帝国主義認識の批判をもこめてみられるかどうかにかかってくるようだ。ジョン・ホールトの子どもの学習への観察のこまやかさは、教師や教育学者を魅了するが、黒人教育にあたったハーバート・コールの読み書き実践や、パウロ・フレイレの小作農にたいする識字教育とは全く異質のものである。また、ライマーの実証的な博識も見事なものであるが（彼の社会計画の論文などあざやかな大作で、その資料駆使には目をみはるが）、カーノイの史的な方法視座をもった分析とは全く違う。要するに〈脱学校〉と〈非学校化〉は、あらゆる面において、視座・方法・対象・分析・転換が全く異なっているのである。

こうやってみると、イリイチはもちろん〈非学校化〉の立場であるが、〈脱学校〉をうながす契機になった存在であるのは事実である。そして、彼自身は『医療ネメシス』の公版第一版ができあがっている時点で、自分の造語「ディスクーリング」をはっきりと否定するのである。

〈学校化の構造〉、その制度的基本構造の認識が表面的なまま、〈脱学校〉という改革論が登場し、また〈非学校化〉がスローガン化された。それはあっというまに国際機関から地下運動にまで広がった。また、〈脱学校〉は〈学習のネットワーク〉（第六章）だと考えられ、ここに結論があるとみなされた。この章は、〈物〉〈人〉

ライマーの〈ネットワーク〉network

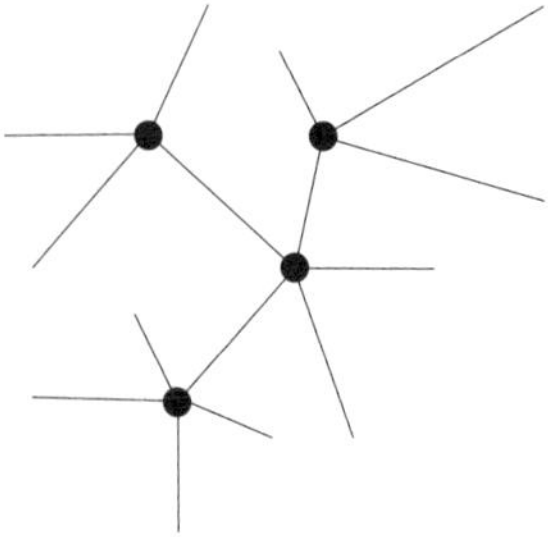

イリイチの〈網〉web

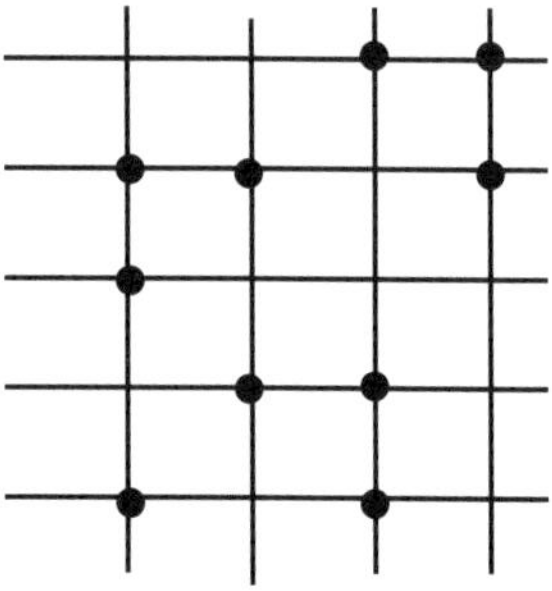

のアクセス（接近）・交流を、自律共働的な様式の一例として数えるうえで参考にはなるが、それ以上のものではない。しかも、その出会いの関係のイメージは、「網web」であって「ネットワーク」ではない。碁盤目のような線と線の交点における〈網状〉のイメージで、何の集権的地点をもたない。そしてライマーの〈ネットワーク〉は、地方分権的な集中点をもっている。この辺の違いが理解されれば十分なものである。むしろ、「学校化の構造」をあきらかにするうえでの反対物として読まれるべきであろう。イリイチ自身がわたしに図示したのが、この網状の図である。

イリイチはパウロ・フレイレらとの教育に関する一九七四年のシンポジウムで、五年前の『学校のない社会』で展開したうち、現在拒否し取り消したい点、部分的に修正したい点、新たに明らかにできた点について触れたいと、次のような考えを述べた。

第一に、フレイレがいうように、教育がなんらかのものを変容するのならば、「それが変容するものを維持してのみ変容するパワーをもてる」という点に気がつかなかったといっている。ライマーからの協力が強く、教育が生産される装置についての批判が主で、「商品としての教育」につ

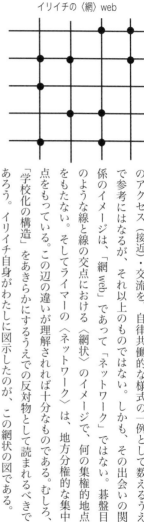

いて十分に考察がなしえなかった。つまり、産業的生産様式を明確にしていなかった、とのべている。

第二に、"deschooling"という醜い語を英語に付してしまったのを詫びている。英版の表題はハーパー社のキャス・キャンフィールド Cas Canfield がつけたもので、当時でさえイリイチは「教育が生産されている組織での特別な過程をディスクーリングすることについて語るのではなく、この過程を必要としない社会について語っているのだ」と彼に弁明したのであるが、と述懐している。また、この分析があまりに早く広がってしまい、非学校装置が学校化と同じアウトプットを生産するように適応されるという、そうした反応の速度の速さを予想もしなかった誤りがあったと弁明している。

第三に、非キリスト信者で教育にとりつかれている人たちがとっている立場を見落としていたとのべている。しかしながら、イリイチはカトリックの儀式、神学的見解に教育の本質があると主張する。すべての者が原罪において生まれるという教義から、制度的扱いを公的に組織している介在によって、すべての者が「原愚 original stupidity」において生まれるという教義にかかわったとみることなしに、教育は説明できないという。

こうした、商品としての教育、また商品としての脱学校化を批判し、宗教的な儀礼、教義の本質を再主張して、イリイチは〈量的な閾〉が産業的生産様式を分析するうえでの根本的な問題であるという『エネルギーと公正』『コンビビアリティ（自律共働性）』での発見を第一義的にする。この「限界閾値」を視点にして、社会的な諸制度のコントロールの増大や、すべての者が少数者の利益となるようなあり方や自律様式の不能化が考えられ、教育の問題も当然、この視点なくしては考えられないとのべている。

教育を宗教制度の制度的基本構造において考えるイリイチは、教会制度にかわった学校制度から、教育が本質的に商品になる他ない性格を十分におさえたうえで、学校制度から、学ぶことと教えることを世俗化するよう提起している。学校神話の非神話化である。この世俗化・非神話化は学校形態のそれでなく、産業的生産様式の制象化された価値の水準における問題領域である。

〈脱学校〉が日本でもあまりに流行的となり、イリイチがそう理解されているため、〈脱学校〉と〈非学校化〉という識別をせざるをえなかったが、このような論議はあまり有効であるとは思われない。それは、ちょうど学校をなくすか否かを論議の対象にすべきでないようなものだ。

論議の焦点は、「政治的制度」としての学校の危機がどのようなものであり、日本における教育の学校化とはどのような特質をもっているのかを、徹底して議論すべきであろう。そしてまた、教育の再生を云々するのではなく、制度化されない「学習」そのものの復回を子ども・青年・成人の全人的領域にわたって、しかし年齢別に世代的に区切って論じるのではなく、自律様式の問題として徹底して議論すべきだと思う。〈教育〉に焦点をおく議論は、おそらくより良い、より多くの「取り扱い treatment」に結果するものに終わるほかないからである。そして、この際に、第三世界への視座、第三世界からの視座はのがしてはならないものである。第三世界を〈学校化〉の視角から切りとってしまうのではなく、普遍的学校化を歴史的にも世界的にも考えなおすものとして研究することであろう（日本で第三世界の実証は、わたしも関わっている唯一『アジア・アフリカ・ラテンアメリカ教育文化叢書』（亜紀書房）として研究されはじめている）。〈非学校化〉の内容については、本書の終章で展開されるが、『学校のない社会』をイリイチは神話の甦生から示した。その文明史的な考察を次に確認しておこう。

七　プロメテウス神話と制度的人間

産業成長はプロメテウス的人類の発展とみられている。イリイチは、プロメテウスの象徴を〈制度化〉の文明的起源とみなし、その終末の姿に産業的人類の末期が象徴されていると指摘した。この起源と発展と終末は以下のごとくである。

制度の起源は、原始的・未開的神話の文明化神話への転化にある。それは、生活を限界づけていた神話が限界のない神話へ転化されたことであり、希望から期待への転化であり、夢の解釈から神託の作成への転化であり、一言で集約すれば人間のために制度をつくりうるという世界への転化である。未開人にとって世界は、〈運命〉〈事実〉〈必然性〉によって統治されていたが、プロメテウスは「事実を問題にかかえ、必然性を疑いうるとし、運命に反抗した」。それによって古典時代の人々は、人間的視野にたいして文明化された内容でもって枠づけるスタイルを編制したのである。その典型が、市民の教育（パイディア）

であった。ギリシア人たちは、前代の者たちがプランした諸制度にパイディアでもって自らをあてはめていく者のみを、市民として真の人間であると認めたのである。

イリイチは、産業制度をつくりあげた制度的な本質が古代ギリシアにあったとみなす。それはパンドラによってばらまかれ、「世界にはびこった諸悪を処理するために」諸制度をエンジニア化したのである。世界をファッション化し、世界がサービスを生産するように制度をつくり、その提供を期待するように学ぶ。また、そうしうる自分の力に気づいた。自身の必要を欲求し、人造物によって子どもたちが形づくられるのを要求した。つまり、制度的行為の起源がつくりだされたのだ。

そして、さらに「現代人は、自分のイメージにあわせて世界を創造し、全く人造の環境を建設し、それにフィットするよう自分自身をたえずつくりかえていくことによってのみそうできるのを発見した」地平にまで達したのである。あらゆる欲求のためにひとつの制度をデザインしうるし、価値をうみだす過程の力があるのは当然であり、目標の達成はエンジニア化しうるものであり、需要があれば生産されるのだから、生産されるものには需要がなくなるはずはないと期待し、すべての需要は充たされれば次のもっと大きな需要をみたす、という「上昇する期待」の中で、現代社会は限りなく発展しつづけている。そして、「現実そのものが人間の決定に依存するようになった」(DS 一九七頁)のであり、ついには地球の生死もスイッチ次第であるというわけだ。

「われわれの諸制度は、制度自身の目標をつくりだすだけでなく、制度それ自身、さらにわたしたち自身をも終焉させるパワーをもっている」。たとえば軍隊は、地球をなくしてしまうほどの破壊力をもってはじめて平和と安全を保っというわけである。農業は土壌を毒化し、不毛な地にし、工業は限りなく汚染をつくりだし、エネルギーは核分裂・核融合へとかえられ、全人間を病的状態の下で生存させる衛生万能の世界にし、学校は計画化された世界のみに人々が生活するようワナにかける。「容赦なく、わたしたちは世界を耕し、取り扱い、生産し、学校化し、その存在を消滅させようとしている。」(DS一九九頁)それは、原子爆弾のスイッチは切らずにそのままにしておけるが、かの黙示録の世界の終わりにおける大決戦場ハルマゲドン、その「生態的ハルマゲドンを抑止するスイッチはない」のだとイリイチは警告する。これはまさに神話世界そのものである。

プロメテウスは、禿鷹に毎日肝臓をくいちぎられる永久の罰をあたえられたが、イリイチは、ギリシア神話と聖書をつかって、予言的に産業社会の終末を暗示する。そして、彼が終末論者でないのは、パンドラの匣に最後に残された希望を、プロメテウスの弟「エピメテウス」の甦生に合わせ、「デウカリオンの箱舟」にのせて新しい人類の創生をみるからである。そのいきさつは、『学校のない社会』を読んでいただけばわかるが、ギリシア神話の父系的解釈をくつがえして、イリイチは、新しい世界の人間を、母性的原理を有する「エピメテウス」に先見したのである。

この自律共働的《コンビビアルな》人間、エピメテウス的人間は「賢さと先見」の叡知プロメテウスの影にかくれて、愚かで、後でしかものを見られない者だと排斥させられていた。プロメテウス的人間=産業的人間がさげすみ、差別し、排除しているもの、そこに〈解放〉〈自由〉の新しい根源の世界が存在し、その世界からプロメテウス的世界をみるならそれは愚劣な取り扱いに囲まれた世界にみえてくる。

エピメテウス的存在まで技術科学文明化し、その権利要求を保障しようとする顧客化は、プロメテウス化の逆戻り以外のなにものでもない。現在、日本の学校化は最後の残された周縁を徹底して吸収しようとしている。そのとき〈学校化の構造〉を制度的にはっきりと自覚しておかないならば、学校化の徹底的《ラディカル》独占を解放・変革、さらに革命の名によってさらに強化するだけであろう。

八　産業的生産様式と学校化

イリイチの『学校のない社会』の主旨は〈脱学校〉論ではなく、〈非学校化〉を呈示することによって産業的生活世界の影の様式である〈学校化〉を描きだそうとしたものである。そして、学校の機能的・形態的内容をとりだそうとするのでなく、社会生活が学校化されている生活様式、その制度的スタイルを描こうとするものであった。そして学校宗教／教育信仰の神話的儀礼化の様態が示された。学校化が公的制度として確立された学校制度は、近代的諸制度の全体的セットを要求し仕上げる制度、その要求・需要をも創りだすという、最も上限的でありながら土台からすべてを吸収している〈支配的〉な位置を社会全体でもつものである。これからのべる医療や交通のうえにたち、国家制度にはっきりと学校装置として完成された政治装置でもあり、この制度の転換は既存の近代国家が断じて許さないものである。学校制度を学校装置として分析するには別の手つづきが必要とされるのであるが——それは、ルイ・アルチュセールのイデオロギー的国家装置論、そしてアルチュセール派であるロジェ・エスタブレとクリスチャン・ボードロの『資本制学校』としてとくに理論考察されているが——、学校装置のマルクス主義的分析に「制度化」視座が不在なのは致命的な欠陥をもつ。つまり教会装置から学校装置への転換、学校装置の国家への実質的包摂といった問題が不分明になる。すでにあるものと前提にしている。ここでは、「学校化」の概念の位置を移行ないし史的な包摂過程としてでなく産業的生産様式の制度的構成として定めておくにとどめる。

〈学校化〉は、第一に「教育の学校化」として専門分節的に高度化されて、歴然とした公的制度として完成されている。学校教師を中心に、この専門化は学校化を強化する方向ですすめられているが、このレベルでの学校化は人間の一生を決定づける個人史の土台的位置を占めている。つまり、社会メンバーとなるための生活の礎石として全ての社会的諸関係を学校化している。この過程は、本質的には学校化により、産業的生活を確証していくうえでの個人の意識・信念が、想像力を含めて学校に決定されてしまう社会的諸関係をおおう象徴形成の過程である。個人は学校化されなければ、社会的メンバーとして生活、さらに生存していくことさえできない。

ついで、「社会現実の学校化」が考えられた。これは、近代的諸制度を要求し、支えていく基盤を学校が支配的につくりだしているレベルだ。そして、学校装置という政治国家制度のなかへ、すべての現実を制度化していくのである。それは官僚国家の世界的な体制へと構造化していき、脱工業社会が「脱工業化的官僚国家」となるような方向へと向く動きを示している。あらゆる産業諸制度の頂点にそびえる制度である。そして最も右翼的・保守的な操縦的制度へむけて他の諸制度を制度化する。

第三の学校化は、「学習の学校化」である。人間の自律的な行為が、生産と消費の生活スタイルにかえられ、希望が期待にかえられ、合理的で権威主義的な社会をつくり、人為的な形成を好み、欲求や必要を制度づくりでもって充たすようにした。学習の学校化は、制度的人間を製作する文明である。自然をかえ、社会環境をかえ、人間までもかえる。この文化的レベルで、人間の活動は〈産業的活動〉である生産労働＝賃労働に独占されていった。生産労働を基盤にして人間の社会的活動は組織されている。〈行為〉の世界は、贅沢なレジャーか悲惨な失業に変えられた。生産労働に参与できない者は、人間的存在さえ奪われてしまう。本来、理論的に〈労働〉とは行為をも含んだ概念であったが、マルクスが経済学を〈批判〉するために生産物の視点に立脚するといった、その認識の転化に現実までもが対応するかのように、「生産労働」のみが労働であると考えられてしまった。ここに、労働を機械にかえ、機械を操作するために学校にいくという近代の様式が設定されたのである（TC 一二頁）。さらに、すべての活動は〈消費者〉を優位に編制されている。

日常生活のなかで、人間相互の固有な関わりあいと自律共働《コンビビアル》的な道具の使用によって導かれる人間本来の〈自律的学習〉は、目的を設定し、意図的に教え、計画化された訓練に人間が服従する〈産業的学習〉にかわってしまった（TC八二頁）。道具が専門化され、分業化され集権化されるに応じて、学習にたいする過剰な計画化がすすみ、人間が最も学ぶ必要のあることまで教え、教育するようになった。「人間は諸々の限界のなかで生きるのを学ばなければならない。このことを〝教育〟することはできない」（TC九二頁）のである。

最後に、現代の学校化された教育学についてつけくわえておきたい。現在の教育観を規制している〈学校と教育の同一視〉は、現代社会の教育問題に関する公平な見解を阻害している教育学の教育的イデオロギー化といえるものである。「学校化された教育学」また「物象化された教育学」の前提にあるイデオロギー性を白日のもとにさらしだすことで、「学校化」の世界が分析されるのであるが、それは〈脱学校論〉紹介者のように機能的に教育と学校を識別することではない。教育にはさまざまの側面があるのだとしても、教育学の学問的な分析が可能なのは、ただ「制度化された」＝学校化された教育の場合にのみ限られるのだという排他性が、教義原則として、学校と教育の同一視においてはっきりと打ちだされている。その顕著な実例は教育学における「教科教育」学の稚拙極まりない専門化であり、それを進化させ発展させる暗黙の前提が、理論の役割をはたし、教育学的な排他的性格をつくりあげてきた。さらに、教育学は学校化に従属するものにおちこんでしまった。

意識的であれ無自覚的であれ、制度化された教育の史的・理論的考察は、先進諸国のそれをとりあげるのが支配的で、第三世界諸国の教育現状は、教育学の学問対象とはなりえないと考えられていたのは一例である。第三世界を排除する学問世界は教育学にかぎられないが、学校化された教育でなければ教育にあらずという横暴な前提は、自国内の教育状況についてさえも強固であった。

最近の教育学が理論面で無力なのは、学校と教育の同一視によった前提をそのまま理論なき理論として、体系的理論の欠如をその内部でしか補うことができず、〝教条主義〟と結びついたうえで、千差万別であるかのような非国際的で、しかも非インターディシプリナルな排他性に流れているからである。子どもの存在はトータルであるのに、認識・意識・感覚、心的／身体的なものは教育学だけに分節化されて歪曲化されている。歴史的にさまざまな教育組織なり教育様式が共同社会とどのように、また〝個人〟とどのように関わってきたのか、さらに、いったい「教育」とは組織体の総和であるのか、それとも共通分母であるのか、そうした問題は放置されたままである。そして「普遍的教育」は「普遍的学校化」として前提にされたまま、狭い科学と実証主義に一致していく。未教育＝未就学は、未開状態の段階で、最終的には科学的教育にとってかわられねばならないという、一九世紀的な進化論である。〔さらには、日本語に主語はないのに、主語があると虚偽の学校文法が全国民に教え込まれている──新書註〕

宗教の衰退過程、つまり教会の衰退過程でどのような民族的・階級的な違いがあったかを分析する宗教社会学者と対応して、教育学者は、教育の勃興過程、つまり学校勢力の勃興過程でどのような民族的・階級的な違いとそれをこえていく普遍性・同一性があったかを分析するのを任務にしてきた。これは、しかし実証主義的宗教社会学と裏腹になっている実証主義的教育学者の「世俗化」への卑小な理解へとつながっている。この「世俗化」の再理解が〈非学校化〉の豊かな理解をうながすものとなっていくであろう。

教育が宗教制度から世俗化されたとき、教育は学校制度へと聖化され、教えること・学ぶことも聖化されていった。学校は神聖にして侵すべからざる「聖なる牛」となった。そして現在、学校は教育にとって有効でないばかりか、社会生活そのものにとっても有効ではないのが歴然としてきたのである。多くの教育問題が論じられ、教育の危機の主唱や批判・告発がとくにこの十年間激しいのも学校がその制度上の目的を実施しえなくなっているからである。また、逆に、何か政治上・経済上・社会上の問題があると、教育が大事だ、教育によって解決できるという教育重視が学校化の枠内でのみなされる。多くの批判は、教師や教育行政や組合組織やさらに両親・子ども自身にまでむけられてしまい、制度内での主体的なあり方がとりあげられても、そうした主体をつき動かしている見えない背景、つまり、〈学校化〉の生活様式そのものはまったく疑われていない。学校制度の表層構造が喧噪に批判されたり分析されたり改革されているだけである。それは、イリイチにたいする理解やイリイチへの批判にさえ現われている。

〈学校化〉は、イリイチが『脱学校の社会』ならざる『学校のない社会』で語っていながら明示しえなかった、「過程」において諸価値が形成される構造を、どういったタームでもって把えるかを明らかにしなければ、再び元の世界——教育が侵入してくる世界——に戻ってしまうのである。それは、〈脱学校論〉とイリイチが違うというより、エバレット・ライマーと違う点を強調することでもって、なんとか糸口がみいだされうる。この点は、イリイチが〈交通〉〈医療〉を分析しえたのに、ライマーはそこへいくことができなかった——つまり、サービスを生産物とみなし、確立された公的制度とみなす他はなかった点で致命的である。一方、イリイチと同じ革命的な教育思想者と評されたパウロ・フレイレも、教育実践を革命的実践と結びつけただけにとどまった。「産業的生産様式それ自体」は把えきれなかったのである。むしろ、ブルデューやフーコーの理論の方が有効である。

学校化が、医療・交通をかけめぐって考察されてはじめてわたしたちは、教育＝学校となっていることの社会・世界を、制度的に認識を転倒されることなく把えることができる。それなしに、〈学校〉や〈教育〉をどんなに精緻に描きだしても、影の見えない宗教は、批判的な対象——直截には教育を商品として分析すること——となりえないで、普遍的とされた教育は学校と手をとりあいながら、いつまでもわたしたちを不能なままに放置するだけであろう。私的な穴ぼこの中で自由を享受し、取り扱われるのを欲し、権利を要求する、わたしたちの歪んだ主体性である。

一九七〇年代、イリイチ以降の教育論は、革命的な出来事ともいえるほど大転換した。それは、イリイチを正しく評価しえてはじめて理解できるものであり、本章でわたしが一語や一文で語ってしまった点を厖大な研究や考察でもって展開している。わたしたちは、〈学校化〉のレベルから教育批判へ歩むのでなく、産業諸制度と産業的生産様式を少しでも明らかにしていく〈医療〉〈交通〉の世界に考えをすすめていこう。教育／学校にとどまっている限り教育を正しく捉え考えることはできない。

2章

医療の神話

The Epidemics of Modern Medicine

hospitalization
medicalization Of life
pain/disease/death
therapeutic aids
iatrogenesis
medicine/pharmaceutical industry
diagnostic imperialism
life expectancy
suffering
cure
self-care/health care
doctor-inflicted injuries
defenseless patient

一 〈医療化〉の世界

病気を治療し、痛みを鎮め、人命をのばし自然な死をむかえるというのがわたしたちの〈健康〉であり、それは医療によって保たれると一般に考えられている。フランシス・ベイコンは医師の仕事を「第一は健康の保持、第二は疾病の治癒、第三は生命の延長」であるといった。

医療とは医師のサービスである。医師のサービス行為が、痛、損傷、疾患、病気をなおすよう働きかけ、人命の生死をも取り扱うサービスの世界である。医療器具、多様な医学上の諸分野に広がる科学、そして薬剤などを道具諸手段にして、医療は専門分化しながらその権成を高めている。専門医療がなければ、人間は生存さえできないと信じられるところまで生活に浸透している。医師のないところには健康がないというのである。それほど身体だけでなく意識まで、身近かに関わっているのに、素人であるわたしたちの手持ち札は、医師、病院、診療所、病気、薬、看護師、そしていくつかの病名と医学用語という言葉でしかない。たまたま身近かな者が病気になると、難しい病名が素人には見当もつかない、たいへんなものであるかのようにわたしたちに感じられるものとして伝えられる。

学校化世界から医療化世界への自覚の場の飛翔は、産業社会神話のどんでん返しともいえる根本的な〈気づき〉の世界に入っていくことになる。産業的魔術師が聖なる空間を俗人に土足で踏みこまれたとき、その憤りと恐怖はわたしたちの想像をこえるものであろう。学校の聖なる空間は塾のように世俗の空間にまでひろがっているが、病院の空間はそうはいかない。なぜならそれは、人間の生命の生死にかかわる聖なる魔術空間であるからだ。それだけではない。病気にたいする専門医学の確立は、学習にたいする専門教授学よりもはるかに専門科学化されている。そして、聖なる空間は神話が日常世界をおおっている限りでは、俗人が近よれない禁忌の世界であり、崇拝の世界であるが、その神秘のベールがはがれるとき、それは大衆の冒涜の対象となってしまうのである。

魔術の処方箋は科学の記号であらわされる。カルテが患者にとって読解不能であるだけでない。たとえば、いまわたしの手元にある娘のかぜ薬である小児用のシロップをみよう。そこには、〈成分：六〇ml中〉

アセトアミノフフェン　三〇〇mg
dl - 塩酸メチルエフェドリン　一〇mg
リン酸ジヒドロコデイン　五mg
マレイン酸クロルフェニラミン　二・五mg
無水カフェイン　三〇mg

とある。またある漢方薬カプセルの成分分量には、

反鼻末（蝮粉末）　三〇〇mg
人参エキス　二〇〇mg

ニンニクエキスB　一〇〇mg
クコ葉末　二〇〇mg
山薬末　二〇〇mg
ガラナ末　一〇〇mg
桂皮末　二〇〇mg
アミノエチルスルホン酸　一〇〇mg
パントテン酸カルシウム　三〇mg
硝酸チアミン　一〇mg
カフェイン　三〇mg
L-アルギニン塩酸塩　三〇mg

と巨大な文字で記されてある。西欧医学も東洋医学も同じような化学名になっているが、わたしには全く解らない記号でしかない。この薬をすすめた薬剤師は、この漢方薬の近代批判的〈現代〉性を、マムシと人参でもってもっともらしく解説した。わたしはこの薬が疲れている家族の者に効くのであろうと信じる他ない。彼はこの薬を〈おしつけなかった〉。ただ〈すすめた〉のである。効けばよし、効かねばもともと、そのときは医者につれていくまでと、わたしは考えて買った。何もわからないのにわたしは行為している。

他方、薬の副作用また医師のつくりだす医原病は、さほどわたしたちをおどろかすものではない。あって当然であろうと考えている。あたった人が運が悪いのだと思いながら。そして、その害は医学・薬学の発展と管理・監視の整備によって減少するのであろうと〈期待〉している。それはちょうど、かつてイギリスのアルバート・ビバリッジが健康サービスの年間コストは治療が疾病率をさげていくにしたがって下がるであろうと仮定したように。ところが、病気はなくならないどころかふえている。病人の数も病院の数も医師の数もふえている。病気を一掃するという医療文明は、病気・病人をふやしている。このからくりをわたしたちはしっかりと見抜いていかねばならない。

それは制度論として〈医療〉を考えることである。三重の次元からの、重層的な、他律的関わりの仕方を対象として分析することである。すでに、序章でも触れたように、イリイチの〈制度学〉といえるものは、その医療化分析においてほぼ完成したと思われる。彼は、〈逆生産〉の兆である三つの次元〈医原病 iatrogenetic disease〉でもって――臨床的医原病、社会的医原病、文化的医原病――分析した。

この〈医原病〉と医学用語で訳されている"iatrogenesis"は、「医者」をあらわす"iatro"と「発生・起原」を意味する"genesis"から構成された用語で、第二分水界後、顕著となってきた病気の現象である。イリイチを、医療批判の水準にとどまってみるならば、臨床次元の専門的批判にとどまらず、それを社会的・文化的な問題にまでほりさげた体系的な批判であると評価できようが、正確にはむしろ、歴史文明世界の水準における批判分析の深淵さをとらえるべきである。技術科学文明が自己破滅的地平まで成長・進歩・

発展した西欧文明の世界が、〈医療〉世界に最も体系的かつ根元的に集約されているのだ。制度としての医療が産業的生産様式において、人間と有機的身体との関わりのなかで極めて根元的な次元を体系的に構成していると発見していくイリイチの思想軌跡には、目をみはるばかりの一人の思想家の苦闘の過程がある。わずか二〇〇頁あまりの邦訳におさまる一冊の本が展開する世界は、これほどまでに深く総合的に西欧文明を批判したものはかつてなかったのではないかと思わせる一文一文からなっている。つまり、学校化批判にはまだ不十分であった言説生産の次元が新たに言明されている。

まず、その制度化構造を明らかにしてくれる三つの次元であるが、

①潜在的な臨床利益以上の臨床的損害を与え、

②社会を不健康にしている政治的状況を曖昧化するどころかかえって高め、

③自らを癒し、自分の状況を自ら形成する個人の力を瞞着し奪う、

ことが、健康ケア制度の三つの医原病として示された。

これらの三つの次元を他の言及でもってまとめて示すと、

(1) 臨床的医原病

医師・病院・医薬産業についての懸念が一般化している中で、医師たちは現在ふつうに行なわれている多くの治療が、厳格にいえば正しくないと主張して、自分たちの信頼性を支える必要をもっと強めている。これは、

「有機体の闘う力能が他律的な管理におかれた結果」（MN 九九頁）である。

⑵ 社会的医原病

「医療の社会的組織が健康を直接的に否定する効果」（MN 一八頁）であり、「環境は個人、家族、隣人に、自らの内部の状態と状況に対する制御力を与えていた条件を奪われてしまう」（MN 九九頁）

⑶ 文化的医原病

「医学イデオロギーが個人の気力にたいしてもつ負の影響」（MN 一八頁）であり、「医療企業が、人間の現実に耐え忍ぶ意志を吸いとる」（MN 九九頁）ものである。

等々と記されている。

しかしながら、これらのそれぞれの次元はあまりに複雑で多様であり、とても簡潔にまとめるわけにはいかない。わたしは、以下、医療の神話を、学校化、輸送化（加速化）との関連を意識しながら、制度の基本的な筋をあきらかにしていくための視座と対象を明確にすることでもって、導入的に示す他ない。

また、「医原病」と専門的に訳されているこの"iatrogenetic disease"を、(a) 医療サービス・医療科学等医療体系から発生する病気と理解できる意味に加えて、(b) 医療文明を発生させた病的文明、とも理解しうる意味の二つを含んで〈医療発生病〉とわたしは以下訳す。専門用語上の翻訳は、専門化をうながす思惑でもって訳されているゆえ、批判的な理論概念空間はそこと一致しない。イリイチの思想をふまえて、医療から発生し・医療を発生させる疾病として、「医療発生病」と使用するほうが、現代医療の様式をとらえていく用語になるといえる。

文化的医療発生病は、〈痛み〉〈病〉〈死〉をめぐって考察されているが、それぞれへのアプローチの仕方は違う。〈痛み〉にたいしては、文化的な意味の体系と文明的な技術の体系とを対立させながら考えている。つまり、痛みへの伝統的な対応は耐えることであるが、技術文明の対応は痛みの抹殺であるという違いから説明される。〈病〉は、病人と病気と病院との関係の歴史から解明される。そして〈死〉は、死に対するイデオロギーの歴史からの論述である。文化的医療発生病とは、こうしたそれぞれの文明史からどのようにして、痛みを抹殺し、病気を一掃し、人命を延命するため自然死にたいする臨床的扱いをするという、医療文明の構造的認識の世界にまでいたったかが示されるのである。

「医療文明は痛みをなくし、病気を一掃し、受苦し・死んでいく〈技芸 art〉にたいする必要をなくすために、計画され、組織された。この個人的な徳の遂行をぬけでて累進的な平坦化がすすんでいくことで、かつて社会生活のガイドラインにはなかった新しい目標が構成されるのである。」

わたしたちは、「苦悩し、癒し、死ぬことは、文化が各人におしえた本質的な自動詞的諸活動（intransitive activities）」であったのを忘れて、技術官僚がそれらを政治作成の新しい分野であると主唱し、制度的に人々から取りのぞかれねばならない悪しき状態である、と扱っていることを受け入れている。（MN 一〇二頁）

受苦（suffering）と自己ケア（self-care）、そして健康 health、癒す cure、という〈行為〉は、人間固有のまた文化固有の形式である。ところが、医療という〈コスモポリタン〉（無国籍）文明は、これらの行為を官僚的プログラムの下で構成し、痛み・病気・死にたいする自律行為の必要を否定するのである。このような、痛み・病気・死を一掃するという医療的前提は、人間の文化・自律性を偽ってしまうものだというのが、イリイチの論議の中心となる。

彼は、「受苦・苦悩（suffering）」が、具体的な人間の反応を示すものではなくなったとき、文化的医療発生病の症状が現われているという。「受苦」が価値ある状態から、一掃される対象に変わっているとき、文化的医療発生病は人間の自律行為を麻痺させているのだ。受苦の本来の姿は、「諸個人が、自分の現実に直面し、自身の諸価値を表現し、避けがたくしかもしばしば治療できない痛み、損傷、衰弱、死を受容する力能」（MN 九九頁）である。だが「専門的に組織された医療は、これらすべての受苦を一掃する戦争として産業の拡大を宣伝し、尊大な権勢ある道徳的事業として機能するようになる」（MN 九九頁）のである。

このようなイリイチの議論は多分に人類学的な知のあり方から文明史上のそれぞれの時代で〈人間であること〉がどのようであったかの意味を探る方法でもってなされている。未開人間の世界が、常に西欧文明の〈思想〉の水準を明確に照らすものとしてとらえられている。いかなる文化でも、健康にたいしては独特なゲシタルトをもち、痛み、病気、損傷、死にたいして適切な態度をもつだけでなく、そうした苦悩を人間の一群の行為体系である伝統的な枠組で示す「受苦のアート」をもつ豊かな世界であるというのだ。

わたしたち素人が専門医療に接近するには、こうした文化的・象徴的なアートを辿ることから、医療文明の歴史的位置を定めていったほうがとっつきやすいようだ。イリイチの本の展開は、臨床的↓社会的↓文化的と辿られるが、わたしたちはそれを逆に辿りながら〈医療化〉の世界をみていこう。価値から自由な、客観的な治療もケアもないのであり、無責任な医学は病気を治すどころか反対に病気をつくりだしているのだという〈驚き＝気づき〉を深めていくことにしよう。

二　商品としての死

医学が死を管理していることと、この死の埋葬が専門的資格を有した葬儀屋によってパッケージされていることは、日常世界の体験ではほとんど気づかれていないようだ。

死は専門医師のみが判定できるものとなって、医療的に独占されている。医者が死と判定しないかぎり死ぬこともできない。死の審判員として医師はたちあう。まず、「自然死」というのは近代の概念であることを知っておく必要がある。それは、現代的には、有機体である人間が治療を受けつけなくなった〈点〉であると解される。脳波が平坦化したと脳波計が告げるとき、死亡が断定される。最近の映画やテレビドラマが脳波計のビーッと横に流れる音と動きで、死の〈劇的〉なイメージを売っているのは象徴的でである。心臓が停止したことと、最後の息をするのとは必ずしも一致しない。また殺人であれ自殺であれ、法医学上の判定が死を決める。法医学がなければ、死の安全はないかのようである。

社会的には、人間が生産者としてだけでなく、消費者としても役立たずになったとき、その死が同意されて認められる。死がいかに思想的に表現されようと、最後の息の根を奪っているのは専門医療である。死ぬという主体的な行為は、その自己の力を失ってしまった。かわって「技術的な死（technical death）が、死ぬこと（dying）にたいする勝利を収めた」（MN 一六二頁）のである。個人個人の多様な死にたいして、機械的な死がそれらを征服し破壊した。伝統文化や個を無視する無国籍な死のイメージは、政治的で、帝国主義的である、とイリイチは形容した。

高度に産業化された社会の進歩した文明は、死のイメージと死の扱いを「商品化」している。死という、ある不確実な日におきる確かな出来事にたいする、イメージや文化的な条件は、いかなる社会であれ「制度的構造、深く根ざす神話、有力な社会的性格」からつくられる。現代も例外ではないのだ。

かつて〈死〉とは、社会成員の独立心、個人的関係性、自己依頼性、（最後の）生命性、をあらわすものであった。しかし「都市医療文明」が浸透し、新しい技術とそれに対応するエートスに依存する死についての新しいイメージが輸入されると、その性格は「超民族的な supernational」ものとなってきた。しかし、実際には「これらの技術は文化的に中立でなく、つまり、西欧的諸文化の中で具体的な形をとり、西欧的エートスを表現している」（MN 一二六頁）ものである。わたしたちの死のイメージは、西欧諸文化を均一化してきた西欧医療文明の白人イメージであるそれを認識することから、〈文化的植民化〉の主要な力である死における医療文明の帝国主義的性格に気づくことによって見直すことができる。

医療のケアの下で、健康な老年期に訪れる死のイメージである「自然死 natural death」とは、実は、ごく最近の発明であるのを、自覚のきりだしにしよう。それはちょうど、児童期の発見のような近代的なものであるが、死にたいする諸々のイメージの史的段階をたどって、医療的なものになってきた。イリイチはいう、「自然死の歴史は、死にたいする闘争という医療化の歴史である」（MN 一三七頁）と。

イリイチの医療分析は、〈自然死〉と「医療保険」の分析から開始された。自然死についてはヴェルナー・フックスの『現代社会における死の諸像』（誠信書房）に多くを負っている。イリイチは一六世紀から二〇世紀にかけて〈自然死〉という言葉が広く使用されはじめたのに気づく。「自然死」をイリイチは、「未開の死 primitive death」と「現代的死 contemporary death」に対立させて使用する。

「未開の死」は、妙に興奮した、不気味な超自然的な、神聖な力であり、「現代的死」は、階級闘争や帝国主義支配の結果である社会的不正義を原因とした死である。これらの死と区別して、「医療化」をとらえるためにイリイチは「自然死」のタームでもって西欧文明の四世紀間を検討している。それは、六段階にわけられた。①死者の舞踏 ②骸骨人間の死の舞踏 ③ブルジョア的死 ④臨床的死 ⑤組合が要求する自然死 ⑥集中的ケアの下での死——である。詳細な内容はイリイチの書に触れてほしいが、わたしは自然死が医療化されるエキスのみを確認のためにフォローしていくことにする。

原始的社会は、死を異質な誰かの悪しき意図と考え、キリスト教とイスラム教の中世では、神の配慮に満ちた個人への干渉の結果であると考えられた。こうした異質的因子によって決定される死が、自然死のイメージに近づいたのが、一五世紀の「死者の舞踏」である。それは、人生にとって避けることのできない本質的部分であり、各人は自分の死を生きながらもちはこび、一生の間、それとダンスしながら、身近な自律的な死を、鏡のようにイメージした。

この死者の舞踏から、「骸骨の踊り」である「死の舞踏」となったとき、死は一生の間対面すべきものから、一瞬の出来事に変化した。一つの全体の終りでなく、連続の途絶となった(そこにはまた、時計の普及が対応している)。次の世界への移行期であり、人生の目的であったものから、人生の終りにアクセントがおかれるものに変わった。それはまた、「信仰によって義とされる」神学に変わった宗教改革にも対応している。また、死は自分が身につけておかねばならない「ハウ・ツー」ものにもなった。人々は死に際に示す表情に責任をもたねばならぬと考えた。死せる肉体に関する幻想的恐怖と煉獄の芸術的表現が数をます。また死への助力も考えられた。そして、日常の仕事の終りのような自然現象となった。さらに、死体がもっていた法律的な扱い(死者は訴えられ処罰された)がなくなり、人体を対象物におとしめた。そして解剖がはじまる。

ブルジョア家の興隆にともない、死は階級的な特権を有し、余裕のある者は死を遠ざけるために金を支払いはじめた。「年をとることは資本主義化された生を生きる一つの方法とな」り、好色漢がベッドルームにありながら死ぬのを理想とした。①長く生き残る能力、②死以前に隠退せずにいられること、③不治の状態であっても医療の助けを求めること、の三つによって病気の新しい概念がつくられるとともに、〈健康を気にする人〉の役割がうまれた。自然の死を死ぬ能力は、ブルジョア階級のために与えられたものである。それはまた「患者として」死ぬ余裕のある者たちであった。

ある特異な病気の結果を自分が思うままにしたいという医師たちは、科学的な訓練をうけた職業意識の形成によって、死にたいする力をもっているのだという神話を、臨床的死をつくりだすとともにうみだした。死は医師によって証明された特定の病気となった。「時宜をえた」ブルジョアの階級的な死は、中産階級の医師の理想となり、ついで労働組合の要求となっていく。

二〇世紀になってはじめて、臨床的な訓練をうけた医師の治療をうけながら死ぬのが市民の権利となった。資本家の特権がプロレタリアの要求に敗北し、一生の間、制度的な医療ケアを与えることが要求される。「臨床的な死における平等」として少数の特権が多数の者に一般化していく。それにつれ、医師と死との関係がかわる。つまり、死が医師と病人を相手にして行動のイニシアティブを握っていた世界は、ここで、患者と死の間に入って、医師が死ととっくみあって闘うものとなった。未開文化のように、死が勝利する際には誰かが非難されねばならない。それも今日では、死にたいする防衛が社会保障に含まれたことから、非難される犯人は社会の中に潜んでいるとして探索される。

そして、平等な医療ケアへの要求は、社会的立法を発展させ、無限の産業的拡大を支えていくようになった。いまや、医療化された社会的儀式は、ハルマゲドンの最終戦争・大量殺戮の可能性のなかで、死を支配でき、死に対する自己滅亡的な闘いを組織するという地点にまで到った。すべての人が病院の中で同種の死に向かい、その病院での死の数が経済発展の目標とされ、低開発は医療制度の拡大によって克服されねばならないとなっている。ここに伝統的な紐帯からばらばらにされた個人は患者としての役をえて、健康消費者というインターナショナルな大衆へと統合されたのである。このように、死は、神の召命から「自然な」出来事となり、「自然の力」となり、人為的なものとなり、打倒されるべきものとかわってきた。「死の医療化を通じて、健康ケアは完全に異質分子のない一枚岩的な世界宗教となり、その信条は義務的学校で教えられ、その倫理的規範は環境の官僚主義的改造に適用される」(MN 一六二頁) のである。

こうした、死の医療化の歴史を文化的・構造的に眺めていくと、自然死が医療に構造化されている現在の到達点というものは、たんなる「病院で死ぬ」という日常経験が並大抵のものではない文明的な象徴形式を表示しているのが判明するのである。死にたいする医療的な闘いは、「死の予防」までをも含めて、患者の生活スタイルを支配し、産業消費者の生活様式を支配し、発展の代理人によって貧者や貧しい国が守らなければならない規範となり、帝国主義的介入の一形式を形成するものにまでなっている。そこで死は包装商品になりさがっている。

死を類的普遍とみなすだけではたりない、死の歴史的表象を明白に把捉することが肝要である。

三　病気の病院独占

死と闘う世界が、病気の概念を変えたのであるが、さらに医療は疾病 disease を発明し、それを除去するという神話をつくりあげた。フランス革命は、病気 sickness が病める人々の個人的な事柄であったものを、進歩の名の下に公共の出来事へとかえたのである。治療の官僚化、病気の公共化は政治革命の生命線ともなるタームでもって、以降社会主義革命にまでひきつがれている。病気は政治的腐敗の症状であり、政府が浄化されたときに一掃されるであろうという改革は政治的変化とみなされ、社会が本来の健康状態に戻るという理念が国家レベルで設定された。

元来、病院とは健康の回復のためでも、健康改善する治療を施すための場所でもなかった。病人に烙印をおし、病気を悪化させ、悲惨さをはぐくむ場所であった。そうした歴史のプロセスを簡潔にイリイチは示している（MN 一二三頁参照）。病院が病気を治す場となるには、病気を一掃するという産業的イデオロギーがうまれてこなければならなかった。それはまず、政治革命ではなしえなかった事業に信頼性を与える魔術的儀式が要求された中から、突然に、医師が救助者として、奇蹟をもたらす者としてあらわれてくるのにはじまった。社会を健康的にデザインしようという計画は、文明の害悪を一掃しようという社会改造の政治的論点として登場したのである。

イリイチによれば、その政治的理念はルソーの誤解からもみてとれるという。それは、病気を自然状態に戻し、社会を「野性の病気 wild sickness」に戻したいという願望で、病気は自己限定した徳と品位でもって耐えられうるし、病気への対処が貧しい者の家でもなされるべきだという考えが、医療化への考えであると誤解され、後継者によって政治的論点にのせられた、というのである。それはちょうど、ルソーの教育観が学校化の思想へと誤解された、それ以上のものであろう。健康の幻想が政治プログラム化されていったのである。

王政復古とともに病気の除去が医学専門家の任となる。医学校ブーム、病院の増加、疾病の発見がブーム化する。しかし、それはまだ非技術的なものであった。社会改造をになった医師たちは、病気を「人間を悩ます客観的疾病」につくりあげ、病気にたいする行政的発言が作成される。そして、医学的対象は、医師からも患者からも独立して存在する実在物の地位をえる。

疾病は医師の視野にうつる個人的な苦悩であったが、それが「臨床的存在に変容された」のである。これは、医学上のコペルニクス的転換であったとイリイチはいう。ガリレオ時代からの医学にたいする願望は、デカルトが人体を機械的な構造でもってとらえはじめたことから、痛みは危険信号となり、病気は人体機械の故障と考えられるようになった。そのとき、「病気の分類」が可能になったのである。かくして、対象としてとりだされた病気は、(a)測定による操作的な立証、(b)臨床的研究と実験、(c)エンジニア化された規準に応じた評価、に従うべきものとなった。(MN 一二六頁) その変化の意味は、

(a) 物理的測定の使用が二つの信仰を準備した。

(1) 疾病が真に存在する。

(2) 疾病は医師と患者の知覚からの存在的自立性を有す。

というものである。統計は、病気が環境の中に存在し、人々を侵略し、人々に感染するのを示しながら、この信念を補強したのである。この統計の使用は面白いことに、魔女狩り裁判で有名なコットン・メザー師が天然痘にたいする種痘の効果を示したのが最初であるという。

測定は医師がやぶ医者という評価にかわって科学的な評価をうけられるようにしたが、脈搏測定、体温測定が一八四五年頃から開始されていった。

(b) 医師の関心が「病なるもの the sick」から〈病気 sickness〉にうつるにつれ、病院が病気の博物館となった。病院は、研究し、症例を比較する論理の場となり、医師は同じ病気の症例をとりだしながら、ベッドサイドの臨床的な眼を養う。そして、ベッドサイドは、未来の医師が病気を見たり認識したりする訓練の場となった。病院は、診断の場→教える場→処方をともなった実験をする実験室→治療に関わる場、と変化し、かつてのベストの巣の家と同じであった病院は、「区画された修理店」となってきたのである。

(MN 一二八頁)

(c) 「普遍的標準という価値が二〇〇年にわたってある分野から次の分野へと認められていかなかったならば、疾病は決して異常性とは一緒にならなかったであろう」(MN 一二八頁)という「基準」の価値化が形成された。それは言語から臨床へ、また「ノルマ」という言葉は幾何学から社会へとうつり、オーギュスト・コントによって医学的意味を付される。彼はオルガニズムの正常な状態に関してこの法則が認められれば、比較病理学の研究も可能であろうといった。一九世紀の最後の一〇年間に、病院の諸規範（normas）と諸標準（standards）とが、診断と治療のための基本的な判断基準となった。「臨床的標準からみて異常である疾病が、治療の方向づけを提供することによって、医学的介入を正統化しただけ」で、こうした変化が生じてきた。

このような、病気体系を構成してきた三つの変化が、今では「病院医療の時代」の中で危機的なものになっている。臨床的測定は社会全体にまきちらされ、社会が一つのクリニックになり、すべての市民はいつも血圧をはかられ、正常範囲内に血圧を安定させられる患者となってきた（定本注：コロナ禍では体温測定がどこでもなされるようになった）。現代の病気治療の病院独占化における危機は、病気にたいする診断と治療の問題を再検討するにとどまらず、病気そのものの概念を再検討するよう、わたしたちに求めている。

イリイチはこのように、病気が客観的な実在として考えられる文明は、自らの状態にたいして責任をとる必要のない、御されやすく、政治責任を免れる人間をつくりだしているという。

「進んだ産業社会が病気を作成する（sick-making）ということは、それが人々の環境を処理する力を不能と化し、人々が倒れたとき、破壊された〈関係性〉のために「健康的」補綴で補うのである。」（MN一三二頁）

実体としてみなされる病気は、人間の政治的不能化・依存性を高めるだけではなく、制度的な企業の原材料ともなっている。さらに自分の身体の出来事であるのに、理解できない言語でもって病気が示される。身体についての言語が科学的な用語でもって構成されるとき、専門エリートの特別な言語に依存するのを強め、病気は階級支配の道具にまでなってしまう。労働者は主人の言語を話さぬひとりの主体となっているわけだ。資本家や経営者だけが主人ではない。彼らは破壊的な産業状態で生活を守る賃金を払ってくれる、そして医者は身体を守ってくれる、精神までも守ってくれる。だから労働者はもはや生産様式の転換にむけて闘う必要はない——というわけだ。

死だけでなく〈病〉も〈商品化〉されている。この商品化は、生きている自律主体の不能化を結果させてきたが、不能化はさらに〈痛み〉を一掃する世界で決定的となる。

四　鎮痛の文明

〈痛み pain〉は、死や病よりも身体上では軽いものであるが、〈痛み〉の文化を、鎮痛 killing-pain の文明との差異の問題から考えると、人間の自律性をめぐって死や病よりも根本的な性格がつかみだされる。痛みの自律性ともいえるべきものは、〈受苦 suffering〉で表現されるが、それは〈痛みの感覚〉という神経興奮とは違う、パーソナリティと文化の両者に関わる独特な人間活動である。医療文明は、〈痛み〉を技術的問題にかえ、受苦の個人的意味を奪ってしまうのだ。

イリイチは、痛みの問題を、個人の自律性と文化の体系として考えられた伝統的文化とにおける、受容 acceptance と耐え tolerance の多様な世界であると評価し、医療文明がそれを不能化しているという視座から分析した。

一体、痛みの文化とはどういうもので、また痛みをなくすという文明は何をもたらすものなのであろうか。わたしたちが当り前のように、痛みと無と化す意識の志向性をもっているために、医療文明はわたしたちに何をもたらしているのか。この問題は文化的・構造的に、現代産業社会の考察上非常に重要なものである。

コスモポリタン的な文明は苦痛を無と化すために、主観的または間主観的な世界から痛みを切り離し、客体化する。痛みは、現在では、自然な形而上的な悪ではなく、人間がつくりだすもので、社会的な呪いと解釈されている。それにつれ、大衆が痛みに打ちひしがれているとき、大衆が社会を呪うことのないよう、その耐え難さをそらすために産業システムは医療的な痛みどめを大衆に与える。より多くの薬、病院、医療サービス、非個人的な諸団体によるケアへの要求に、痛みは変じてしまい、それゆえ人間的・社会的・経済的な根拠には手をふれず、ひたすら成長・発展を政治的に支持する結果をもたらしている。痛みをなくす人工的な医療ケアを通じて、無感覚、うわの空、無意識になった人々は、雪ダル式に〈要求〉をつみかさねる政治的態度に自らを転じている。痛みや辛い現実に耐える必然性は、社会・経済システムの失敗と解釈されて、この痛みを異常ともいえる介入によって処理せねばならないという対応がなされる。つまり、人間・社会・経済の変革をするのでなく、痛みをとめる医療ケアを人々は要求するのである。

医療はこのような耐え難い痛みという政治転換の危機状況を、常に、医療への要求へと切りかえるものとして働きかけている。そこでは医療がいかに痛みをコントロールするかという方法が要求される。痛みは客観化され数量化され、ある特定の治療を必要とする診断が作成される。痛みは、証明でき、測定でき、制御できるというわけだ。そして、専門医師は、どの痛みが本もので、どの痛みが身体的基礎をもち、どの痛みが心理的な基礎をもつか判定し、また、どの痛みが想像上のもので、偽りのものであるかも判断する。痛みの個人的・社会的な意味は、医学的処理の対象に切りかえられ、もはや各個人は痛みに責任をもつ必要がなくなったのである。

それでは文化の〈意味の体系〉における痛みとはどのようなものであろうか。それは、痛みの感覚を挑戦と理解し、その処理を通じて個人の体験を形成するものである。それは、痛みを苦悩へと変容し、耐える力を身につける自己自身に責任をもつ行為である。常に、自身を見い出し、自分の意識的な反応でもって身体についての主観的現実を形づくる。忍耐、寛容、勇気、諦め、自己制限、不抜、柔和さ、また、義務、愛、魅惑、日常の仕事、祈り、同情の世界がそこにくりひろげられている。痛みを必然と解し、耐え、治療するのでなく治癒する（癒す）、それが文化である。

痛みは遺伝的な所与としてまた刺激の性質や強度から体験されるだけでない。①文化、②不安、③留意、

④解釈にも依っている。これらは、社会的決定因、イデオロギー、経済構造、社会的特徴から形づくられるのであって、現代医療のいうように〈客観的〉な項目ではない。こうした諸要因の規制の中で、文化は、痛みを本質的で、身近かで、伝達しえない「非価値 disvalue」と認知する。自律的行為としての使用価値そのものを形づくる人間の内界の体系である。

本来の痛みは、現代化された痛みに画一化できない深淵な歴史をもっており、かつ過去二五〇〇年の間でさえ、医師の痛みにたいする態度が時代の時々でかわっているという事実がある。漢字辞典をひもといても、痛、怛《だつ》、怵《じゅつ》、疼《とう》、悵《ちょう》、悼、惨、戚《せき》、傷、愴、隠、などと身体的痛みに限られない「いたむ」多様な様相がうかがえる。

専門主義的な鎮痛医学文明から解き放たれて、苦痛や苦悩を考えるために、第一に「痛みの歴史」をどうおさえるかという視点と、第二に、痛みを苦悩に形成する文化の構造がどのようなものであるのかをみておくのがよいであろう。この痛みの歴史と文化の構造を最低限把握する視点をみいだしたとき、わたしたちは、死・病とみてきた、それらの医療文明をもっと根本から分析しうる視角と課題をはっきりさせることができそうだ。

まず、痛みの歴史は次の三つの問題を克服して考察されるべきだとイリイチはいう。

(1) 他の病気との関連による痛みの変様
(2) 痛みをめぐる日常の言葉

である。

(3) 価値論的・発生認識論的な問題

痛みは、苦悶、罪業感、罪、悩み、怖れ、飢え、損傷、不快との関係の中でその位置を変化させ、現在では、専門医がコントロールできる人間的受苦の一部と理解されている。「個人の身体的痛みの体験が、それを破壊するようデザインされた治療プログラムによって形づくられるといった現代的状況は、史上先例がない」(MN 一〇七頁) ところまで現代はきているが、痛みは、過去の世代が特別な呼び名をもたなかった「あるもの」である。

この現代の痛みは、医学上の〈痛〉という術語と同意の日常語では示されない、そうした特殊なものとなっている。身体的痛みの術語の変化をさぐっても〈痛み〉の歴史は確認できない。

また、痛みは〈私の〉痛みであって、同じ頭痛を他者は悩むことができないという、全く個体のものでしかない。推定ないし同情でもって、他者の痛みのサインを知るが、それを体験することはできない。

要するに、これらの三点の問題からいえることは、〈身体的痛み〉とは一体何であるのか、という点がはっきりしていないのである。イリイチは、それに一つのテーゼをあたえた。

「内在的で、身近で、伝達不能な、非価値として経験される身体的痛みとは、苦しむ人間が存在する社会的状況で自分自身を見いだす、というわれわれの気づきを含むものである。」(MN 二〇頁) つまり、痛みとは、社会的性格が苦悩する個人のパーソナリティを形成し、彼ら自身が自分の身体の疼きや具体的な痛みとしての傷を体験する方法を決定するのであって、「痛みを悩むという行為は常にひとつの歴史的次元を有する」のだ、とイリイチは考えた。

痛みは本来的に条件反射的なものではないし、客観化されて操作的な立証を可能とするものではない。「痛みは応答のないあるもののサインである」というイリイチは、孤独の世界で思考する人間と痛みを悩む人間とが類似しているという。「何が悪いのか？ どのくらいつづくのか？ なぜわたしは悩まねばならないのか、悩むべきなのか、悩みうるのか、現に悩めるのか？ なぜこの種の災いが存在し、なぜわたしを襲うのか？」と。

こうした苦悩する個人の行為は、一率の専門医学的な扱いをうけるようなものではない。鎮痛剤の鎮痛効果で処置できるようなものではない。しかしながら痛みを抹殺する産業的人間は、痛みを感じても、それを悩む力能をなくしてしまうのである。つまり、文化の構造を失ってしまうのだ。

痛みが苦悩に形成される文化は、言葉、薬、神話、モデルという四つの下位プログラムを有している。言葉とは、痛みを表現する叫びや動作というサインであり、薬物は文化の儀式を形づくる習慣に対応し、痛みにたいする宗教的・神話的論理がそれぞれの社会の宗教に存在し、また、痛みを行動する代表者モデルが形づくられる。そして、耐える技、これらの統合が文化的な環境で固有に指示される。ところが、医療文明はこのうち薬に関わる技術的処理のみを肥大化させて、文化のプログラムの統一性を破壊する。

こうした点をふまえてイリイチは、古代ギリシアに痛みのヨーロッパ的源流があるとして、その痛みの感覚と経験とを区別せず、病気と痛みの区別もなかったしくみから、キリスト教、ユダヤ人、セム族、新プラトン派、マニ教等を考察していく。そこから、ヨーロッパの伝統において痛みは、耐えられるべきもの、和らげられるべきもの、解釈されるべきものでなく、僧侶・政治家・医師の介入によって破壊されるべきものである、という信仰となっていたと指摘する。

痛みが個人の問題として理解され、耐えるべきものであるという文化に反するキャンペーンは、デカルトが肉体と魂を分離してから開始された。デカルトにとって、痛みは身体がその機械的統一性を自己防衛する際の赤信号で、それが魂に伝達され、魂はそれを痛いと知る。痛みは、身体に対するそれ以上の損傷を避けるのを教える装置になってしまった。

以降、痛みは身体機能の調整者となり、一八五三年に「鎮痛」と称するラベルを貼った薬が登場するのである。こうして、文明の進歩とともに、痛みは直面するものでなく逃れるのが合理的対応であるものとなったのである。人々は、受動的な生活様式を合理化する生活の仕方を、この鎮痛の文明から日常化していくのである。

痛みの管理がすすみ、また他方では痛みにたいする病的なマゾヒスティックな願望がうまれる。人々は、痛みを悩まず、痛みの観客者としてその非個人的な客体が鎮まるのを見守っている。

五　政治的自律と医療文明

文化的医療発生病の考察が描きあげた世界は、哲学的にも歴史的にもまた医学的にも芸術的にも、ともかく西欧文明のエッセンスを自律的〈治癒〉の眼からみた、多角的なイリイチならではの豊饒な言説である。この文化的・象徴的次元から、医療発生病は、現実に耐え、それを自己統御する〈政治〉的自律を奪っているものとして、鋭く照射されたのである。

一体、〈政治とは何か?〉という問いがこれほど鮮かに示され答えられたものはないであろう。制度化された政治を、政治学とみなすことに、マルクス主義も共犯している。政治が制度化されている状況下では、人間の行為が制度化されていないならば、それは社会的でないというだけでなく、政治的でさえないと見なされる。訓練され専門化されて制度化されていなければ、民主主義さえありえないというわけだ。

イリイチの「文化的医療発生病」論は、制度化された政治を構造的に明示した考察であるともいえるのだ。

まず、痛みを殺すという文明の進歩は、苦悩総体を減少させるものとなっている。苦悩総体が減少させられるとき、「政治とは幸福を最大にするというよりは、痛みを最小とする活動」と考えられるようになった。これは、痛みのあるところには悪しき政治があるという評価につながるだけでない。痛みに直面するのではなく、痛みを回避することが合理的であるとされるため、痛みに耐える限界状況で発生する反乱の噴出を回避し、激しく生き生きとした状態をさけ、独立や自立を失っても痛みのないほうが選ばれていく。

痛みにたいする感受性が低くなれば、人生の素朴な喜び・楽しさを経険する力は衰え、自らを統治する自律力は失われていく。痛みが受け身的なものになってしまうため、医療道具手段を整えれば政治が実施されているのだというようになり、政治はもはやわたしたちの苦悩の行為でも痛みの生き生きとした反乱でもなくなる。「搾取」は、痛みが苦悩となり、危機的限界にいたる以前に、専門医学によって治療されてしまうものとなった。自らが政治的治癒をなす以前に、専門的治療がなされるのである。この専門的治療がどれほど制度的に編制されているかどうかが政治であるとされてしまった。労働者階級は自らの破壊的生産を変革せずに専門的医療保障を要求するのである。「高度産業社会は、人々が自分のおかれた環境と闘う力を奪うがゆえに、病気をつくりだすのである。」(MN 一三二頁)。

痛みについで病はその政治的不能化をさらにすすめる。人々は、自分の病気を「物事のあり方」であると認めてしまうことによって、つまり、医学が定義づける疾患の発生認識的正統性をうけいれることによって、制御されやすい、つねに生産性に有効である存在へとかえられる。そして高度に集中した産業の病的なストレスを増すのに自らが貢献してきたという政治的責任性から免れるようにする。もし自分が病気で倒れたならば、彼はその病的環境状況を考察し、分析し、変革することはせずに、臨床的に治療され再びその環境に服属できる力をとり戻せるよう、求められかつ自ら求める。「診断が患者に与える個人の政治的無垢の保証は、生産と消費にさらに従属するよう正当化する衛生のマスクとして役立つ」(MN 一三二頁)のである。

専門エリートである医師は、同じ人間仲間が適応できない社会状態を批判しないで、むしろ病人となった個人は、「他の専門職者たちがエンジニア化し管理した環境に一致できない」(MN 一三三頁)者と判定をくだし、可能な限りの適切な復帰対策を個人の病気を治療するために遂行する。病気が実体として確認されるという、その文明の様態それ自体は、このように政治的な安定化の方向づけをもったものである。産業社会は個人の身体にたいして適応を要求するが、個人のその身体そのものがこの要求に反抗する矛盾が生じたとき、個人の身体内部に病気が夬在するという神話がその矛盾を隠す上での実体となっている。このとき、疾患の分類――疾病学――は、社会組織の鏡となっている。たとえば、交通医療、高血圧、変性疾患などである。学ばなくなった子どもたちは、学習不能、過動、微小脳損傷、と医師に診断され、その説明に親はなるほどと納得し、その専門的治療を求める。学校化やモーター輸送化そのものの転換は考えもつかない。

「診断が確信されればされるほど、治療はますます価値あるものとなり、診断と治療の両者が必要であるのだとますます容易に人々は信頼し、産業成長にたいして反乱するということはますますなくなっていく。」(MN 一三二頁)

病気をつくりだし、それが実在すると認める他なくなった産業的人間の政治的不能は、臨床的死の平等性にいたって、完全に階級を個人に解体させられている。〈自然死〉という死の概念は、自然死を誰もが平等に保障されるものであるという権利要求になっているとき、産業労働の害悪の変革や自己ケアの自由の力の取り戻しとはならずに、医療サービスの平等な消費という要求に転じてしまった。このとき、医師は生命を救う者として、痛みや病を治療するその専門的パワーを正当化されたのである。患者となったわたしたちは、殺人的環境を思い患う必要がなく、生命までも救ってくれる医療サービス下での消費者の死に甘んじる階級なき存在となった。

このように、産業成長からもたらされる社会環境の破壊的で病的状態が、痛みや病や自然死を医療的にとりあつかう制度へ委託されることで、人々は社会を変革するのでも自分の力を取り戻すのでもない、専門医療の管理の強化を要求する状態におとしめられてしまった。こうした文化的医療発生は、まさに現代医療文明の疾患であるが、医療発生病は社会的・臨床的な次元でもっと強力に制度化されているのである。

ちなみに、こうした痛・病・死をめぐるイリイチの史的な考察は、実証史的な分析と異なる〈構造的〉な方法として、痛・病・死をめぐる象徴世界を考察している。それゆえ、現代医療文明の文化的・象徴的な構造が、政治的自律性と政治的制度の社会形成を照射するものとなりえた。これを、史論的に読む人は、つまり時間の直線的な流れとしてみる人は、産業的時間をも転倒しようとしているイリイチの思想的な核に近づきえず、学校化分析が学校をなくすか否かの脱学校論に誤解されたように、病院をなくすか否かの脱病院化論に堕してしまうであろう。

六　社会的医療発生病――医療帝国主義の日常生活

歴史文明における医療文明社会では、臨床医学が政治的に社会へ転成されて、医療化を強めるという生活世界を再生産している。それは医療組織が社会環境全体に影響を与えている社会構成の姿である。ここでは、「個体の健康にたいする医療的損害が、社会政治的な転成様式によって生産される」のであって、社会的医療発生病とは「社会経済的変容に主要に負っている、健康へのすべての損傷を指す」とイリイチはいう。これは、産業的成長からもたらされた社会経済的変容が医療サービスの諸様式を特異な様態とし、それが社会政治的に伝導されて、社会経済の破壊的・病的状態が社会政治的に再生産されるという意味である。

したがって、この次元での医療サービスは経済と政治を結びつけ社会そのものを再生産するという位置を社会形成体において有しているが、社会的な医療発生病は非常に多様な諸形態に分化している。この多くの諸形態は一つのまとまった様式としてみえてこない。したがって社会的医療発生病の自覚は、医療の社会的様式を「生活の医療化」の様態においてとらえることと同義となる。

社会的医療発生病は医療官僚制が、「悪しき健康」ill-health を次のようなことで創りだしたときにうまれている。

○ストレスの増加
○（自律性を）不能化する依存の倍加
○新しく痛ましい諸必要の発生
○不快や痛みを耐えるレベルの低下
○個人が苦しいときそれを是認するのが常であった、その余裕の退化
○自己ケアの権限の排斥

また、社会的医療発生病が働くのは、

○健康ケアが一つの基準化された項目にかえられたとき
○すべての苦悩が「病院化」され、家庭が誕生、病気、死に適さないものとなったとき
○人々の自分の身体を体験する言語が、官僚的なややこしい言い回しにかえられたとき
○患者の役割の外で、苦悩・嘆き・治癒が、異常の形態であるとラベルを貼られたとき

である。

社会的医療発生は、このように個人にたいする臨床的医学の関わりによって、個人の自律様式を不能

化し専門医療への依存を強めるというあり方を、社会的な医療の独占によって正統化する、という社会的な転成がなされたときに発生している。それは、社会的医療発生病が医療制度に内在する特徴としてエスカレートするまでつづけられる。このとき、人々は環境と闘いそれを処理する力を失い、環境からの損害を医療でもって治療するのにとどめるように状態づけられる。

医療の独占とは、たんなる医学上の技術的な独占ではなく、独占の社会的な様態を構成している。つまり、人々が自ら行為し、自らつくる力能を奪ってしまう「根元的独占」である。医療水準での根元的独占は、学校やモーター輸送と同様に、市場化されえない使用価値を麻痺させてしまうものであるが、人間間の相互ケア、自己ケアを悪事・重罪とし、人間自身の有機的身体との関わりを麻痺させる、もっと根元的で本質的な独占である。

「医療発生的医学は、医療システムが人間への社会的コントロールを主要な経済活動とするような病的社会を増強する。それは多くの人々には適さない社会的配置を正統化する」（MN 四〇頁）。

さらに、障害者を不適格であるとし、患者の新しいカテゴリーにおいて定義していく。社会的医療発生病の元凶とは、「産業的労働やレジャーによって、怒り、病み、傷ついた人々は医学的監視の下での生活にのみ逃れることができ、それゆえに、彼らは医療ケアに誘惑され、より健康な世界のための政治闘争からは不能にされてしまう」（MN 四〇頁）ことである。

それでは、こうした医療の独占を様態化しているために発生している、社会的な医療発生病の諸形態はどのようなところにあらわれているのであろうか。それは、何よりも治療者である専門医師の診断的権威の世界に顕著である。〈診断〉〈治療〉の社会的な意味を探りだすことで、生活の医療化が医療発生病を社会的に様態化しているのがはっきりする。医師は、

⑴ 何が病気をつくるか

⑵ 誰が病気か

⑶ 病人に何をなすべきか

を知っている、ということで権威・権力を正当化されている。

診断基準は道徳的力をともない、新しいアウトサイダーをうみだし、すべての異常は医学上のレッテルをはられる。それほど医療化は徹底されている。〈診断〉が価値体系の主体となっている点を見落としてはならないであろう。

イリイチは「診断」を帝国主義と呼ぶ。医学はある人間の可能性の分類を行ない、母乳よりも乳児用食品という商品を上におき、家庭の片隅よりも老人ホームを上位におく、という帝国主義である。イリイチの帝国主義観は、経済的・軍事的・政治的なものよりも根元的な、〈専門帝国主義〉が現代において見逃されているという視座から考察されている。この〈診断帝国主義 Diagnostic Imperialism〉を自覚しながらイリイチ帝国主義論の姿をみてみよう。

第一に、医学的見解と証明による人間の分類がなされている。自動車運転が可能な者、仕事をしては

ならぬ者、監禁されねばならぬ者、兵隊になりうる者、国境を越えられる者、料理できる者、売春できる者、死んでいる者、犯罪を犯す力のある者とその傾向のある者等々を分類し、証明する（MN 六二頁）。この医療化された地位は、治療の過程の外では、①証明書所持者を、労働、監獄、丘役、婚姻から免れさせ、②彼を施設に入れるか、あるいは労働をさせないようにして、彼の自由を他者が侵略できるようにする。そして学校・職場・政治は、新しい治療機能をもつようになったのである。

第二に、ある社会は特定の年齢の時期に　患者として自分の自律性を治療者にゆだねることがあったにせよ、現代ほど生存期間すべてを医療の監視下においた社会は例がない。まず、胎児をうむべきかどうかを決定する出産の時点から、人工呼吸装置を止める指示をカルテに記載する時点まで、生涯にわたって多くの生化学的ケアがなされる。つくられた環境に適するように、それぞれの年齢で特異な障害者であるかないかが検査されている。

第三は、生存期間の医療化の顕著な例を示す「老人の医療化」である。老年は治療されるべきだという老人がふえ、専門サービスがますにつれ、家族や隣人はお荷物である老人に冷たくなっていく。老人にたいする医療的サービス化は、老人をますます疎外していくであろう。

第四は、哺乳瓶による授乳をうける乳幼児の例にみられる。乳幼児の衛生・診断が専門的になされるにつれ、乳児死亡率が低下するとともに、彼らは医学的な監視と危険にさらされる消費者となり、蛋白欠乏や精神的・情緒的ストレスの犠牲者となる。そして何万頭もの乳牛や製乳産業が高盛になった。新生児は健康であると証明されるまでは入院患者である。

また年寄りの尊厳にたいする訴えが治療・医療の要求であると解されるのに重なって、〈診断〉はまさに個人の搾取と収奪の帝国主義となって全世界をおおっている。そして、産業の機械道具手段に適合する者たちを遺伝的に選択するところまで医社会学的コントロールはエスカレートする。それが、予防の市場化として現われている。

疾病ケアだけにとどまらず、健康ケアまでもが商品になっているのが、「予防の市場化」である。この地点において人々は病気でもないのに病人にされる。「予防の医療化」は、現在だけでなく将来にたいする個人の責任をも、他者の管理へかえてしまうのである。診断は、治療可能な者と治療不能な者との烙印をおしたが、予防の烙印は悪い遺伝子をもつ者が生まれるのを妨げ、進学や政治的生活の道をとざすことにまで干渉する。あらゆる形での検査とチェックが実施され、「疾病狩り」が徹底して実施されようとする。健康であると感じている人を、予防検査は判定を心配する病人に変えてしまう。

一度、烙印をおされた者は、前科者と同様永久にその烙印を背負う。

診断は患者に病気があるとしたほうがよいように思われ、病気が定められると医者も患者も安心するのである。

診断のこの歪みは誤診にしばしば結びつき、さらにでたらめな侵害となっていく。個体もしくは子孫に危険があろうとも、検査の情報のほうに価値がおかれている。

また、大集団にたいする早期診断のための検査が習慣的に実施されているとき、患者が社会復帰しようがしまいが、苦痛を和らげようが増そうがおかまいなく、研究上の最も適切で最も有効な患者を選びだせる体勢がとられているのである。

「診断は常に、ストレスを強め、不力能を定義づけ、不活動を課し、不治や、不確実性や、将来の医学的発見への依存に、危惧を集中するようにし、こうしたすべてが、自己限定的な自律性を喪失するようにしているのだ」（MN 七六頁）。診断は、こうして、人を特別な患者の役割の中に孤立させて、正常なもの健康なものから切り離し、専門家の権威に従属させている。「治療文化（therapeutic culture）の最後の勝利は、平均的な健康人の自立を、許しがたい異常の一形態へと変えてしまう」（MN 七六頁）のである。

〈診断―予防〉の帝国主義は、「商品としての余命という幻想の生産」にまで到る。それは「臨終ケアの医療化」である。生命を延長する技術を開発し、死をより快適で受け入れやすいものにする方法が正統化されて、臨終の儀式の最も手のこんだ局面が死に逝く者を取り囲む。不治であるがまだすぐに死ぬ状態でない、死者でもなければ生者でもない者が病棟のベッドに横たわり、多額の費用を支払って、危機を生き残れるチャンスの時間を一分でものばそうとしている。この死のセレモニーは、奇跡の集中ケアと並んで、死にたいして闘う医療の司祭のかわりに組織された公衆の祈りの儀式である、とイリイチはいう。医学の非技術的機構における医療への願望の儀礼的表現であるというわけだ。

臨床的医療が社会に政治的に転成されている最もはっきりした実例は、医療予算の急増に顕著である。

その増加率は、物価指数やＧＮＰよりもはるかに大きく、医療ケア経費、健康保険のための公的支出、私的保険の利益、直接ポケットから支払った額、そして総医療費などが、国際的に増加している事実にみられる。豊かな国であれ貧しい国であれ、資本主義国であれ社会主義国であれ、また異なった政治体制による病理現象の疾病の組織化が異なって認識されようとも、治療コストは相対的な程度で上昇している。

医療コストの増大にたいする批判や議論がどんな形でなされようとも、人々が自分の人生をできるだけ多くの治療をうけられるがままにしたほうがベターであると考えている限り、治療コストは増大する。そうした中で、専門家の医療費が消費者には高すぎるという非難が生起している。国営の健康サービスを通じて、誰に治療が必要であるかを決める力を医師がもっていると公衆が認め、実験もしくは治療される人に公的援助をおしみなく与えている限り、常に搾取は存在している。医師は、治療の必要を決定する力をゆだねられている限り、その独占において、自らのサービスを売る基盤を広げているのである。端的にいえば、多額の金は健康を損う。医学的コントロールは、空間、計画、教育、食料、機械、商品のデザインにまで及んでいく。健康は社会が与えるのでも、社会が隠しもっているものでもない自律的なものだ。現代社会は、その経済的生産体系から政治構造にいたるまで、病気をつくりだす社会的諸関係を保持する医療化社会である。

薬物の投薬は、かつては、主に健康のためになされていたが、現在では病気のためになされている。

一八九九年のアスピリン以来、新しい薬の時代がはじまり、社会は永遠に薬物の時代のとりこであるとドグマ化され、医師の処方にもとづく薬物濫用、過剰使用にいたっている。薬公害から多国籍製薬資本にいたるまで今や攻撃のまととなっている。

けだし問題の根源は薬のよしあしでなく、病気のために薬をのむことそれ自体によって、自分自身で自己の身体に干渉するという機会や考えをわたしたちが失ってしまっている、という点である。

そこには、エンジニア化が人間の条件をいかなるデザインにも従って改変しうるというプロメテウス的傾向がしみわたっている。実際に消費者自身が正確な情報と知識をもって、良い薬をえらべるというのは、医療化社会での商品としての薬物の世界においてはありえない妄想なのである。

七　〈現代医学〉こそ流行病――臨床的医療発生病

文化的医療発生病の次元でもって、痛みととり、病を治し、生命を救うという文明が、実は人間を不能化しているのだとみたわたしたちは、社会的医療発生病の次元で、社会の病的状態が専門医療によって再生産されているととらえたが、ここで最後の一撃が加えられる。それは、医師は病気を臨床的に治療しているのかどうか疑わしいという驚くべき事実に関わっている。

ところが、これは何も驚くべきことでなく、日本でもたくさんの告発的な書が、臨床上のデータや体験でもって、医療がつくりだす臨床的医原病の実態を報告している。イリイチの臨床的医療発生病にたいする指摘は簡潔である。

⑴ 医師は治療に有効でない
⑵ 医学的治療は役にたたない
⑶ 医師の損害はさらなる医療化へときりかえられている不当行為である
⑷ そこで患者は全く無防備におかれている

というものである。

そういわれても仲々納得がいくものではない。ある専門的治療の有効性はそれが全体にいきわたればそれにこしたことはないという期待は、あまりに強靭に生活の様態にくいこんでいるからである。わたしたちは、臨床上における医療発生病を最低限、どうとらえておかねばならないのであろうか。その視座と対象とをおさえておこう。

病気は時代のうつりゆきにつれ変化している。そして現在死亡者の三分の二は老衰であり、疾病による死亡率の減少が現代医学の進歩であると考えられている。しかし、「疾病の変化と医学の進歩の間には、直接の関係はな」く、むしろ「政治的・技術的な変容」がバロメーターであるのだ（MN 二一頁）。わたしたち消費者の一般的な見解に反して、「医療サービスは、実際の平均余命の変化をうみだすうえでなんの重要性をもなさなかった。現代の臨床ケアのほとんどは、疾患の治療にとって偶然的なものであり、諸個人や住民の健康にたいして医療がなす損害のほうが重大である」（MN二二頁）とイリイチはいう。医者は病気を治すのではなくつくりだしてきた　そして、自分たちがつくりだした疾病を治すことでその地位を保っている。

医学的治療はわたしたちが信頼しているほど効果のあるものではない。人間が畏怖の念をいだく医療技術、それに平等主義の美辞麗句をともなって、現代医学は高度の有効性があると信じられている。しかし、この一世代の間にほんの限られた特異な処置・手段がきわめて有効になっただけである。それには〈伝染病〉と〈非伝染病〉とを区別して考えてみればよいとイリイチは事実を示す。

伝染病で効を奏したのは、化学療法による肺炎・淋病・梅毒の制圧、予防接種によるポリオの減少、ワクチンによる百日咳・麻疹の減少、また薬物療法による結核・破傷風・ジフテリア・猩紅熱の死亡率の減少等が代表であって、その他の病気には功を奏さず、また疾病の歴史的な動きを医師の治療が追いかけて、わがものの成果であると宣伝しているだけである。病源が理解され、特定の療法が発見される以前に、疾病はその毒性を失い、社会的影響を失っている。

非伝染病については、さらに疑わしいとしていくつかの例があげられている（MN二七頁参照）。医師の専門的治療行為のおかげで、古い型の死亡率・疾病率がなくなったわけではない。また新しい疾病に悩まされながらすごす平均余命がのびたことも、医療行為の責任とされるべきものではない。要するに、食料、水、空気という環境こそが、一般的な健康状態を決定する第一義的なものであるのを、医学的地理学、疾病史、医学的人間学、病気にたいする態度の社会史などの研究がはっきり示している。避妊法、小児への種痘、水処理、排泄物処置、助産婦の石けん、鋏、抗菌性物質、殺虫剤等の技術の有効性は医師によって認識され記述されたが、医療器具にならない、また医療技術に属さないものである。こうした簡単な技術が健康に大きな影響を与えるのである。

「自然環境の改善と、現代的であっても専門的でない手段・方法とを比較すると、特異な医学的治療などは存在しないに等しく、疾病という重荷を軽くし、平均余命を引き上げるのに有意義な関係があるとは考えられない……。医師は……気候がよく、水は澄み、人々が労働し、医師のサービスに報酬を払える場所に集まっている」（MN 二五頁）だけで、病気を彼らがコントロールし、減少させたわけではない。

このように、イリイチの臨床医、医学的治療にたいする批判は容赦のないものである。それは、単純な医療批判ではない。さきに述べた、人間の自律性を麻痺させている産業的文明、産業的生産様式の強力な担い手となっている専門医療とその代理人である専門医師たちへの批判と攻撃である。

現代の流行病とは、〈医学〉そのものである。医療技術の結果生じた痛み、機能不全、麻痺、苦悩は、交通事故、労働災害という産業社会経済の病的現象、また戦争という病的状態に匹敵して、世界に速やかに蔓延している流行病である。

医療術語上の「医原病」は、専門的に正しい治療が行なわれなかったために生じた病気をさすにとどまっている。この定義範囲では、治療者が治療の過程で専門的に推奨されている必要な手続きを行なわず患者を病気にしたという理由で、患者は医師を訴えることができる。しかし、もっと広義には、治療医、医師、病院など病をひきおこす因子になっているすべての臨床的状態を含んでいる。この範囲では、医原病は医学それ自体と同じ古い歴史をもち、常に医学研究のテーマであった。

イリイチはさらに、承認された、誤用された、無感覚な、適用に反した医療技術体系との触れあいから生じる望ましからざる副作用は、病原をつくる医学の出だしでしかないとして、医者が患者を治そうとして、あるいは搾取しようとして患者に加えるこうした損害に加えて、患者が医療過誤として最終的に訴訟の手段にでる、その可能性からわが身を守ろうとする医師の努力から生じる不当行為も含まれる、と指摘する。訴訟や告発をさけようとする試みは、他の医原病的な刺激よりも大きな損害を与えるが、こうした領域をも含んでいるというのだ。こうした点をみても、〈医原病〉というよりやはり〈医療発生病〉と解すほうが妥当といえよう。

医師が法廷で非難されるのは、

○医師の倫理にそむいて行動した場合
○処方された治療法に力能が及ばなかった場合
○貪欲さや怠惰ゆえに義務に怠慢があった場合

である。

医療の古い形態は、専門家の無感覚、怠慢、まったくの無力能等々であったが、現在ではこれは合理化されて、怠慢は「偶然な人間的誤り」あるいは「システムの失敗」、無感覚は「科学的な冷酷さ」、無能は「専門装置の不在」ということになった。悪しき医療は、装置なり技術者のときたまの事故となったのである。「診断と治療の非人間化は、誤った医療を倫理的問題から技術的問題にかえてしまった」（MN三〇頁）そして、現代の医師によって加えられる損害の大部分は、上記のカテゴリーには属しておらず、専門医師たちは現在の専門的判断・診断・検査・処置・治療がどのような損害を与えるか知りうるし、知っているべきであり、おそらく知っていながら、専門医療に敬意を払いつづけている。

　薬害、病院での事故は、炭坑や高層建築工事についで事故頻度が高いものとなっている。極端な場合は入院患者の五人に一人は医原病をもらいうけ、そして三〇人に一人は死にいたる。この症例の半数は薬物治療による合併症であるが、一〇人に一人は診断上の検査によるものである。軍隊の指揮官なら即免職、レストランや娯楽センターなら即閉鎖というような率であるが、この研究病院の聖なる空間は白衣の権力と独占によって守られている。

　臨床上基本的な要素は、疾病に利用できる手段が非常に安価で、最低限の個人的技能と資金と、病院機構の中だけでの保護、拘禁のサービスで十分であり、最小限に専門医療の関わりをとどめ、個人、相互ケア、文化、社会環境を基本要素にしていればよいのである。

　ところが、医療発生病の危機にたいして、専門的な医療の制度化を強める方向でもって種々の対策が講じられている。それはただ医療発生病の管理化、医療制度の操縦的制度化を強化するだけである。

八　医療発生病の政治的処置

〈健康〉を価値として制象化する他律的な医師サービスは、臨床次元をその行為の具体的な過程としているが、それがなされるためには、社会的・文化的次元が様式化されていなければならない。制象化された価値としての〈健康〉は、この三つの次元からの働きかけである〈制象化〉によって転倒されたものと考えられる。

この〈制象化〉が制度化されるレベルで、政治的対応策が制象化をより強化している。医療文明における健康・治癒の制象化された価値が、医療発生病を様態化している。この医療発生病にたいする政治的対策がさらに医療の制度化を強め、生活様式の医療化を昂進していくのである。

治癒の制象化が生活の医療制度化となるには、政治的対策が医療化を強めるように働きかけることで、さらに医療が生活の様式として内在していくことである。さらに生活の医療化にたいする政治的対応策は、制度化の操縦的性格の強化ということができるであろう。

一九六〇年代の医療化は、医療ケアの範囲を拡大し、また医療化を必要とする地域を世界的に拡大した。平和部隊、進歩のための同盟、中央アフリカ援助、そして医療使節団は、低開発諸国に西欧医学をもちこみ、蚊・微生物・寄生虫・熱帯病・眠り病・ビルハルツ病・マラリヤ等と闘い、この闘いが経済的・技術的進歩に役立ちうると考えた。ところが、二つの形態での栄養問題が発生してきた。第一は、貧しい国の人々の高カロリーによる低栄養であり、第二は、豊かな国の過剰栄養が流行病の主因となってきたのである。一言でいえば、医療発生病の低開発形態と先進国形態の出現である。

一九七〇年代、医療告発は一斉に、専門医療への絶対的信頼が大きな誤りを犯していると示しはじめた。WHOでさえ、初歩的なケアは非専門化するほうがよいといいはじめた。そのころ医師は、以前の医学的治療から現在の疾患が発生したのだと平然というようになった。そして、適切な治療がなされているのかどうかという不満・疑惑が、患者のなかにも起こりはじめてきた。

医療サービスにたいする攻撃をうけて、いくつかの対策がなされた。この対策は、産業的政治の性格一般を表示するもので、制度化の政治的特徴といえる。イリイチはこの政治的対策を五点にまとめ、ネオ・マルクス主義者アンドレ・ゴルツの好意的批判をふまえながら、およそ次のように呈示したのである。現在の〈医学―産業〉の複合的な制度構造にたいする批判とその対策は、結局のところ医療の官僚主義が健康を治療の計画とエンジニア化の一形式として取り扱うことになり、人々の医療官僚制への依存を深めるものにおちついてしまう、それを五点にわたって示した。

第一に、不適切な医療サービスから消費者を保護しようという運動がある。医療費用を抑制したり、質を向上・保証しようとするその運動は次のような理由で、医療化を強化するものへと転じてしまう。まず、消費者は自分の内臓を自分では決められないと信じている。治療は医師にまかす他ないと考えている。そして、医療ケアはいくらかかるか誰にもあらかじめ知ることができない。そのうえ、一度医療サービスを購入したら治療の最中にやめるわけにいかなくなる。医療という制度過程の生産物は、配分する専門医師がそのパッケージの内容を決め、患者は修理される対象へと還元されている。この関係が保たれている限り、また制度的な健康ケアが限界閾値を越えているならば、消費者保護は結局、医師に従属的需要を保証し、サービスのある部分を他の専門分野にまかせる権力を医師に与えるだけである。

提供される道具諸手段の技術的改善をやっても意味はないし、また、より多くのサービスを受けたいという前提のある限り、消費者保護は、消費者化 - 顧客化を強め、医療生産者と医療消費者の衝突を深め、他のコントロール・管理を必然的にましていくだけとなる。

第二は、治療の分配やサービス利用が不平等であるため、社会的・医学的偏見をさけるよう保健生産の平等化を公的に実施すべきであるという公正な利用の立法化対策である。これは、医療システムが生産する商品は問題にせず、特権者のために生産されたものをすべての人々が平等に手にする権利がある、と主張する。このとき、健康への希望は、医療サービスの平等利用という権利に転じてしまっている。かつて教育の学校化で闘われた公正対平等の闘いが医療分野でなされている。結局、サービスをすべての者がより受けやすくするという対策は、貧しい国であれ、豊かな国であれ、専門医師の幻想を強め、彼の不当行為の分配を平等化するようになる。そうした結果を不可避にしている限界閾値以上の水準での対策となっている。そこでは、健康ケアが平等に分配されても、自律的個人の「自由としての健康」を窒息させ、健康ケアは市民の権利からさらに市民の義務へと制度化されることになる。

第三は、非健康的な医療にたいして医師がいかに仕事をするかに焦点をあわせた対策である。この試みは、素人が医療組織をコントロールできるようにしようとする傾向を強めるが、臨床医療の専門分化がますます増していくのに対応して、健康を否定する影響を不可避的に強めていく。非常に多様な対策が、医療産業を少しでも健康により多くサービスするようになされている。配分の非集権化、世界に通用する公的保健、スペシャリストによるグループ診断、病気のケアよりも健康維持のプログラムに重点をおく。サービス料金を支払うのでなく、患者が一人当り一年に決った額を支払うようにする。保健の人的資源の利用にたいする限定を除去する。病院システムをもっと合理的に組織化し利用できるようにする。個人にではなく諸機関に免許を与える。専門医師パワーとバランスを保ちながらそれを支える患者の協力を組織化するetc。

このような処置は、医療の効率を高めても社会の有効な健康ケアをさらに衰退させ、医療ケア産業を統合化し、社会的な偏極化を強化する。また、専門分化とその組織化による医療は、病院のヒエラルキー構成に象徴されるように進んだ技術社会の労働分業構造を反映していく。「頂上に多国籍的専門家、中間層に官僚主義者、底辺に移民と専門化された顧客からなる新しい半プロレタリアート」（ME 一九五頁）をおく制度の分業構造である。

また、拡大しつつある医療テクノクラシーをコントロールすることは、患者の専門化をもたらし、両者がともに医療権力を高めることになる。病人の役を専門医師がふりわけ、その独占に素人が頭を下げている間は、「影の健康ヒエラルキー」はコントロールできない。

第四は、応用科学としての医学はより高度の科学化によって悪しき医学を一掃せねばならない、という科学偶像崇拝に基づいた対策である。病源となる医療は社会に野放しになっている非科学的な圧倒的多数の悪しき医師のせいであるとする。痛・病の脅迫から、また死の必然性から人類を救済しようとする医学は、技術から科学への転換を意図し、科学の法則と方法を医学上の症例の全カテゴリーに適用しようとし、専門医師は科学の法則を教理とし技術者を侍僧として救済を約する聖職僧となった。こうして医学テクノクラートは、社会や患者の要請よりも、科学の利益を優先させて追求し、診療医は団結し研究の官僚組織を形成し、かくして特定の患者にたいする個人的責任は専門医師仲間の全任務、全患者への科学的貢献という漠然とした感覚に再吸収されてしまう。

「医科学者によって適用される医科学は、正しい療法(=扱い)を提供するが、その療法が治療となろうが死に結びつこうが患者に全く反応がなかろうが、おかまいなしである。」(MN 二〇〇頁)こうした科学主義という宗教は、科学によって測定しえない実体の認知を拒否し、純粋で、オーソドックスで確認された医学的実践における政治的評価をさけ、政治的判断は価値がないというところまで関わっていく。この科学としての医学の実験は、動物モデルでなく、人間主体そのものである。患者は自律的人間でなく特殊な症例として診断され、衛生的エンジニアによって指揮される治療をうける。医学は科学として、人間の深淵な治癒・痛・病苦・死になんの意味ある作業もなしえないのである。

第五は、医療の失敗は病気のみに専念して、人々を病気にする環境に留意していなかったからだという理由に基づいて、健康な環境をデザインしようとする環境衛生学的なエンジニア化の対策である。いわゆる「非健康サービス的健康決定因」という環境への巨大な計画的介入である。これは、現在の患者や病人だけでなく、潜在的な患者や健康な人々に介入するもので、病気より人類の生存を、個人より全人口のストレスを、人間の目的とそれを達成する力能との関係よりも宇宙世界における人類の生活条件と人類とともに進化してきた他の種との関係を問題とする。「この健康ケア・システムは、人間の感情と人間の健康への関心を忘れ、破滅を最小限にとどめる諸々のシステムのエンジニア化にのみ集中する」(MN二〇四頁)と、イリイチは批判する。

患者中心の医療から環境中心の医療への変形は、(1)異常に関する異なったカテゴリー間の結びあった意味を失い、(2)全面的治療を新しく正統化することになる。生態医学はプラスティック子宮への疎外された願望にあうよう約束するものとなる。

こうした五つの政治的対策は、医療にたいする幻想の権力となり、政治的な神話発生を推進し、専門権力を構築していく。制度化の政治過程レベルでの構成といえよう。学校化における制度の操縦制度化が、産業政治のレベルでより詳しく解明されたもので、さきの社会的医療発生の政治的転成に結びつけられる位置をもっている。

九 〈医療〉の神話と魔術

"medicine men"とは「医師」であり「魔術師」である。現代医学は魔術師以上のことをやっていないというのがイリイチの思想的な指摘であるが それを呈示する世界を端折りながらみてきたものの、それはあまりに広範な宇宙であった。専門医師たるマフィア同盟は世界中でイリイチのこの冒瀆にたいして防衛戦をはり攻撃を加えている。攻撃者は専門医師だけでない。リベラリストからマルクス主義者まで、人文学者から自然科学者まで、この医療批判を無視できずになんとか踏み倒せないものかとやっきになりはじめている。魔術者は常に権力をもっていた。その権力は神話崩壊の際に自己擁護のために使用されるとき、最も愚劣なものとなるようだ。

臨床的次元で、医師が病気を治すというのは錯覚であることが示された。社会的次元で治療者としての医師は権成と道徳の力をもって、価値体系の中枢的存在である魔術師であることが示された。そして、文化的次元で医師は神父にとってかわる救済者となっているのが示された。ここで、もう少し整理しながら魔術師としての医師と医療の神話との構造を自覚しておこう。

人間と病気との間の調整は、病原の除去や薬物の投与という技術的な関わりだけでないし、また医療制度の機能は、患者や患者の環境の、身体的、自然的、生化学的構造に技術的に介入するだけでもない。

たとえ医師が自ら望んで技術的役割を努めようとも、医師は、①魔術的、②宗教的、③倫理的・政治的機能をはたさねばならないのである。病気を技術的に征服しようと注意が集中されればされるほど、医療技術の象徴的、非技術的機能が大きくなり、医療分野のコストがあがる。財源がそこに支給されるのも、非技術的で象徴的な力を医療が発揮しているからである。

① 医術の伝統的機能は、魔術もしくは儀礼を通じての治療であった。魔術は、非人格的な方法で、自分と集団の人々の間に特別な関係をつくりだし、患者の意図と魔術者の意図が一致したときに働く。現在、技術者としての医師の機能から、〈白魔術〉を区分して、それをプラシーボ（placebo）――ラテン語で「喜ばせる」という意味の、砂糖でつくった丸薬、偽薬のことで「気休め薬」といわれる――と呼んでいる。〈白魔術〉とはプラスに働く魔術のことで、効を奏せば患者だけでなく投薬者である医師をも喜ばせる。

② 高度な文化は、魔術と宗教的医術とを区分している。苦悩の受容によって与えられる諸々の機会は、それぞれの偉大な伝統によって異なっている。たとえば、過去の肉体的体現を通じて蓄積されるカルマとして、神への降伏であるイスラムへの招待として、十字架の救世主とのより密接なつながりの機会としてあった。「高度の宗教は、治療することにたいする個人的責任を刺激し、時には壮麗な、また時には有効な慰めとなる使者をつかわし、モデルとして聖者を供し、民俗的医療実践のための枠組を通常は

提供する。」（MN 八三頁）現代社会では、宗教組織はかつての儀式的治療の一部しか残しておらず、この産業化された社会では、世俗のサービス諸制度が主要な神話作成の儀式を代行している。それは、教育、輸送、マスコミュニケーションと同様に、技術的医学の社会組織体に宗教的信念が流れ、進歩の儀式化をすすめているのである。フェーゲリンが現代のグノーシスと呼んだものである。（第一章、参照）

③　第三の機能は、魔術的というより倫理的で、宗教的というより世俗的なもので、魔術者の陰謀や僧侶の神話的形式ではなく、医療‐文化が人間相互の諸関係に与える形（shape）である。それは、弱者、老衰者、幼弱者、身体障害者、抑うつ者、躁者といった個人のあり方を動機づけ組織するものである。ある共同社会の弱者にたいして、医学が寛容さをもって非利己的援助を与えるならば、病者の苦悩を有効に弱め、しかもある型の社会的性格を別につくりだすことさえできる。かつての共同社会の文化を、例えば、〈贈与関係〉なども、産業的に解体することさえできるのである。

健康ケアを独占する最初の職業となった「医師 physician」は、一二世紀末に登場したと指摘するイリイチは、それが現在のような"doctor"の語義の範囲をほぼおおう共通の名になったのは一四世紀以降であると示している。「治療者は、神々の司祭、法提供者、魔術師、霊媒者、床屋・薬剤師、科学的助言者でありうる。」（MN 八五頁）

日本語での「医」は、古い漢字では「醫」であった。下部の「酉」は酒の意味で、上部は匣に入れた矢と右の槍の意味で、外科手術ないし悪魔の姿であるという。もっと古い字は酉の代わりに、下に「巫」

を記す、それは魔法である。魔法は酒にかわり、それが消失して科学的になったというのであろうか。

病気を技術的に征服しようとする分だけ、治療と関係のない諸目標が増し、象徴的力が増していく。医師は自分の意志とは無関係に、象徴的・非技術的役割をもたされている。

問題は、プラシーボがノシーボ（nocebo）にかわる、つまり生体医学的介入による非技術的な副作用が健康に大きな害を与えるという点である。医師の行為とはほとんど無関係にプラシーボもノシーボも社会的に医療発生病となって作用している。

医療的諸処置が人を呪い殺す「黒魔術」にかわるのは、「自己治癒の力を動員する代わりに、病人を気の抜けたものに変え、自分の治療にたいして神秘のベールをかぶせられた傍観者に変えてしまう」ときである。また「病める宗教」となってしまうのは、「病者が自分の苦境にたいして詩的解釈を求めたり、あるいは、苦しむのを学んでいた人の中に尊敬すべき例を見いだそうとするかわりに、病者の全期待を科学とその諸機能に集中させる儀式として、医療処置が実施されたときである」。また、「悩める人に社会的寛容をます動機や訓練を社会が提供するのではなく、むしろ専門的環境の中に病者を隔離するとき」に、医療処置は「道徳的退化」により疾患を多様化するのである。（MN 八八頁）

生医学の名の下に発生したこのような「魔術的打ちこわし」「宗教的傷害」「道徳的退化」は、「社会的医療発生病に寄与する残酷なメカニズム」であるとイリイチはいうが、魔術的・宗教的な要素は「社会的次元」でもって考えられている。医療の「聖」なる空間は、臨床的にではなくむしろ「社会的」に形成されている。医師の魔術的役割は、医師の行為と無関係に社会的に発生しているということである。

医学はある人の訴えにたいして、第一に、合法的に病気であるとレッテルを貼り、第二に、訴えもしない人にさえ病気であると宣言する。そして第三に、その人の苦悩、損傷、さらに死さえも社会的に認められるものではないと宣言さえする。裁判官は何が法律に適っているか、誰が有罪であるかを決定する。僧侶は、何が聖であり、誰がタブーを破ったか宣言する。医師は、何が症状であり、誰が病気であるかを決定する。医師の産業制度的な役割は、法律や宗教と同様に、正常であるもの、適切であるもの、望ましいものを定義する。それは、倫理的で道徳的で、むしろ「道徳企業 moral enterprise」というものになっている。(MN 四一 - 二頁)

「どんな社会であれ、安定するためには、証明された異常が必要である。」(MN 九〇頁) したがって、奇妙な様式や行動のおかしい者は、その共通の特徴が公式的に命名されて、人を驚かす彼の行動の仕方が一般に認められうる整理棚に整理されるまでは、破壊的であるとみなされる。名が付され役割が与えられることによって、変わり者は矯正・馴化されるか、あるいは排除される。医師や精神分析者や心理学者は、やたらと個人を共通のタームで分類したがる。そのくせ、それをどう扱うか烙印をおすかは、警官や教師や役人におしつけてしまう。

どんな文明であれ自身の疾患を定義づけ、どんな文化であれそれへの対応をつくりだす。それは決して一律でない。産業社会は、公式に選ばれた消費者の特別な正当な行動として異常を「病める」型として定義づけ、治療の対象とする。現代の医師は、病人をつくり、病人であるという社会的な役割をつくりだしている。この病人は、もはや、治癒者ではない。健康であると証明されるまで市民は病気とみなされる。社会正義によって医学証明を与えられるのが健康となってしまった。

こうした事態は、医療がかつて神話の有していた機能を代替していると同時に、今日では、魔術師の役割をはたす他に自らを保てないところまで到っていることを示している。

＋ 健康と政治的自律性

産業的に医療化されたわたしたちの生活は、治癒・健康・自律性に対立する医療ケアにとり囲まれて、さらなる医療化の昂進以外に救済のないような無限神話に呪縛されてしまっている。こうした医療文明のなかで、健康は医療ケアの結果であると制象化され、商品価値にかわってしまっているが、人間の〈健康〉とは、本来どのようなものであるのかおさえておくのが肝要であろう。

再び確認しておけば、「医療発生病」とは、

(1) 痛み、病気、死が専門技術的な医療ケアの結果として生じたときに〈臨床的〉であり、

(2) 健康政策が不健康をもたらす産業的組織化を強化するときに〈社会的〉であり、

(3) 医学が後おしする行動と妄想とが、人間が成育し、互いに愛し合い、年をとる力能を不能にするこ

とによって、人々の生命力の自律性を制限するとき、あるいは、医療的介入が、個人の痛み、損傷、苦悩、死にたいする反応を不能化するとき、〈構造的〉なものとなる。

といった三つの次元から、〈健康〉の名の下に本来の〈健康〉をむしばんでいた。

このような〈医療発生病〉の減少を目論む社会エンジニアや経済学者らの対策は、医療的コントロールの増加をまねくだけであり、これら、三里の医療発生病を、自己強化させるだけである。医療的技術構造にたいする告発・批判・分析は、その構造の〈非技術的機能〉の発生・強化を見落としがちであるため、むしろそれを強化している。医師はかつて自らの技術の限界を知っているという理由で、やぶ医者や僧侶や祈祷師から自らを区別した。ところが、現代の医師は医療ケア・健康ケア・予防ケアにたいする根元的独占を要求し、再び「医学的奇蹟」とペテンをもって、僧侶・王・祈祷師の機能をとり戻そうとしている。

人々は、麻痺し、不能になり、病棟の中でのみ生存することができ、状況的・社会的・象徴的な体系の内部で、医療技術によって支えられている。このとき、イリイチは、〈医療ネメシス〉を自覚し、それによって分水嶺設定の選択である自律的健康の復回を提唱する。

医療化分析の表題にすえられた〈ネメシス〉とは、学校化分析で登場した〈プロメテウス〉にたいする「復讐の女神」である。イリイチのギリシア神話解釈は、産業社会制度の批判・分析として現代にひきこまれる。この思想エネルギーは、西欧文明の〈人間主義〉〈科学主義〉を文明史的に転換しようとしているものである。西欧文明の人間主義・科学主義を認識論の次元でもって――近代二元論図式への批判として――しかとらえられない批判は、何ら近代世界の制象の地平をこえることができない。

プロメテウスの思想的・文明史的内容は、

(a) 根源的な貪欲さ (pleonexia)
(b) 人間の限界 (alitia と mesotes) を越える
(c) 束縛のない傲慢さ (hubris)

である。

今日、欲望は産業化され、限界の超克は無限の束縛のない物質的進歩となり、傲慢さははてしなく広がってしまった。限界の構造が破壊され、狂気的な夢にたいして技術的解答を与えるものが合理化され、破壊的な価値の追求を調達人と依頼人――生産者と消費者――の共謀として構成している。

天国から火を盗んだプロメテウスは、ネメシスによって、コーカサスの山にはりつけられ、はげ鷹が終日彼の内臓をくいちぎり、夜ごとに快癒の神々がその内臓を取り戻し、この永遠の苦難が彼を生かしつづけた。このプロメテウスの姿は産業的現実の象徴であるが、現代のネメシスは、過剰に産業的拡大した夢からうまれた物質的怪物になって、学校の普及、大量輸送、産業的賃労働、医療化とともに広がっている。これをイリイチは「産業化されたネメシス industrialized Nemesis」と呼んで、復讐の様態が産業化されて儀式的対応が変化しているという社会的本性の姿が関わっているのを示した。このネメシスは、テレビやハイウェイやスーパーマーケットや診療所や学校のネットワークをとおして、わたしたちのところにやってきている。

風土的ネメシス（Endemic Nemesis）は、環境の苛酷さにたいする闘いや、エリートが人々に損害を加える気ままな不正義にたいして、人々を守るという諸々の企てからかえって生じる悲惨な副産物である。「経済的人間」は産業的イデオロギーに身を献ける「宗教的人間 homo religiosus」となってきた。いかなる共同社会であれ、経済的進歩が大きいだけ、苦痛・損傷・差別・死において産業ネメシスが演ずる役割は大きくなってくる。それは風土病的な特徴をもってくる。

医療ネメシスは、産業社会で一般的となった反直感的不運のある特異な局面であり、義務的反直観的行動のためにプログラムされた結果である　神々の食物への依存の結果が医療ネメシスだとイリイチはいう。科学的・政治的に無病であるのが幸福であるというのは、「委譲」の度合が高ければよいということである。産業ネメシスの一例である医療ネメシスは、教師や技術者や弁護士や司祭や党官僚による収奪をも許している。そして、産業的人間はネメシスへの答えが産業システムをよりよくエンジニア化することにかかっているのだとして、ネメシスにベールをかぶせて、根源から眼をおおってしまうのである。こうした状態で、健康は専門的委譲によって、また専門的医療システムのよりよい編制によって保障されると信じこまれる。

しかしながら、健康を規制する基本的な要因は、

①個人的責任制
②隣人、愛人、友人らの相互交換
③社会的、自然的環境
④社会、文化における治療技術、訓練の水準

に依るものであって、専門医療ケアにすべてとってかわられることではない。

「健康な人々とは、健康な家にすみ、健康な食事をし、出産、成長、仕事、治死に平等に適した環境のなかでそうしている者たちである。つまり、人々に制限をくわえ、年をとり、不完全な回復やいつしか差し迫る死を意識的に受容するのを高めている文化によって支えられている人たちである。」（MN 一三〇頁）

そして、「公的健康のレベルは、悪しき状態を処理する諸手段と責任性が全人口の間にどれだけ分配されているかという程度に対応する」（MN 一三〇頁）のである。医療の介入によって環境が衛生的に高められるにしても、それが最小限にとどめられていてはじめて、自己と他者と環境にたいする自律的適応の潜勢力が大きく、必要とされる適応への管理が小さくなり、自らが耐えうる状態となるのである。

健康とは痛みを殺し、病を排除し、生命をひきのばすことではない。痛み、病気、死を人生の不可欠の部分にし、この三者を自律的に処理し闘う力能が、健康という行為の基本であるのだ。人間は意識的に、弱さ、個体性、関係づけに生きているため、痛・病・死はさけがたいものなのである。

この自分の親しい内奥を管理的な扱いに託してしまうとき、わたしたちは政治的自律性を放棄し、健

康を衰退させているのである。

イリイチは〈健康〉を語るときに、人間が闘う三つの戦線――自然、隣人、夢――をあげるとともに、わたしたちの限界設定における〈責任性〉について、次のように述べている。

それはまず、健康とは自分自身のしたことに責任をもつことであり、他者にたいして他者の自律性を侵さない範囲で部分的に責任をもつことである。「人は他者にたいして主体的に責任をもちうる、あるいは応えうると感じるときにのみ、自分の失敗の結果が、批判（criticism）、中傷（censure）、罪責（punishment）となるのではなく、残念に思い（regret）、良心の苛責を感じ自責し（remorse）、それを真に悔い改める（repentance）のである。」（MN 二一九頁）つまり、誤ち・失敗を感じ→悲しみ→（完全に）認知・自覚して今後のやり方を改めていく意志をもつ、悲嘆・苦痛の自律性のある、復回と治癒することへの兆しとなるもので、罪の感覚とは全く異なる、と主張する。

制度的な扱いは、失敗を自律性への不信として処理する体系をととのえる。そしてこれを、救済として編制する。動物の物理的なバランスと比較できない健康という個人の任務は、自己の気づき（self-awareness）、自己の訓練（self-dicipline）、内的資源（inner resources）の結果に大部分負うものである。同輩や年長者から、望ましい諸活動を導く知識、その有能な実施、そして他者の健康を強めるような関わりを学ぶ。それは個人が育った文化によって形づくられるのである。

この個人の諸行為が形づくられ状態づけられる〈文化〉とは、「労働やレジャーのパターン、祝祭の集いや睡眠のパターン、食べ物や飲み物の生産や準備のパターン、家族関係や政治のパターンである。」(MN二一九頁)イリイチによれば、地理的条件や技術的状況に一致する健康の諸々のパターンの大部分は永く続いた〈政治的自律性 political autonomy〉に依るものであり、決して画一化されるものでなく、健康的な慣習や社会生理学的環境にたいする責任性、つまるところ、「文化のダイナミックな安定性」に依存するものであるというのだ。

イリイチは、〈健康〉を政治的自律性として示し、上部構造の産業制度化された〈政治〉がいかに不健康で、人間の健康をそこねているかを明確化するとともに、専門医療のサービス処置が政治的に、政治的自律性を麻痺している、健康に反するものになっている、と示したのである。〈健康〉は医療世界にとどまるものでなく人間の社会生活そのものの文化であり、政治であるのだ。

3章

交通の神話

The Overindustrialized Life-time/Life-space

transportation
traffic/transit/transport
acceleration/accelerating speed
motorized power/vehicles
speed-stunned imagination
walk/autonomous energy
bicycle speed/self-powered mobility
underequipment/overdevelopment
radical monopoly
equity
passenger

一 〈交通〉の世界

〈学校化〉は、人間を産業的に制度化し、古くからある伝統的な制度をも産業的に制度化してきた。また〈学校化〉は、産業制度化された社会を全体として再生産する、諸制度の中でも、最も支配的な位置を占めている。さらにそれは、過剰な計画化によって、人間の自律的エネルギー－学ぶ力、つまるところ人間の自己統治的な政治的自律性を麻痺させ、物事は他者からの働きかけによって実現されるということを唯一絶対的なものにしている。つぎに〈医療化〉は、人間の自然に抗しうる力、人間固有の身体的自然にたいする自己統治、それはまた環境に適応できる力であったが、こうした自律力能を麻痺させてきた。つまり、それは他者からの働きかけに依らなければ生きていけないようにしている生活様式の世界であった。〈医療化〉もまた、人間の健康という政治的自律性を不能化してきたのだ。

こうした他者からの働きかけ（＝他律様式）が専門化され過剰化されていくに従って、なぜ人間の自律性が失われていくのかという問題が残されている。自律性を助ける他律性は、ちょうど技術科学が第一分水界後、有効な効果をもたらしてきたように、ある閾まで功を奏し有効であったが、ある閾を越えると逆説的な結果をもたらしてくる。それはなぜなのかを考える領域が、驚くなかれ〈交通〉の世界であるのだ。

人間 - 社会の制度化を強める〈学校化〉- 人間 - 生命の制度化を強める〈医療化〉、そしてつぎにわたしたちはそうした〈制度化〉の根源をしめしうる〈パラダイム〉を考えていこうとしている。それが、(外的な) 自然の制度化を強める〈加速化〉の世界である。

すでに、エネルギー消費の量的発展をのべた際に、機械パワーが人間パワーにとってかわる産業的成長によって、〈公正〉equity を万人に保障するというのは幻想であると指摘した。そしてエネルギー危機の主唱は、エネルギー高消費が自然環境・社会的諸関係を破壊している事実や、公正と成長の結合遂行の矛盾を隠し、成長・発展の幻想を神聖化しているものであることを指摘したのである。公正はエネルギー消費がある限界閾以下に設定されている限り可能ではあった。

ところが、エネルギー危機の提唱者もエネルギー問題の啓蒙者もまた批判者も、エネルギー消費と人間のおりなす社会生活全体を対象として考察する分析視座を有していないため、彼ら技術科学的専門主義者はエネルギー問題を直接、人間の幸福、人類の危機に結びつけて論じてしまう。ここでも〈制度〉の視座が不在である。そのため、エネルギー問題は学校制度や医療制度という〈政治的制度〉とは関わりのない別の次元の問題であると考えられている。そのまた逆も然りである。ところが、一人当たりのエネルギー消費量と制度化とには切り離せない根元的な関連があるのだ。

学校の神話は〈学校化〉による人間の救済であり、医療の神話は〈医療化〉による人間の健康＝幸せの保持であったが、それに対応するように交通の神話は、速度の〈加速化〉による公正の保障であるとされている。しかも、この〈加速化〉はさきの学校化・医療化という産業制度化を強化する構成の土台の位置を占める根源的なものである。エネルギー問題を〈速度〉を媒介にして考えるとき、これまで不可視であった社会生活の根源がうかび上がってくる。

わたしたち学校消費者、医療消費者は同時に輸送／速度消費者でもある。生活時間‐生活空間の使い方は産業的な生活様式を根源から規定している。それは、学校や医療の水準にたいして土台的な位置を占めるのである。

「人間は生活空間と時間的制約にたいして意識的な存在である。この両者を自分の行為によって統合し、具体的な環境との出会いのなかで自分のエネルギーを使用する。その目的に、いろいろなタイプの道具手段を使用する。その道具手段のあるものはより多くの効果を新陳代謝エネルギーにもたらし、他のあるものは人間固有の身体の外部にエネルギーの源泉を見いだすようにするものである。」(EES, p.29)

つまり、人間は生活空間‐生活時間の社会環境のなかで、自然との関わりにおいてエネルギー消費をもって、ある道具手段《ツール》を媒介にして、その環境に働きかけるのである。その際にエネルギーとは、

(a)新陳代謝エネルギー消費
(b)それ以外のエネルギー源消費

という根本から異なる二つの消費でもって示される。

　この二つのエネルギー源をくみあわせながら、人間は生活における時間 - 空間を社会的に構成する。生産労働であれ消費行為であれ、産業的生活にかぎらずあらゆる生活は、この二つの異なるエネルギー消費の〈共働〉を基盤にして構成されている。

　産業的な人類の発展は、人間の新陳代謝エネルギー源の外部にエネルギーの源泉の中心を求め、そのエネルギーを消費して道具を動かし、この道具を〈機械〉として技術科学的に発展させた。エネルギー源の主流は、人力や動物の力から〈機械エネルギー〉にうつり、この機械エネルギーをインプットして産業世界の発展を促進させたのである。もはや奴隷を使用できない産業人は、自分の仕事のほとんどにモーターを必要とする。今やエネルギーを奴隷として多く使いこなせることが、社会の良好状態を招くという教義になっている。

　この機械エネルギーのインプット量も、ある閾までは確かに社会的諸関係や人間の新陳代謝行為に効果をもたらしたが、第二分水界後それは人間 - 社会を歪め脅かすものとなってきた。そして、エネルギー源の消費が世界的な域に広がると、均衡の「限界閾値K」をめぐって、過剰に道具手段が装備された社会状態と、それさえ充たされない低装備の社会とがうまれてきたのである。現代世界は発展の結果であるこの偏極化した、公正を失った状態を構造化している。この偏極化は、低装備諸国が過剰装備諸国なみの発展を辿ることによってでは克服されない。むしろ、参加政治システムの下に機械が人間に屈服して、人間の新陳代謝エネルギー消費による自律行為を補助するような、そうした「レベル」にエネルギー消費の限界を設定した均衡を保つべきである。

　こうしたエネルギー消費の物質的水準（＝限界閾値）をめぐって、学校化や医療化の制度化にみられた社会編制がなされる根拠を考察できる。そのために「人間の交通」をパラダイムとしてイリイチは選んだ。人間の交通とは、人間の行為が「製作（つくること）」と区別されたように、「生産物の交通」から区別されねばならない。「生産物」は「運ばれ」「動かされ」ない限り、移動できない。そこには「動かす」という原理が関わっている。しかし、人間は動かされずとも自分で移動できる。この差異は現象学的に明白であるが、それを対象にしての理論構成は決して画一化されてしまえるものではない。にもかかわらず、「動かす」という生産物にとって不可欠の働きかけが生活様式の基盤であると前提されて、交換・流通様式が資本制商品と共謀しながら、人間をも動かし運ぶ存在として取り扱いはじめるのである（人間を物の運送と同じに考えているから、狭い飛行機の空間に効率よく人をおしこめる）。この「人間を動かす」という前提は、動けない人間から生存価値をも奪う横暴なものとしてたちあらわれ、生活様式にビュルト・インされている。

　商品である生産物を〈動かす＝運ぶ〉という産業的な前提は人間を動かすという水準においては価値としてあらわれ、移動は「制象化された価値」である商品に転じている。経済的生産からの規制は常にみおとせないものではあるが、〈わたし〉という〈個人〉はその規制が極限に到っても「歩く」行為を許されるという次元は、別の対象として分析が可能であり、そういうものとして考察すべきである。

人間の交通をパラダイムにして「産業的生産様式」を分析するには、ある地点からある地点への移動を一般に示す〈交通〉の概念を識別しておく必要がある。

まず、〈交通〉は、traffic/circulation/circulación の訳である。これは、二つの概念に区分けしうる。

(1)人間の固有な新陳代謝エネルギーを使用した移動を"transit/transit/tránsito"とイリイチは呼んだ。自分の足で「歩く」「走る」あるいは自転車のように自分がペダルを踏んで移動することをさすこの用語をそのまま辞書的に「通行」「通過」と訳しても混同を招くにすぎない。そこで、すでに「自律的様式」の概念を知っているわたしたちは、「自律移動」と理論的な範疇用語として捉えることができよう。

(2)それにたいして、人間の新陳代謝エネルギー以外のエネルギー源を使っての移動を"transport/transport/transporte"と呼んだ。これも「輸送」「運輸」と訳すより、「他律移動」と理論的な範疇用語で理解しておいたほうがよい。牛馬・らくだ・象・トナカイなどの動物を使っての移動から、機械モーターを使っての移動などを含む。

これらの原語はもともとの日常語で使われている意味とは違って、イリイチに使用された。したがって〈人間の交通〉を示す範疇的用語として理解するほうが妥当と思われる。そこで、

交通
- 自律移動→新陳代謝エネルギー　（通行）
- 他律移動→機械エネルギー（動物エネルギー等も含まれる）（輸送）

と図式化されよう。

わたしたちは職場や学校に通ったり、買物や、社会的な（政治的なものを含んで）諸活動に参加するために移動する。それは、また同じ日に行って帰ってくる移動と、他の場所に宿泊する移動とのコンビネーションとなっている。

〈交通〉をイデオロギー的にとらわれて観たり、統計上にあらわれたものから考える見方にとらわれずに、自律移動・他律移動の共働の様式として考えていくのが肝心である。産業社会の物質的土台の様式は、この〈交通〉が〈モーター輸送〉の支配する生活時間・生活空間として構成されている生活のあり方である。

わたしたちの〈交通〉が産業化されているため、わたしたちの時間、空間は〈消費〉者の世界でモーター乗り物に支配された移動を全く当然であると信じている。この日常世界でわたしたちは、乗り物の利用者であり、乗り物の便利さなくしては動くことができないと思いこみ、その輸送消費者として日常生活を営み保っている。そのため、わたしたちには気づきもしない世界が構成されているのである。

二　交通の産業化と輸送消費者

機械エネルギーを使用したモーター乗り物で移動するほかなくなっている〈交通の産業化〉は、消費者の移動様式のあり方に現実化され制度化されかつ象徴されている。

まずモーター輸送制度は輸送技術科学の制度的目標と実際の姿に表現される。人間の移動を安全に保護し、必要と欲求に応じて、どこへでも、より速く、快適に、時間を節約して誰でもが動けるようにシステムをさらに新しくつくりあげ整備していこうとしている。こうした、制度上の目標に反して輸送産業の発展はあちこちで逆説的で逆生産的な結果をうみだしている。

自動車公害、航空機事故、騒音問題、交通事故による死傷等々といった、モーター乗り物の機械それ自体からうみだされる〈害〉がある。また道路や鉄道の敷設による立ち退きや、生産物資の流通・過剰・麻痺・ゴミ処理等々の社会的な問題。そして、幼児の絵本からはじまるモーター乗り物のイメージ形成は、人間の想像力にたいしておもいもつかない影響を及ぼしている。車の所有者・非所有者にかかわらず、また飛行機の利用者・非利用者にかかわらず、乗り物環境の恐怖は誰の身にも切実になっている。その悪しき影響をおそらくほとんどの人たちが知覚しているのに、交通の産業化はすすむばかりである。技術科学上の損害について、誠意ある交通論者たちはその害の実態をいろいろとレポートしている。わたしたちは、むしろ交通の産業化によるわたしたちの社会生活それ自体の状態がどのようなものであり、また速度の〈加速化〉をすすめているために生じている象徴的・文化的な世界がどのように構成されているのかを探っていこう。

(a) 輸送消費者

交通産業は社会的なレベルでも同様に、ある時点から、その制度の目的に反して人々の間の平等性を喪失させ、人々の移動を産業上定義づけられた道路に限定し、これまで歴史上前例のない苛酷な〈時間欠乏〉をうみだしている。この逆説的影響は、速度がある閾を超えたときに発生し、その一部の現象がいわゆる社会費用の増大という事実でもって経済学的に確認されている。しかし、それは測定不可能な領域、つまり市民の基本的権利から政治意識の水準、イメージの水準等にまでも関わっている。この根源的な問題の所在のほうは見落とされている。

交通の産業化によって、輸送消費者の生活はどのようなものになっているのであろうか。わたしたちの日常生活は大きく二つの移動形態にわけられている。仕事や学校への通勤・通学、そして買い物や病院通いなど、いわゆるアメリカ合衆国の通産省が"trip"と名づけた産業的な日常生活での短い移動で、「通い」と訳しておこう。もう一つは、アメリカ合衆国スタイルで歯ブラシをもって出かける、ほとんどレジャーという領域で考えられている長い距離・期間の"travel"（旅行）である。なんの目的も手段も期間も関係せずに動く"journey"（旅）は今では産業化され、その価値は後方へおいやられ、かわって〈旅行〉が支配するようになった。

この「通い」と「旅行」の間で、少数者と多数者との差がますます広がっている。より多くのエネルギーが輸送システムの手段に投じられると、輸送システムが平等に人々に分配されるのではなく、一部の特権エリートが気ままな旅行の生活時間を制限のない距離をこえて楽しめるようになる。その一方で多くの者は望んでもいない「通い」をいやいやながらしているほかないという、より巨大化したシステムの中のわずか断片をあちこち移動する存在に変わっていく。少数者の移動空間は魔法のじゅうたんにのった旅行である。一方、多数者は、より長い距離をより速く移動できる「旅行」を得るために。「通い」にもっと多くの時間を費し、この「通い」で失った時間をとりもどすためにさらにより多くの時間を費すように強いられる。具体的な時間としてどうなっているかといえば、路上時間の五分の四は通勤・買い物に費され、会議や保養地へいく全人口の走行距離の五分の四をわずか一・五％の者が費している状態になっている。こうした格差の実例はいくつかあげられるが、重要な点はおよそ九九％を占める「捕えられた通い人」と一％の旅行者が、ともに同等に、〈輸送〉に依存しているという現実である。

輸送（transportation）は力強く突っ走り、世界の距離を短縮しようとするものであり、乗り物にあわせて地理的環境をつくりだし、自分の足で動くペースによってではなく、モーター速度のペースが生活時間・生活空間を統合しようとしているものである。

こうしたモーター輸送は一体、真に合理的なものであるのか。それを少数者と多数者との差が拡大するという点から批判的に分析するだけでなく、車に費す時間そのものからもイリイチは示している。モデルとなる平均的アメリカ合衆国人は年に一五〇〇マイルを移動するために一六〇〇時間を車に費している（これは乗車したままでの走行時間および停車時間で、その他の種々の車のために費される時間を含んではいない）。そうすると、これは一時間に五マイルという移動距離になり、歩くそれとほとんどかわりがない。

つまり、社会時間予算の三〜八％を輸送にあてている貧しい国と二八％をあてている豊かな国との間にはほとんど差がないのである。これはどういう意味かといえば、多数者にとっては生活時間の一時間当たりの移動距離には違いがなく、輸送産業によって義務的消費の時間が豊かな国ではより多くなり、時間がパッケージされて不平等に分配されている、ということである。日本のあなた自身は、目覚めている一六時間のうち何時間「通い」のために費しているか計算してみるならば、その輸送消費者としての義務的時間が年々増加しているのに気づくはずである。快速電車は時間の節約のためだったのか、通勤距離の延長のためだったのか、あるいは実際に、少しも〈快速〉でないのか、はっきりするであろう。ただ一つ確かな事実は快速電車によって、より遠くに住むことが可能となり、「通勤時間」の量は生活時間の中で短縮されていないということである。

速度の保障ではなく、その速度が充満しているとき、移動空間が拡大され義務的な通勤・通学間は少しずつ増大している。加速化によってわたしたちは少しも自由になっていない。輸送への依存が強まり、産業時間のサイクルにますます自分の時間リズムをあわせるほかなくなっている。

わたしたち消費者は、生産的労働にありつくためにまた生産的な社会メンバーであるために、学校にいき病院にいき買い物にいき職場にいき、そしてレジャーを楽しみ、さらに政治的集会に参加するために、モーター輸送を使用する。このあり方は、所与の輸送を消費する〈輸送消費者〉の行動《アクト》であり、社会生活を制度的に成り立たせるうえで最も日常的な基盤となっている存在様式である。

(b) 車の社会空間

輸送消費者はモーター乗り物を中心にしてつくられた社会空間で生活する。産業的空間は、ここは工場、そこは学校、あそこは娯楽場・病院と、産業的分業に応じた空間の専門的な分割を構成している。この空間分割の専門化は都市化の度合と対応している。そしてこれらの空間の断片を結ぶのが交通の空間となっている。社会形状は地理的形状とともに車を中心にして形成されている。

このような空間はモーター乗り物の速度からうまれた。モーター乗り物のなかでも都市空間を形づくるのは自動車である。「エネルギー消費がある閾をこえると、(他律移動の)輸送産業が社会空間の形状を支配する。」その空間形状は、より速く車が動ける速度を中心にして、公共の利用度の高い鉄道や人の歩く舗道がそれを妨げないような空間として、計画的に整備される。この空間計画は日本では歩道橋が都市で建設されはじめたころに、車の支配的位置が自律移動を直接に抑圧するものとして登場している。一方、特急こだまについで「新幹線」が時速二一〇キロを最高速度化し(定本注：九七年に三〇〇キロ、今や三二〇キロで三六〇キロを目指す。リニア中央新幹線は五〇〇キロの予定)、さらに、この速度をもって〈公的〉に一般化された最適な速度にしようとした頃といえる。東名および名神高速道路はそれに追いうちをかけた。自動車道路の拡大は、隣人間の距離をひきはなし、農村地域をさらに都市域から疎遠にしていく。都市と農村がより速く結ばれるというより、その速度に応じて都市化が農村を過疎地へと転じているのである。車空間はわたしたちの社会生活をもかえてしまう。救急車が電話一本で家と病院を連繋すると同時に、医者の住診は消えていく。そして病院の独占がすすむ。大貨物トラックが突っ走るようになってから、地方マーケットは解体し中央市場への集権化がすすむ。産物はなんでも中央に集められ、それから再び地方へ分配される。いわゆる低開発諸国で驚くほど整っている舗装道路は、経済発展のための投資の成果にとどまらない。山の中の村に舗装道路が入りこみ、学校を出た若者たちがこの道を通じて都会に出ていき、伝統的共同社会が解体していく。

都市は自動車のイメージにあわせてつくられる。そして、日常の生活世界も車のイメージにあわせてつくられる。ロス・アンゼルス市は自動車なしには移動が不可能となっている。空港と中心街を結ぶ道路からは人影がみえない。メヒコ市は自動車速度にあわせて都市の無政府的膨張が急速に広がっている。都市はやがて交通マヒの緩和策を大問題としながら、その移動の合理化をすすめようとする。日本の鉄道沿線駅前に集結する自転車の山は、車速度の空間的拡大の結果、公衆の鉄道ターミナルに自転車の自律移動が補助的に集中するという転倒した病理現象である。その対策は、駅構内からの自転車の排除となる。危険な車から身の安全を守るために、自転車の移動を交通規則が規制するようになる。サトウ・サンペイの漫画に、歩くために免許が必要となった生活を描いたものがあるが、極限的状態としてはイメージしうるものである。

車の供給にまにあうように、社会空間は容易にはつくりだしえない。そして交通マヒがますます激しくなり、車の所有者さえも苛立ちはじめる。

(c) 常習通行者の想像力

輸送産業は社会の形状を変えてしまうだけでなく、輸送消費者のあなた自身を、通行者であるのがきまりきった習慣であるとする〈常習通行者〉habitual passenger にしてしまう。つまり、輸送産業の共犯者として、輸送制度の前提を全く当然と考えて環境を犯しつづける常習犯に仕たてているというわけだ。それは乗り物のユーザーでもある（EE.Ⓕ）。

豊かな国であれ貧しい国であれ、輸送産業は新しい地理形状、新しい時間スケジュールに人間を一致させようとする。空間や時間の知覚、個人の潜勢力を、「平等の速度」の普及は歪めてしまう。貧しい国では輸送速度に依存する必要のない者たちが多いというだけであるが、輸送制度の様式の原理として、「平等の速度」は日に日に世界の涯まで侵入し、モーター速度が必要であると嫁していく。こうして、自分の足で動いて、その自分の世界の中心にいた彼は、「常習通行者」または「ユーザー」という新しい人間として、自分の固有な歩く生活世界の範囲からモーター乗り物の空間へとびだしていく。

車、電車、バス、地下鉄、ケーブルカーを使って平均一日二〇マイルを動くよう強いられている常習通行者は、時間がたらないといって苛々する。彼は一日五マイル以内の自律移動の空間の外へでて、点と点を線のように結んで移動する。彼は、自分がのろのろと貧しく動いていると感じ、少数の特権者が自分の移動線を横切っていくのに憤る。通勤電車の時刻表にしばられ、ラッシュアワーに消耗している。ますますひどくなる不平等の悪しき末端で、時間が足らず、自分が不能者となっているのを感じる。自分の車で自分がガソリン代を払って通勤する者も同様である。

彼らの産業化された意識は、輸送によってより多くの交通が整備され、公的に、安全に、技術科学が乗り物・道路・スケジュールをデザインするよう欲する。あるいは、大衆的な〈速い輸送〉・公的コントロールによって生産される革命を期待する。だが、そうしたよりよい未来には自分がその費用を支払い、自家用車の購入とともに社会的な費用をより支払っていくのを知らないのである。

満たされていない常習通行者は、同じもののより多く、つまりより多くのモーター輸送が解決であると感じている。モーター輸送を基盤とした交通様式そのものが愚劣であるという点に気がつかない。モーター輸送の根本原理は〈動かす・運ぶ〉ということである。常習通行者は「通う者」であるという社会的な役割をはずれた自分を考えつかず、「運ばれる」ということに自分を委託してしまっている。そのため、〈人間の足〉のもっている物理的・社会的・心理的な力による社会制御力を失っている。この他者が動かす・運ぶという他律性の勝利は、輸送消費者の、空間・時間の固有な知覚、個人のペースを産業的にデフォルメしてしまっているため、彼は自分が触れることもできない地域をも自分のテリトリーであると一体化し、同時にそれをとても自分の統御支配におくことができないと感じ、ますます他者にゆだね依存し、ついに自分自身では動けないのだというところまで信じこんでいく。しかも自分で動こうとするのは、取り残されたという感覚と同じになる。こうした意識は政治的な幻想・態度となって表出する。連結と孤独が運搬の産物であるという奇妙な世界では、「集まる」というのは乗り物によって共に運ばれるという意味になる。つまり、政治権力は輸送システムの力能が成長し、テレビのスクリーンがその欠如を捕う、というところから生じるのだと信じられていく。

こうした、モーター乗り物に日常的にからめとられた生活様式は、産業的な制度化を受容していくよりほかに意識や想像力をもてない。

産業的に生活時間を消費する輸送消費者と、モーター乗り物にあわせてつくられた生活空間を移動するユーザーは、輸送産業からみた産業的人間の二つの側面であり、その生活様式である。時間を短縮し空間を広げるといった、モーター輸送化を目らすすめる彼の想像力は、その政治意識にみごとに表出する。交通の産業化とは、輸送力とコミュニケーションのシステムがすすめられていくのがデモクラシーの過程であるという政治幻想をうみ、本来の政治力である自分の足、自分の舌から発揮される動きと言葉はその力を失っていく。つまり政治的不能者となっていく。彼は自分で動き、話す自由を、運ばれること、メディアによって情報を与えられること、の権利要求へと転じてしまう。彼はよりよい生産物をのぞむ。そして生産物への隷属からの解放・自由を忘れる。

速度が加速されていくのは、自分自身を傷つけることであり、公正、レジャー、自律性がますます衰えていくことであるのだ。

三　加速化と公正

他律移動と輸送のコンビネーションである〈スピード〉（速度）は、わたしたちの生活状態・生活意識、さらに政治感覚にまで影響をもたらす。この速度とは、まず日常世界の中心的支配速度（およそ時速六〇〜一〇〇㎞の電車・自動車速度）、最高速度（飛行機速度、特権階級の速度）、そして「最適速度」感として考えられる。モーター輸送社会では、この最適速度は〈高速度〉high speed であればあるほどよいという〈加速化〉acceleration に方向づけられている。

この〈速度〉と社会階級との関連を示す「速度の水準による社会階層化」が現代社会形成のひとつの特徴となる。生活イデオロギー的には極めて表面的に、より速く動ければそれだけよりよい生活につながる、という固定観念となっている。そして、このイデオロギーと速度とは「権力の伝達網」を強めているのである。少数者に所有されている「最高速度」はすべての者に高速度を与えるというイデオロギー的な目標の下に、社会的な階層化を強化し、権力の分割をつくりだし、巧みにそれを伝導できる制度的な構成をうみだしている。

速度について興味深い問題は、いわゆる産業的中間層社会のメンバーという者が、この〈差別〉については全く気がつかないのに、輸送化の結果生じる周縁的な非有効性や自分のレジャー時間のロスなどには気づくのである。この気づきがむしろ速度による階級分化の事態の本質から目をそらしている。そして「すべての者に高速度を保障せよ」という要求が表現される。教育も治療もそうであったが、すべての者にその供給を保障せよといったとき、制度化は完全にビュルト・インされているといってよいであろう。その結果、周縁的な部分に逆効果が見えはじめ、それをも制度化して包みこもうと、右も左も尽力するのだ。ところが、この逆説的な反作用は中心部の生活そのものに様態化され、不合理性を制度化の強化でもってもっと合理化しようとするだけである。

社会全体は移動する人々に時間予算をより多く配分しようとして、ますますその配分の対象を細分化する。そして、すべての人たちはその断片的な保障の中で、自分の時間がますます足らなくなっている。「乗り物が、ある批判基準《クリテリア》の速度以上で走るときに、不平等がおしつけられる傾向になるだけでなく、技術科学的な神秘化の下で移動システムの非有効性を隠し、自己救済的な業を不可避的に体制と化していくのである。」(EE p.49) すべての者に高速度を提供しようとする速度の加速化は不公正をまし、時間の不足をうみだしていく。ここに、加速化の逆生産性が様態化しているのである。

諸個人と諸社会の二四時間の与えられた時間に、乗り物がどのような影響をおよぼしているかという研究はほとんどなされていない。イリイチは、一マイルあたりの時間コスト、ドルや旅行距離で測定される時間の価値、という統計からは「輸送の影の影のコスト」がなんら語られていないと批判する。それは輸送のための間接的な費用である。交通が生活時間をくいつぶし、乗り物が空間を歪め、乗り物があるために必要とされる「通い」（通勤通学、買いもの）があれこれと多様化していく。また移動を準備するために直接的・関接的に使われる時間などである。それらにはまた、騒音や汚染の防止、交通の危険から守るための費用も含まれよう。こうした様々な時間にたいして使われる費用が、予算にくまれなかろうと、あるいはたとえ環境保全のために部分的にくまれようとも、乗り物速度が或る限界閾値をこえたためにこうした費用がさけがたくなっているのだ、とは人々は考えない。

産業の一人当たりのアウトプットがある閾に達したとき、生活空間は自分の足で動く範囲からとどかないものとなる。しかし、その生活空間はその日のうちに到達せねばならない空間ともなっている。速度は乗り物によってこの矛盾を統合せねばならない。そして社会は、公的に最も速く連繋を保つスピードに、人材・資金を多く費そうとする。このとき、乗り物は、混乱から人を守り歪みから空間を守っていた障害をばらばらにくだいて交通世界をつくりあげる。そして、この交通によってさまざまの諸活動が発生する。この諸活動の多様化とともに生活時間は乱雑に散らかされることになる。いわゆる分業化はこうした速度と決して無縁ではない。分業化は生産労働の多様化であるが、速度の加速化は諸活動の多様化をうながす。むしろ、この諸活動のひとつに自分の仕事の時間がくみこまれていくようになる。

速度の加速化によって、時間の足らなさとその足らなさに追いうちをかける過剰計画化とが上昇し、諸活動の制度化の必要性があらゆる部分でましていく。この制度化の過程が、限界のない最高速度を公的水準にしてなされているとき、輸送システムは社会全体が交通に費す時間費用をどの部分に使うべきかを決定しながら、さらにより遠い距離をより少ない時間で旅行できる少数者と、駅から駅へ自分の意志に反して日々運ばれるほかない多数者とを分極化していく。

　加速化は〈時間〉が商品化されていることからも考察されねばならない。自律移動は交換価値となりえない使用価値である。人間に本来備わっているもので、ほぼ同年齢の者は同等に足で歩く力能をもっている。この使用価値は他者の自由を脅かすものではない。ところが、この自律移動はある地点から他のある地点に動くときに、ある量の〈時間〉を費す。この時間の消費が、産業社会の生活様式で特殊な世界を構成することになっている。

　移動には、ある時刻からある時刻への〈時間〉がたっている。この時間は物質的な自然の時 physical time であるが、この〈時〉は量化され、秩序づけられ、組織されている。つまり〈時が構造化〉されている〈時間〉であるため、人間の時 human time に大きな影響を与えるものとなっている。わたしたちは、実際の現実の時 actual time を〈交通〉の水準でもって考えようとしている。それは、自然の時間と人間の時間とのくみあわせを産業社会の生活様式において考えようとするものである。

　$v=s/t$ という、移動した距離をそれに要した時間で割った商、つまり〈速度〉であるが、この等式であてはまる日常世界がここでは問題にされたにとどまる。産業社会は一口でいってしまえば、この速度がより速くなるのをより良しとする社会で、〈加速化〉という産業化の様式を有していた。この〈加速化〉はモーター乗り物の技術科学的発達によって累進的に速められている。

最高速度で移動できる通行者のためにエネルギー消費の目的が定められ、その消費がある閾を超えたときに、「速度資本主義者の世界的階級構造」がうみだされる、とイリイチは〈速度〉〈資本主義〉〈階級構造〉の関連を指摘する。これは、ほんの少数者のみが利用できる（＝資本化するcapitalize）高速度のために、その高い費用をすべての者が支払うという構造である。速度がある批判基準を超えると、他者が時間を失うような強制をせずには自分の時間を守ることができなくなるのである。

この階級的な分化は次のような現象にあらわれる。

⑴より速く動ける者はより遅く動く者よりも価値がある。

⑵通行者は他者の時間を消費する者となる。

⑶より速くなった乗り物は生活時間の移動網にとって効果的なものとなる。

⑷運搬の度合は速度量で測られる。

こうして、交通網の高速度から取り残された多数者は時間を略奪される状態におちいる。〈時間略奪〉は逆に、少数の者のみが行くことができる空間の形をつくりだす。モーター乗り物を持っていない者からは遠く隔った地域が、ハイウェイでもってつながれる。平原の遙か彼方に見えてはいても、サブシスタンスな農業を営んでいる者には辿りつけない町が平原道路でつながれている。また都市では郊外から貧民街がうみだされていくような形状である。時間略奪は空間略奪でもある。少数者のスピードが速められていけばいくほど、そのスピードは大部分の者にとって使いものにならない意味のない無用の速度になっている。自分の畑と家を歩いて動いている者と自家用ジェットに乗って世界を飛び回っている者との差はあまりに大きい。そして、いかなる速度を有しているかをみれば、その人間がどこまで社会的な地位を達成したかを判定できる。人民中国の力の中央集権化は非常に効果的で合理的といわれるが、ジェット機速度を有する幹部と牛で田耕す農民や自動車で工場に通う労働者の速度は、完全に幹部の速度から切り離されている。

速度の加速化がよしとされる根拠は〈時間〉が交換価値となっているからである。移動に要する時間という存在は、時間それ自体を交換可能で価値あるものに構成し、その価値をより速いスピードによって高めている。「費され、セーブされ、投資され、浪費され、雇用され」る時間という言語表現は、時間が商品化されていることの表われである。さらに、時間に価格標がつけられると、加速化によって公正が保たれるという神話が発生する。

自分の歩く力で動いている者が多いところは、「低開発」と定義されて、高速度の特権をより多くの者に分け与えるのが公正であるというようになる。モーター乗り物の速度によって、発展の度合が測定される。個人の成功度合を評価するだけでなく、国家の発展も速度によって評価される。

速度の階級性についてもう少し補足しておこう。鉄道は速度がその利用者にとって同じであるのに、運賃が一等、二等と異なることによって、階級的社会を反映している。飛行機という特権のなかでも、その差は貫かれる。サービスの量と質は支払われた金額によって違う。乗り物が人種差別の象徴となっている南アフリカの事実はもっと判然としている。

社会が最高速度の発展に方向づけられている限り、スピード・メーターが社会階級の指標であるのだ（TC 五七頁）。資本主義国では、どれだけ長い距離を頻繁に行き来できるかによって、また社会主義国では、官僚制の重要性に応じて与えられる速度によって、その階級的地位・身分がわかる。「あなたが旅行するときの速度は、あなたを階級と社会にはめこむ」（TC 五七頁）のである。

エネルギー消費量を増し、速度を加速化する社会は、不可避的に、ほとんどの人間を後退させ、収奪し、欲求不満にする。そこで、人びとは生きのびていくために〈時間〉を〈食べる〉ほかないのだ。これをイリイチをふまえているジャン＝ピエール・デュプイとジャン・ロベルト（スペイン語読みで発音してくれと彼は言った）は"chronophage"とよんだ。

四　モーター輸送の根元的《ラディカル》独占

交通体系全体は、自律移動と他律移動の共働する様式として構成される。そして、産業社会の交通は、この共働関係において他律移動が勝利したモーター輸送中心の「交通の資本集中様式」として編制される。交通を実際に動かすのは「所有者」であり、輸送機関を使用するのはわたしたち輸送消費者である「乗客」あるいは「ユーザー」に他ならない。それは輸送所有者＝「顧客」という存在である。わたしたちは、運賃を払って商品である「輸送」「速度」を購入するのである。

産業社会の生活空間・生活時間は、「商品としての輸送」を消費＝利用する産業的生産様式を編制している。この様式では、モーター輸送がわたしたちの生活様式を「根元的に独占」radical monopoly しているのである。このモーター乗り物による根元的独占が、交通の産業化＝制度化の仕上げであるといえよう。

(a) 商品としての輸送

「輸送」が産業的商品となっている、という規定には説明が必要であろう。その性格はすでに述べたように、第一に、運賃を払って輸送を購入する乗客のあり方に示されるが、それだけではない。第二に、輸送は「交換価値」として市場に売りだされている。速度が時間節約として交換可能なものの規準となっている。したがって、第三に、「輸送」は必然的・不可避的に不足／欠如する。この「不足」の性状をはっきりと把握するのが、モーター輸送の支配の意味を理解するうえで最も肝要であろう。

「不足の状態」は、輸送の改善が、運賃の上昇をともなうサービス速度の増加にあわせてシビアなのとなる。たとえば特急の指定席券の不足は表面的なものであって、それは輸送機関が供給されていない（その対応は新幹線がもっと数多く供給されるよう要求するものとして出現）、あるいは、より速い速度が供給されていないという不満となって（それは技術科学の発展を促す）この不足は現象する。不十分な輸送状態は必然である。乗客のないところに輸送機関は設けられない。乗客あるところにそれは設けられ、必ずそれを利用できない者をうみだす。ある者が得れば、ある者が失う、という「ゼロ・サム・ゲーム」の形態をもつ不十分な状態である。その形態の矛盾をイリイチは監獄の囚人のジレンマにたとえた。たがいに協力しあって、監獄＝車輛のなかで費やす時間を少なくしようというのである。

「輸送の不足」を自動車を象徴して考えればもっと簡潔にイメージできる。すべての者が車をもったら「交通マヒ」は極限にいたり、自動車を所有することの特権は何の価値もなくなる。

(b) モーター輸送の真の害

現代交通の根元的な害は、他律移動（モーター輸送）の独占のためうみだされている。自律移動の限界をこえる機械エネルギー移動の進歩によって、快適な移動がなされうると人々が信じたとき彼は資本家的集中交通の生産を受容し、行為集中的交通の可能性を放棄している。

モーター輸送による物理的環境の破壊などは最小のものであって、もっと根源的に、

(a) 心理的フラストレーションの多様化

(b) 継続的生産による非有効性の増加

(c) 不公平なパワー移動手段への従属

がうみだされ、生活時間と生活空間の関係性が歪んでしまっている。産業的人間は、過剰に束縛された

消費者となり、その空間形態も距離も自分が制御しきれないものに膨張していることによって日々悩まされる。その苦悩は、バスや電車の運行がとまったときに爆発する。かつての国労・動労ストへのユーザーの憤りは、組合運動への理解のなさではなく、日常の生活の歪みの心理的フラストレーションの絶好の吐け口であったものだ。高スピードを所有している者にとっては公的輸送機関の停止は何の移動の妨げにもなっていない。

「日々の生活が、モーター化された通勤（トリップ）に依存するや否や、産業は交通を支配する」（EE五七頁）、そこでは「義務的（＝強制的）速度」が、輸送産業の利となるように人々におしつけられている。乗客は与えられた速度、決められた時刻以外を選択できない。

（註）このような交通体系の様式の実態はいうまでもなく、バス移動、鉄道移動、車移動、飛行機移動の相互連関と、その総過程でもって分析されねばならない。この再生産様式はマルクス主義経済学者たちがいう単なる交通＝流通様式でなく、生産様式の最も根底的な次元として解明されるべきであろう。

(c)〈根元的独占〉の意味

輸送産業による自然的移動にたいする根深いコントロールは、商業的・経済的な独占や政治的独占とは異なる、もっと根元的な独占を制度的に構成し構造化する。フォードによる自動車市場の独占とか、自動車製造を鉄道・バスよりも優先させるという独占とは次元の異なる独占である。

「その隠された、堅固な、構造的な本性からして」というイリイチは、この独占を〈根元的独占 radical monopoly〉と名づけた。イリイチを理解するうえでのキイ概念である。先立つ書『コンビビアリティ』で、イリイチはこの「ラディカル」という意味を次のように説明した。たとえば、咽が渇いたときコカ・コーラ商標の清涼飲料水しかなくとも（商業的独占）、その渇きを水やビールで潤せるならそれはまだラディカルではないが、他に全く選択の余地がなくなったとき「ラディカル」になるとした。そして、学校でしか学べない、病院でしか治せない、という状態を「ラディカル独占」と呼んだのである。そこでの意味は「徹底的独占」と訳せる内容でしかなかった。しかしながら、『エネルギー公正』ではこの概念の潜在的な意味がもっと根元的に考察されたのである。それは、モーター輸送の根元的独占にかぎられないむしろ、産業制度そのものの根元的独占の生活様式を指摘する内容として語られている。「ある産業制度が、前もって、個人的な対応に状態づけられる諸必要を充たすための支配的諸手段になったときに、その産業制度はいかなるものであれ、この種の深く据えられた独占を遂行する。」その一般的な法則は「一人当たりの量が所与の強度をこえたときにいかなる産業的産物であれ、必要の充足にたいして根元的独占を遂行する」と示している。

　すでにエネルギー消費の「ある閾」a threshfold という思考方法を知っているわたしたちは、その具体的なイメージを次のように理解できるであろう。高速度のモーター輸送を義務的に消費することは豊かな自律的移動の享受を限定し、その力を剥奪するものである。そして、ここではもう一歩踏みこんで、より速い速度が必要であると信じるほかなく、高速度がその必要を充たすのだ、と前もって状態づけられている、そのときに〈根元的独占〉がビュルト・インされているという点を了解できよう。

(1) 根元的独占は、より多量なものへのアクセス権を有した者に利となる社会を再編制することによって設立される。

(2) それは、すべての者に最小限の量を消費するように強いることで強化される。(なにがなんでも、モーター乗り物を使用するように強いる。)

つまり、最高速度所有者のために社会を編制し、すべての者にモーター速度を供給するように仕向け、すべての者がそれを使用しなければならないよう義務づける。この速度の「義務的消費」は義務教育のように法制化をあえてする必要がない、それほど根元的である。

産業商標は経済的独占を実現しえても、〈根元的独占〉をおしつけることはできない。その理由は極めて単純で、①商標産物はなくなってしまうという限度があり、また、②競争相手を市場からおいだせる、からである。しかし、根元的独占は、輸送の不足状態そのものを様式とし、この必要を充たしうるのはその制度以外にない、競争者はいないのである。

この点をわかりやすくするのに、イリイチは「靴の根元的独占」を例にだしている。ラテン・アメリカでは、裸足でも伝統的なワラッチやサンダルでも歩け、靴がなくともその自律移動にさしさわりがなかった。しかし、学校、職場、ホテル、公的機関に裸足で入ることが禁じられ、教師や政党が靴の不足を、

「進歩」の不十分さだと主張するとき、民族国家の発展促進者と靴メーカーの間にはなんの共謀もないのに、裸足は排除され靴でしか歩けないアスファルト道が伝統的サンダルをも排斥していく。衛生学的な処置はそれに追いうちをかける。柳田国男は『明治・大正史世相篇』で「足の生活」が人間をかえる姿を示している。

〈根元的独占〉でもってイリイチが最も指摘したかったのは、輸送産業がそのアウトプットをもっと適切に分配し、無料の「速い」輸送をすべての者にあたえようというユートピアを唱えるなら、不可避的に人間生活を交通領域がさらにおおってしまい、自分の足の使用可能性が奪われ、不公正がさらに強まるであろう、ということである。根元的独占下での、必要の充足の仕方を考えなおすのではなく、〈必要〉それ自体を再検証するようにうながしている。

五　限界閾値と最適速度

交通の産業化、その完成した形態であるモーター乗り物の根元的独占によって、そこで車の非効率性が生じているのが認められてきているが、人間の自律移動の麻痺が生じている点は見落とされている。そのため、車の非効率はその私有性にあるのであって、公共用にされるべきであると考られたり、あるいはもっと多くの車を民衆に与えようという要求となる。人間の自律性の問題から車のこの非効率性を考えたとき、それは「より高速度であることが良い輸送であるという考えにとりつかれている」（TC 五七頁）からであるという理由が見いだせる。速度の高速化は、効率第一主義で、結局、人を隷属化し、社会コントロールの巧妙な手段を構成しているものである。

人々は人間の速さの四～六倍の速度は非常に遅いと感じている。馬の走る速さよりも速く走ってやっと速度感がみたされはじめる。人間の移動はモーター乗り物の移動でもって保障されるのだという信念は、「人間的移動力」は無限に進歩されるべきだと信じるほかなくなる。技術科学の発展によってのみその実現がなされるというわけだ。産業社会は、最高速度へのより多くの者の接近を最適な速度として計画するが、それはすでにみてきたように矛盾的に実現されるだけである。

わたしたちは、「速度の批判基準的な閾」というものを最適速度として発見しなければ、破壊的な産業的制度化を促進しつづける果てに自分たちの不能化の末路をみるだけであろう。「政治過程は自然量 natural magnitude を同一化する」（EE 六七頁）というのは、つまり、政治過程は自然の量（＝エネルギー消費量や速度）からはのがれがたく、それに制約されているという意味だ。ところが自然量がある閾をこえると、政治過程はその媒介関係を失い、エキスパートがコントロールし操縦しうる世界の水準をうみだす。「エキスパートによって、交通分野で諸問題がつくりだされてその政治的解決がなされるなら、そのとき、教育、医療、都市化の諸問題においても同様の処方が適用されるであろう。」（EE p.68）

逆にいえば、交通の最適速度が限界づけられて、自律移動を支えるための乗り物が考えられたとき、その自然量は政治過程に素人を実際に参加させることによって決定されるものとなろう。この最適速度は、現在の輸送消費者の総意とは全く異なる。より多くのより速い輸送を必要とするその総意にたいして、速度に限界を設定する方向が探究されねばならない。「自己パワー化された移動」としてイリイチは、この最適速度に「自転車速度」を具体イメージとして提起した。

まず、人間の足の熱力学的効率がイメージされる。それは「一〇分間に一グラムを一キロメートル運ぶのに〇・七五カロリー」(EE p.71) を要する移動で、他のいかなる乗り物や動物よりも効率がよいとされている。人間はこのエネルギーでもって世界と歴史をつくってきた。この効率を自転車にのせると三〜四倍の速さで移動できる。自転車は人間の新陳代謝エネルギーを妨害せずに、自律移動をもっともよく発揮しうるものとしてイメージされたのである。

熱力学的効率に加えて自転車は安く、しかも空間をほとんどとらない。消耗の回転速度をはやめる高価な自動車にくらべ、自転車は安くしかも一台の自動車の駐車空間に一八台の自転車がおけ、一台の車の走行空間に三〇台の自転車が走れる。二車線で一時間に四万人の者を通行しうる現代の鉄道にたいし、そのためにはバスなら四車線、自家用車なら一二車線必要であるが、自転車は一車線ですむ。要するに、自転車は空間もエネルギーも時間も無駄にせず、それが欠乏するようなことなく、人々が移動できる最適な乗り物であるというのだ。

加えて自転車は、ポール・ベアリング、スポークで支えられた車輪、ゴム・タイヤという技術科学の人類史的成果をうまく利用した乗り物である。

車輪の発明とその適用は中世ヨーロッパの生産様式をかえ、生活をかえるものであったが、メヒコにおいて車輪はそのようなものではなく、神の像を建設するためにつかわれたにすぎない。つまり、車輪の適用とは「儀礼的」なものであるとイリイチはいう。日本で民は牛車には乗れなかった。現代のモーター乗り物への車輪の適用は産業的な儀礼であるのだ。それはちょうど、自転車中心速度をタブー視しているように、信仰化されている。

自動車は時間と空間を拡大的に需要していくが、自転車は自己限定的である。この両者の間の本質的な対立は日本でも顕著になっている。電車のターミナルに集中する自転車は、「通行」の妨害であるとして、歩行者のためであるかのごとき名目で、排除される。これは、自転車の産業的使用の矛盾が表出したものである。人々はユーザーとして通勤・通学に電車を使用し、その中心速度のために自転車を補助的乗り物にして接近する使用法をとっている。この使用法が自動車速度の道路と電車の常習ユーザーという二つの背反現象からの攻撃の下にさらされるのは不可避である。彼らは自らが認めている論理でもって排除される。そして、自転車の移動による自由を、輸送消費者として、自転車のための補助空間の権利要求へと切りかえてしまう。

ベトナムでは、自転車をつむ車輛が列車に確保されている。高度のエネルギー軍隊に勝利したベトナムは自転車速度の人民戦争でもってその後の社会主義建設をすすめている。この勝利者は今後、燃料、モーター、道路を自らが負かしたアメリカ合衆国に従って建設していくことになるのかどうかわたしは知らない。しかし、少なくともそうした道を辿るならば、彼らの自律性と合理性は社会主義の希望を再び色褪せたものへと導いてしまうであろう。侵略だ社会主義間戦争だ云々という根源には、人民の自転車速度が学校化や医療化とともに人民戦争の閾をこえるものをつくりだしつつある、といえるのではないだろうか。問題の根源は常に視えないところにある。（今や、西欧では自転車をもって列車に乗れる車両がある。）

輸送は、①交通の流れを破壊し、②互いに遠くはなれた孤立した空間をつくりだし、③時間の欠乏を増す、という三つのやり方で〈交通〉を剥奪している。交通と他律移動の関係性とは「乗り物の速度」にあらわれるが、ある速度の限界閾値をこえると、他律移動がこの三つのやり方で〈交通〉を障害するようになる。乗り物と自動車道路でもって、〈移動〉は麻痺させられ、環境はブロック化されてしまう。モーター輸送は、速度を強要し地形をかえ、階層化を強め、生活時間を略奪するのだ。

こうしたモーター輸送速度にたいして、速度のある限界閾値がたもたれていれば、モーター乗り物が人間の自律移動を補助し、交通を調和のとれた生き生きとしたものに構成することが可能なはずである。モーター乗り物が、病人や心身障害者や老人たちを中心にして使われ、ロープウェが足で登れる者を妨害しないように使用され、列車がすべての者にたいしてその相互交換を補助するような空間がつくられるべきだ。

自律移動の補助的モーターとして速度が限界づけられているとき、その補助モーターの最適な使用による交通の最適な輸送システムが建設されうる。その限界閾値とは、約時速二〇キロメートルである。この速度二〇キロメートルをはさんで、〈限界〉の問題が政治的に考察される。

六　政治と交通

イリイチの〈交通〉論のラディカルな特質は、交通様式を産業的生産様式において分析しながら〈政治行為〉の固有の力を明示したことであろう。速度資本主義は最高速度を所有しコントロールするテクノクラートとビューロクラートが、成長を最大限可能なかぎり保ちつづけようとする管理社会を強化している。この管理社会――という概念をもちろんイリイチは使用していないが――のコントロールは、交通速度を加速化することで、人間の「歩くパワー」を不能にしている構造である。

わたしたちの生活〈時間―空間〉の外界を「交通の産業化加速化」が社会的に編制したとき、それはわたしたちの移動の仕方、時間の使い方、空間の利用の仕方にとどまらず、想像力や意識や認識にまで影響を与えている。もっと根本にはわたしたちの〈自律力〉autonomous power にまで影響している。つまり、産業社会の政治システムの〈時間―空間〉的構成と政治意識・政治活動の構制にまで関わっている。そうした影響の中で、「輸送権力」は「歩くパワー」を政治的に抑制しているのである。イリイチの妙味は、産業的デモクラシーの政治的転倒を、単に政治的イデオロギーの悪用にとどめず、政治権力の〈時間―

空間〉構造としてしめした点がみごとである。

現在、交通にたいする政治的な問題は、一般に二つのレベルで語られているにとどまる。第一は自動車公害、航空機騒音など技術科学水準での損害にたいする対策として。第二は、空港・高速道路・幹線建設、交通マヒなどにともなう社会問題への対策としてである。こうした水準の問題で人々は、「市民としての自由＝解放」をのぞむのではなく「顧客としてのよりよいサービス」を要求している。ただ、立ちのきや直接被害にあった当事者のみが、行政処置を受けつけない政治力を復回しているようではあるが。

だが、前二者にはみえない根元的な第三の、構造的レベルの政治性はほとんど忘れられているようだ。乗り物によって共に運ばれて「集まる」関係が政治活動の土台となっているところでは、その輸送システムの力能でなしえない領域をテレビ・スクリーンが補ってくれるという、「視聴者」の政治感覚に政治性がおとしめられている。産業的デモクラシーは、輸送とコミュニケーション・システムの権力の相関関係がよりスムースになされるのが「デモクラシー」であると信じさせている。ここでは、自己の「足と舌の政治権力」にたいする信頼が全くといってよいほど見失われる。「少数の職業的ジャーナリストが広い読者層を獲得し、他方では多数者が『編集者への手紙』（投書）欄の名目的表象になりさがって」（TC九〇頁）いる。また、多数者の政治性は投票ブロックへの囲い込みへとくみこまれている。

この構造は「エネルギー消費と公正」の関係にたいする多数者の政治幻想に対応している。それはすでに語ったことであるが、エネルギーの量的な拡大が公正を助長するという普遍化された政治幻想である。それはまた、環境を汚さないきれいなエネルギーを量的に増すのが、エネルギー問題への解決であるとされてしまう。国民ひとりひとりのエネルギー問題に関わる各人の政治参加への平等性は、エネルギー消費の向上とともに保障される、生産されたものが均等に分配されて享受される可能性は、生産されたものにたいするコントロール権力の適切な増大によって決まる——こういった政治となって現われている。この社会主義版のスローガンは「電化なしに社会主義はない」となる。この革命テーゼは、ある閾を生産力が越えたときデマゴギーに転じている。

モーター輸送化された社会での、速度を加速化しつづける生活様式において認められる政治と、速度がある限界閾値にとどめられた生活様式における政治とは、全く異なるものである。

他律移動によってモーター化された世界に住む「通行人」の政治は、自らが生活する形状や距離が自分の制御には及ばないと前提している、その「隔りの消費者」におとしめられた政治である。彼は自らの決定を、乗り物によって動かされるような代表制に委託し、乗り物の速度を自分で決められないように、自分の生活空間—生活時間を自分では決定できないと思いこんでいる。それはまた、乗り物速度の社会生活に自分がフィットするように制度化されるのを望む。産業リズムで動けるような自分の健康を保ち、自分の力能を獲得・維持しようとする。彼は学校化される以外に自分の社会生活を確保することができない。そして、医療化されることによってそこから脱落しないように自分を守る他ない。社会的な個人として、この制度交通体系から自分は解放されないのだと無自覚的に前提している。

『エネルギーと公正』は小冊子ながら非常に難解な論述である。そのテーゼは大きく二つにわかれているだろう。第一は、エネルギー消費の量がある限界閾値を越えると社会形成の制度化に特種な産業的編制がなされる。第二は、その編制は社会コントロールを強化し人間の自律性を不能化し、自然環境を破壊するものであるため、エネルギー消費に限界を設定する必要がある、というものである。この両者は、「限界閾値」というある「ポイント」をはさんで考察されている。

この「エネルギー消費」は「産業的道具」とともに考察されて、〈産業的生産様式〉の土台的次元を明示するものである。機械エネルギー消費の増加は産業的道具の過剰化をともない、〈生産〉を中心とした社会的諸関係を構成している。技術科学の発展は、この機械エネルギー消費と道具の産業化とが相互規定しあって、人間の諸行為を生産的労働と制度的管理に服属させるものであった。それとともに、生活意識は新陳代謝エネルギー消費である自律力の使用を、貧しさ、時代遅れ、取り残しであると理解し、それに産業的道具がとってかわられるように自ら要求していくのである。そして、産業的商品の購入と自らを操縦する管理とを民主的に整えていけるような社会編制を求めるのだ。そこでの彼の存在は、多角的な消費者である。商品やサービスが数量において増していけば、それだけ選択の自由がまし、自分の自由があると錯覚している。自分の行動はサービス制度の数だけパラバラになっているのに。

産業的道具に依存し、商品・サービスを購入し、制度的処置、世話をうけることで、産業的人間は生存することができ政治に参与していると信じている。生産諸関係と政治的諸過程の結合遂行が、産業と公正の結合遂行とともに可能になるのは、エネルギー消費が「限界閾値」にとどまっている限りである。しかしながら、産業的発展は、より多くのエネルギー消費が社会的公正をすべての者に分配しうる、というイデオロギーでもって世界をつつんでしまっているのである。

〈発展〉development を基準にすれば、世界は二つに分かれる。過剰に発展した国と低開発国である。この構造は、国家間のそれであり国内でのそれであるという二重性をもっている。わたしたちはすでに、「低開発論」（アンドレ・グンデル・フランク）ないし「依存論」（テオトニオ・ドス・サントス）ないし「周辺部資本主義論」（サミル・アミン）という、発展主義を批判する経済学的なラディカルな理論分析を有している。これらの分析は、イリイチの理論の内部で欠如している諸点を明示するであろう。だが、それはあくまで〈生産体系〉をもって構成された世界である。こうした鋭い議論を、再び生産に傾いたものにしないために——イリイチは彼らの分析をセミナーで問題にしながら、自らの思想展開では意識的に排除している——、わたしたちはエネルギー消費と道具との視座から、「過剰発展」overdevelopment と「低装備」underequipment という規定を確認しておいて無駄ではないだろう。

それは、輸送と他律移動の交通コンビネーションでもって示される。まず、発展の諸目標が世界的規模で連繫されているその土台的位置を明示し、かつ、破壊的に過剰産業化されている国々からまだ低装備にとどまっている国々を識別する批判基準を示すものである。そのうえで、均衡のとれた「成熟した社会」の水準がどのようなものであるかがイメージされる。

「低装備……各市民に一台の自転車がわりあてられておらず、自分の足で動くよりも五倍の速さでペダルを踏んで移動できる条件がそろっていない。また、その道路がよく整備されていない。数時間以上の継続した旅を欲する者に、公的なモーター輸送が無料で与えられていい。」(EE p.85)

「過剰産業化……社会生活が輸送産業によって支配されている。それが、階級的な特権を決定し、時間の欠乏を強化し、人々をはじきだす道路網や車に彼らをもっと結びつけようとする。」(EE p.86)

「低装備は人々を原始的な自然に隷属させ、彼らの自由を制限する」が、「過剰産業化は、生産と政治スタイルの諸々の差違を認めない」。そして、「技術科学的な特徴・性格を社会的諸関係におしつける」のである。イリイチは、低装備・過剰産業化を〈政治〉のタームで語っている。つまり交通の批判的ファクターの基準は政治世界を判然としたものにする。それはしかし、政治的に可能な諸限界を設定することと混同してはならない。

それでは、産業的生産様式の成果が自律的生産様式を補助するように構成された「成熟した世界」とはどのようなものであろうか。この世界を「技術科学的成熟の世界」とイリイチは呼ぶ。まず、社会の中心速度は、自転車でもって移動できる日々の生活空間に広げられた世界を構成している。そして、もし自転車では不十分である場合には、公正や自由を制約せずに、補助的なモーター乗り物が場合に応じて役だてられる。そして、あらゆる場所がすべての人たちに開かれ、人間の歩行を防げずに乗り物の手段が使用されうる世界である。この成熟した世界は、政治的な選択が多様であり文化が多様な世界であり、独占・画一化されていない世界である。それにはもちろん、エネルギー消費・速度の限界閾値が参加民主主義の下に保たれているのはいうまでもない。

この「技術科学的成熟」への道は二つの産業的様態からの解放を意味する。第一は〈富〉からの解放であり、第二は〈依存〉からの解放である。

人間の自律移動は、新陳代謝エネルギー消費という点で、すべての諸活動の土台である。モーター速度道路によって、ある階級から真っ直ぐ歩く道が奪われ、歩道橋や信号機によって統御されているとき、〈安全性〉の名の下での社会統制は、「足の生活」から「頭の生活」までを貫徹しているのである。車が一台も走っていないのに、赤信号に立ちどまって群がっている産業的人間は、完全に自分の行動を規制されている。それは赤ランプの記号に立ちどまって、政治の危機や生存の危憾の赤信号には全く鈍感になっている人間の姿である。車自体を見ずに、赤信号の「規範」を見ているだけなのだ。車は、青信号の横断歩道や歩道にまでつっこんで来る危険があるのに。

産業社会は、そのインプット量であるエネルギー消費の自然量において、ある限界閾値を越えているとき、その中心速度がやはり限界閾値を越え、諸制度へのインプットも限界閾値を越え、それぞれが制度上の諸目的に反する逆説的効果をうみだす。この逆説的効果は、産業的生産様式の〈逆生産性〉として様態化されていた。（第一章参照）

限界閾値以上の制度へのインプットは、道具諸手段toolsの肥大化をうみだし、人間の自律性の麻痺をうみだす。この自律性とは、歩く、癒す、学ぶという行為であるが、このような自律行為の麻痺は、〈政治的自律性〉の麻痺として出現している。学校化、医療化、加速化でもって、結語的にわたしが示してきたのは、より良い日常生活をより多くの商品・サービスでもってつくりだそうという社会は、生活が豊か便利になるその分だけ政治的自律性の麻痺につながっている、という点である。

政治的自律性とは、上部構造で制度化された政治へのアンガージュマン（参加）ではない。制度化された政治しか政治として認めていない、そうした制度化をうみだしてしまう日常生活を批判的に省察し、わたしたちの諸行為性 activities への〈自覚〉と、ひとつひとつの自律行為／使用価値の取り戻しをなすことである。政治とは「歩く、癒す、学ぶ」といった具体的な〈行為〉そのものに体現されるのである。

わたしたちは、学校化、医療化、交通化のパラダイムを、諸社会の政治的な編制としてもう一度とらえかえし、これまでみえなかったひとつの権力関係構造を描きだし、新しい社会世界の姿と、それへの政治転換をまとめとして簡略描写していくことにしよう。

終章

サービスの神話発生学

Political inversion for Conviviencial places

myth-genetic power
market-intensive societies
counter-productivity
modernized poverty
professional power/disabling professions
reification/imputed needs
action/act
economic sex/shadow work
vernacular values/subsistence economy
unemployment
convivial tools
conviviality/conviviencialidad
retooling society/institutional inversion
political autonomy

学校の神話、医療の神話、交通の神話は、具体的には「影」の世界を明らかに浮き立たせるものであった。それは、〈学校化〉〈医療化〉〈加速化〉という産業的様式として示された。「教育」「治療」「速度」がサービス商品として供される。産業的人間は、これらの産業化を、制度化されたそれぞれの具体的な制度形態で別々の機関・制度として意識するだけである。かつて古典的経済学者が「剰余価値を純粋に剰余価値そのものとしてでなく、利潤および地代という特殊な諸形態において考察してい」た（マルクス『剰余価値学説史』一般的覚え書き）のにとどまっていたように、学校・医療・交通を特殊な産業的諸形態とみているかぎり、理論上の誤りが生ぜざるをえない。

これまでのイリイチの翻訳や言及は、この欠陥におちいっているため、イリイチを正確につかみえず、学校をなくすか否か、病院をなくすか否かの水準での単なる告発的啓蒙書と考えられていた。学校化・医療化・加速化とは、形態でなく、また認識の対象でもなく、具体的な制度でもなく、実は理論範疇そのものなのである。その理論範疇とは、「産業的生産様式」それ自体と等価である。学校化・医療化・加速化という理論用語は、イバン・イリイチによってはじめてその理論的可能性を提示された。剰余価値が形態として語られていながら古典派経済学にみえなかったように、〈制象化価値〉がイリイチによってとりだされるまで制度諸形態からはみえなかった。

いったい学校と医療と交通とどんな関係があるのか、という疑問は、産業サービス制度の神話にとらわれた意識から生じてくるものである。形態と形態をつきあわせても機能的類似性と差異がみえるだけで、産業的生活様式を考えるうえで何の意味もない。隠されたものは隠れたまま、進歩の儀式化がすすめられるだけである。だがこのような理論用語をもちいることで、わたしたちはあまりにも当り前な日常世界がどこまで産業化され転倒しているかという構成にはっきりと気づくはずである。

学校の神話、医療の神話、そして交通の神話というパラダイムに拘束された枠組は、日常世界の価値判断の枠組ともなっている。産業的人間の神話的思考は、これらの神話そのもののなかで日々くりかえされている日常的な意識であり社会行動である。各諸分野において、思考や認識が技術化され科学化されればされるほど、神話的世界はますます確固なものになっていく。科学的思考は合理的であるが、科学主義的思考はイデオロギー的であるという見解は、いまだに科学崇拝の神話の世界にとどまっているものである。さらに物質的な豊かさが幸福であるという神話は、資本主義社会の人間を縛りつけているだけでなく、低開発諸国や社会主義的人間をも魅了している産業社会の神話である。

わたしはイリイチにならって、産業成長の無限の広がりという神話が、サービス諸制度に典型的にかつ根源的に表示され、諸制度の活動が生産様式において考察されうると示してきた。そして行為の「インスティチューショナライゼーション institutionalization」という知識社会学・宗教社会学・現象学的社会学の一つの基本的概念が、決して単純に〈制度化〉とは訳しえない、そうした深い内容でもってイリイチによって産業社会の分析に用いられているのを示した。三つのパラダイムを拝借しながら、わたしがとりだそうとしたのは、新しい対象にたいする新しい分析を可能にする新しい概念の〈制度〉論である。

学校化のレベルでわたしは、ライマー的な〈経済的―機能的〉制度論と異なる、制象化された価値と儀式・神話をめぐる制度論の可能性を示した。ついで、医療化のレベルでその制度論の方法を用いて展開されうる分析を、イリイチを要約的に示す手法をとりながら実践してみた。そして、加速化のレベルで、〈制象化―制度化〉の発生する物質的根拠を示したのである。"institutionalization"を〈制象化―制度化〉の二重性としてとらえたわたしの視座は、今後論議を呼ぶであろうが、その枠組は、経済学者も社会学者も――もちろん制度学派や制度主義者も――手のつけられなかった、〈行為 action―制度 institution〉を生産様式においてとらえるという理論的なフレームワークである。

この行為理論、制度論、生産様式論がたんなる諸理論の折衷ではなく、現代の産業社会の社会的形成=構成そのものであるのだ、という点を、サービス諸制度の複合的統合を表示する〈専門権力〉の地平において確認しておこう。ここに、儀式・神話の視座は記号論上の世界でなく、社会形成/社会構成の問題としてとりだされうる可能性を示すであろう。

学校化、医療化、加速化はそれぞれの章でも示しておいたように、神話発生的権力 myth-genetic power の問題でもあるのだ。その権力は、商品/市場に集中した社会では、人間の自律性を不能化する専門主義者が人間の基本的必要までをも創造しコントロールする世界として示される。制度諸形態の〈聖なる世界〉は、聖職者であり、道徳家であり、軍人であり、判事である、これら諸機能と権限を一手に握った〈専門家〉によって担われている。

かつてマックス・ヴェーバーは、「……文化発展の『最後の人々』にとっては、次の言葉が真理となるであろう。それは「精神のない専門人、心情のない享楽人。この無のものは、かつて達せられたことのない人間性の段階にまですでに登りつめた、と自惚れるのだ」と」（『プロテスタンティズムの倫理と資本主義の精神』岩波文庫）将来を予測した。ヴェーバーの「エートス」の問題は〈人間〉の問題としてでなく、宗教制度とエートスの問題として考察されて、現代世界を解明する力をもつようになるであろう。いうまでもなく、イリイチはヴェーバーの宗教社会学を相当読みこんでいる。そして例によって、その処理のされ方はどこでも語られない。だが、イリイチの問題意識がヴェーバーの方法視座・問題視角に近似しているのは当初から明らかである。低開発を内面的・心理的に受けいれていく意識形態や精神の状態、また産業サービス諸制度をうけいれていくそれは、「専門的エートス」の用語で集約的に語られた。そして、自律共働《コンビビアル》社会は新しい倫理の世界として構想されているのである。

一　産業的生産様式と市場集中社会

巨大な機械の鼓動のリズムにあわせて活動する人々は、自分の力能や他者への関心を低下させながら、「必要」は計画的に与えられ充たされるであろう、という「期待」expectations に依存している。毎日生じる出来事への人間的反応はそこでは均一化されている。同じ類いの機械、工場、診療所、学校カリキュラム、テレビ・スタジオ、乗り物、シンク・タンクからだされる産物（フロー）・商品に依存するという、その産業の網にすべての者たちは足をすくわれてしまっている。そして現代の〈発展〉はすべての諸社会に同様の影響を与えるように仕向けてきた。

発展のみならず「進歩」も、産業的生産様式に対応した無限成長のイデオロギーとして、主要な諸々の商品に集中化する文化を構成している。つまり、諸商品の周りに生活が組織される「市場集中社会」market-intensive societies であり、生産される諸商品の量と多様性の増加によって物質的進歩を測るのである。社会的進歩とは、これらの諸商品へのアクセスがどれほど分配されているかによって測られる。こうした発展・進歩のイデオロギーの下で、社会主義は不均等な分配にたいする闘争として基礎づけられ、厚生経済は富とは公的な品物をすべての人に保障することであるとしている。こうした政策の結果は、社会主義が公的サービス制度を資本主義社会よりも徹底して制度化し、人民の依存を強化している、といった現象や、先進諸国の一日の入院費や監獄での生活費がインドの家庭の一ヶ月分の費用に価するという偏極化の現象として出現している。

依存を充足するには同じ物がより多く生産されなければならない。標準化され、エンジニア化された品物が需要されるように必要をつくるエンジニアの代理機関が、将来の消費者を訓練していく。そしてこうした生産物は生活必需品となっていく。洗濯機、掃除機、冷蔵庫、電気ガマ等の家庭電化製品は戦後世代の成長とともに生産されてきた。壁スイッチやティッシュペーパーは文化の進歩度を測る世界的な指標となっている一方、測定できない人間の自律的な使用価値は「遅れ」を指すものにされてしまっている。

いかなる文化であれ、市場化されない使用価値を中心にして生活が構成されていた。今や自分で為し、自分でつくることはその価値を奪われ、商品を得る＝持つことに置換されている。人々が、処理し、遊び、食べ、友人をつくり、愛を交わしていた、そうした「下部構造」の中での生活は破壊され、生産経済的下部構造が土台となってしまった。標準化された商品・サービスが生産され、人々が消費者としてそれを期待し消費し充足するという生活のパターンは、「行為」の使用価値、自律共働的道具を後退させてしまったのである。

行為―文化、サービス・商品から考察される世界は、使用価値と商品が対立概念となって考察されている点に、とくに留意してほしい。経済主義的認識は使用価値―商品の本源的概念を有している豊かなマルクス理論を、商品中心主義の理論にかえてしまった。そのため、世界市場で売られる商品を消費するほかないわたしたちの生活様式が分析できなくなってしまったようである。

ともかく、発展・進歩にむけた商品／市場集中の社会は、エネルギーに集中した生産システムをなんら変容することなくサービス制度を拡充している。そこでは、使用諸価値の自律的創造 autonomous creation が麻痺させられているのだ。この特徴を、(a)逆生産性、(b)現代化された貧困、(c)必要の変身、とさらに、「専門的サービス／専門権力」において簡略にまとめておこう。

(a) 逆生産性 counter-productivity

逆生産性についてはすでに何度かふれてきたが、それは「生産性」を優位とする産業社会が制度的に目標として約束したものを生産上の向上を通じてでは分配しきれないだけでなく、むしろ逆説的効果をうみだすという上部構造の水準での出来事を示している。イリイチは、逆生産性を〈限界雇用〉や〈負の外的効果〉とは区別し、「制度上」の――つまり制象化の――様態として示した。時間のロスをうみだしていく加速化や、できない者を肥大化していく学校化や、健康・病気のケアによる医療発生病や、住宅開発による追いたて、等の副作用は経済的過程から外化されるものでもないし技術科学上のミスでもない。非産業的、非専門的な使用価値の開花に必要な、環境的（技術的に対応される）、社会的、心理的、文化的な諸条件が、産業の介入によって破壊されたために生じるのである。

「逆生産性は実践的な自己統治行為の麻痺が産業的に導入された結果である。」（MN 一六八頁）この自己統治行為の麻痺が、学校化・医療化・加速化の過程で様態化されているのはもはやいうまでもない。学校が〈教育〉を生産し、モーター乗り物が〈移動〉を生産し、医療が〈健康ケア〉を生産する。これら生産物が〈商品〉としての特徴をもち、〈学ぶ・歩く・癒す〉という使用価値に相対立していく。最も価値のある学ぶこと、身体的運動、自己治癒はGNPにあらわれないし測定もできないし、「金銭のためになされようとするのでも、金銭によってなしうるものでもないが、たくさんの金銭にとりかこまれてしまうとその価値をおとしめられてしまう。」（MN 一六九頁）

「産業セクターの有効性は、社会による諸商品の生産と使用諸価値に対応する自律的生産の間の相関によって決定される」のである。商品生産中心の社会は、市場化しうる生産物の世界から市場化しえない使用諸価値を排除し麻痺させる。そこでは、期待と満足の間のギャップが拡大し、その分だけ社会コントロールが管理化される。産業生産は、それが麻痺させた自律行為にかわって諸制度のサービスを代替する。すべては「効率性」にむけて組織される。こうした〈産業〉中心世界のトータルな結果が「逆生産性」であるのだ。それは、他者へ方向づけられた他律的な生産様式が商品生産として構成されている世界であり、その逆生産性を内在化しているのは産業的諸制度である。そして、排除された自律的行為が測定できないように、この逆生産性も測定できない。じりじりとわたしたちを蝕んでいる。

(b) 現代化された貧困 modernized poverty

逆生産的な制度化は、人々を不能にし、自己の自律性を他律的な商品生産とその制度に委ねてしまい、金銭を基準にした貧困でなく、制度を規準にした貧困をうみだす。「現代化された貧困」は豊かな者にも貧しい者にも同様の様態であるが、たんに小卒よりも大卒が豊かであるという制度基準の結果で示されるものではない。そうした制度のアウトプットを基準とすることそれ自体によってうみだされている制度への依存性と受容性を、「貧困」として示したのである。自律的様式の貧困化といえばよりわかりやすいであろうが、産業諸制度の様態を示すもうひとつの用語である。

自分で食物を作ることができず市場の食料に依存し、自分たちで唱うのではなくレコードやラジオ、テレビの歌に合わせて唱い、時たまノスタルジックに伝統的な歌を企画興業する。また、メヒコなどで顕著であるが、自分たちで家を建てることが許されず、建築家のサインなくして建てられた家は不法となる。治療も教育も専門的資格をもっていない者のそれは非合法的であり、不法行為とまでされることにもなる。日本では私塾までが、その正当性を主張するために教員免許を要求するようになっている。学校では絶対に免許は不可欠である。ちなみに、メヒコでは（本書を書いた時点で）車の免許は簡単な試験かあるいは運転できる前に得ることができる。人をひき殺すか事故を起こすかは自分の運転次第であり、免許とは金の支払いによって合法性を得るものという、その実体がそのまま機能している。等々。

現代化された貧困は、低開発諸国の発展の影の構造を示唆するものである。多様な文化は、「その限界づけられた場で、共有されたり形式的に交換されたりした諸々の資源の諸限界内で、地域の全住民を守っていた。地方住民が共同的に遂行していた処理力能は世界的に同程度の不能化を拡大しているが、それは帝国主義やその現代的変形である産業的発展やそれに同調する要因とともに発生してきた。」（MN 一七二頁）

新しい生産機械や生産工場だけでなく、医師、教師、ソーシャル・ワーカーらが低開発諸国に進入し、道路やラジオが産業的水準にまで人々の生活をひきあげようとしていくにつれ、伝統的に限界づけられていた生活は技術的に破壊されて、伝統的な手芸や、住居や健康ケアや移動までも低下させられてしまう。

進歩にともない富が保証されるというイデオロギーは、発展イデオロギーとともに、サブシスタンスな生活様式を歪めてしまった。

先進諸国では、老人問題は現代化された貧困を表示する典型的な例である。サービス諸制度の拡張が過度に累積した結果、医療、教育、輸送などによくみられるように、人々は身体内部や社会環境内部の変化に挑戦し、反応し、それと闘うという自律的力を失ってしまっている。

(c) 必要の変身

「諸必要 needs」は現代化され、制度的に編制され、専門家がそれをつくりだし、(サービス)諸制度が提供するものとなっている。モーターは筋肉を変形し、教え込み instruction は自己確信的な好奇心を殺してしまっている。その結果、必要と欲求は歴史上先例のない変身をとげた。そもそも〈必要〉と商品とは相容れないものであった。歩く自由 freedom は自分自身の行為であったが、それは通行者としての「権利」にかわってしまった。人々は、もはや普遍的な通行者からの解放 liberation をイメージすることさえできず、必要なモーター輸送をより多くの輸送消費者の「権利」において要求するだけである。

現在では、必要は市場と相互依存関係にある。たくさんの仕事はより多くのエネルギー消費により、法・秩序・生産性はより多くの教え込みによって確証されるというのである。世界経済における市場集中の普遍的拡大は、商品と充足との間の結合が破壊されないよう管理し、それを正統化しているエリートの免疫作用がなくならない限りは疑われないであろう。

消費者商品と専門サービスを中核とした社会は、諸商品の多角化を技術的進歩と同一視し、平等主義のエートスをもった官僚的管理者と厚生の技術的管理者が共謀して、必要の充足をコントロールする。そこでは欲求の充足はエンジニア化された主要商品を通じて、必要であると嫁されたものに従うことに依る。商品の製造よりも欲求と必要の昂まりは速くなり、社会的コントロールが充足に先立って設立されていく。

現段階で必要の変身は、必要がヘゲモニーを握り、人間の制度への従属のあり方、生産様式として具現するにいたっている。制度の基本構造やわたしたちの産業的エートスは、この嫁せられた諸必要を充たそうとする道具諸手段とそれをコントロールする専門家が聳えたつ社会を形成しているのである。

二　専門的サービスにおける専門権力の影の構造

支配的な生産様式が産業的生産様式となっている社会形成体において、支配的な権力は階級でも国家でもなく、階級や国家の〈影〉で構成されている「専門権力」professional power である。技術科学の発展は権力の構造が変身するところまで影響を与えた。マルクス主義者たちでさえ、政治革命、社会革命は専門技術者の手によって運ばれうると考えている。革命は学校化され、医療化され、輸送化されている。

既存の社会主義諸国はいうまでもなく、テクノクラートの権力が国家の運営と結合している。専門職は、かつて伝統的な手仕事からリベラルな専門家に移行し、今ではリベラルなものから「支配的な」dominantものへと変身している。そこにはもちろん、産業的道具諸手段の肥大化――メガ・道具手段――そして、必要の変身が関連している。

専門権力が不可視の構造であるところに、その支配的性格を逆に表示するものがあるといえよう。スペシャリストたちは諸必要を創造し、選定し、充足するのを支配している。このスペシャリストの社会的役割は歴史上の専門的団体――ギルド、労働組合、党、聖職僧、マフィアetc.――よりも、はるかに自らを防衛し、国際的で、安定し、広範な権能を有し、強固に装備されている。この「新しい専門家たち」は、基本的必要性を独占し、その必要の創造を自らなしうる権能を法的に承認させ、最後まで人間的必要をコントロールするのである。

職業的な団体は、誰によってどのように仕事がなされるかをコントロールしたにすぎないが、専門家は誰のために何がつくりだされるべきかを決定する。また組合にせよギャングにせよ、ストライキかブラックメイルによって利害と権利を主張したにすぎないが、専門家は公的利害と私的権利の保護者としてその一致点を探し求めるのである。このように、何がつくられるべきで、それが誰のために、またいかに管理されるべきかを決定し、なぜ彼らの専門サービスが必要とされるかを科学的かつ公的に理由づけ、市民にあるいは消費者に何が必要であるのか話しかける。そして、その専門権力による処置の仕方は法的に指定されて、何が良いかをたんに助言するだけでなく、何が正しいかを制定するものにさえなっている。

この専門権力は、上からの権力的押しつけとは感じられない。というよりも、むしろ専門的な権力の確立によって、〈権力〉というものはその暴力的・抑圧的本質を隠しうるようになったといえよう。ここほんの四半世紀の間に、専門職は自由業的なものから支配的なものへと転じた。医者であれ教師であれ技術者であれ社会福祉者であれ、それらの専門サービスは、一般の人々のためになにが必要であるかを、健康や教育や豊かな生活や非差別のために呈示している。そのとき、彼らはそれぞれの必要を構成しているものがなんであり、どのように供されるべきかを、階級的な利害を越えて課しはじめたのである。すべての者が患者としての機会、生徒としての機会、乗り物利用者としての機会を与えられ、障害のある者にはそれなりの福祉が産業道具を使用するために施されるべきであるとしたのである。

障害者にたいする差別は、モーター乗り物があり、車中心の空間構成があるために、彼らが道具手段に接近できず、学校があるために学校化の合理的スケジュールから排除され、病院で烙印をおされる、という生産体系を中心にした産業システムそのものからの差別である。産業的道具諸手段への接近を権利として供することにより、障害者への差別は社会的にますますビュルト・インされていく他ない。それは、障害者の解放とは全く異なる方向へすすんでいる。

障害者の現実は、専門サービスの本性と消費者の依存が、人間的必要を根底から転倒してしまっているのを排除される他なかった本源から逆射されるものである。モーター輸送によって移動を不能にされ、産業的スケジュールをこなせないとはじきだされ、化学的治療によって中毒化させられ、大きなスピーカーによって黙らせられ、食料によって病的状態におかれるのは、障害者だけでなく消費者自身でもあるのだ。ただ、いわゆる健全者は専門サービスの扱いをより豊かな生活であると感じているほど、現代的に不能化されてはじめて生存できる存在であるというにすぎない。そして自分たちだけは、産業的健全者であるのを保障されていると信じている。彼らを脅かすのは〈偶発的な〉事故であって、産業社会の本性ではないと信じている。

専門サービスは反社会的諸機能を併発せざるをえなくなっている一方、自己満足的な市民は〈顧客〉として束縛されていながらそれが分節的に多様化しているため、被害は部分的な偶発事であるにすぎないと考えている。市場集中的な商品・サービス経済の産業的生産様式は何ら問題にされない。そして、専門サービスはその部分的事故を自ら発見し、それに対処することで、さらに信頼を深めていく。専門エリートの参加資格は合法化され、反社会的な出来事は専門家個人の未熟さ、ミスと判定され、専門同盟的な連繫は防衛的に強化されていく。

専門権力の度合いは年々強化されている。専門家たちは新しい権威を獲得している。それは、①助言し、教化し、指揮する「知恵ある権威」、②「道徳的権威」を受けいれることが有効であり、しかも義務的であるという権威、③そして、最上のものをアピールする「カリスマ的権威」である。しかも、専門家の諸機能は国家のサービスと提携して、社会的規模で提供されるべきものを決定するにまで到っている。

もはや、当の患者や生徒やユーザーが考慮されるのではなく、潜在的な患者・生徒・ユーザーをいかに取り扱うかが考慮されるようになっている。「多くの専門家たちは非常に巧みに定着し確立されているため、市民を顧客となるように仕向けているだけでなく、その世界が監視されるような形状を決定するにまでなっている。」(EU p.4/17) 専門家は何が逸脱であるかを定義し、それがどういう処置・修理を必要としているかを定義しうるという、ひとつの独占を構成する。その実例の典型は「葬儀屋」である。墓掘り人が専門家となるためには、自らを葬儀人と呼び、資格を必要とし、収入をあげ、その職業的名声を高めなければならなかった。わたしが自分をミイラにしたりあるいは自分で棺を用意し埋葬しようとしたなら、警察の力をかりてそれをとめうるという力が正統化されたとき、その独占は確立されている。

こうした専門家の独占が公的商品にたいして確立されているとき、専門家は合法的に制定された存在になっている。この独占は、公的なノルマを設定し、道徳的な次元での企業家となり、十字軍的な聖戦を宣教師のように展開し、非特権者を撲滅しようとし、専門家の提案した解決策を拒否する者たちを異端審問するようになっている。専門家の支配が公的に承認されているとき、立法、司法行政の本来の性格も分立もなんの意味もなさなくなっているという意味で、本質的に政治的な出来事である。アカデミックな知識ストックを資格証明された所有者だけがスペシャリストとして許され、自己信用化をただ昂進させているだけのエリートの手に権力は移っている。

専門家は立法の場に、司法の場に、行政の場に助言を求められるだけでない。なにが誤りであり何が正当であるかを判定し、決定し、その実施や運営や管理がどうあるべきかを定義している。それが、専門別に分化されているため、権力のトータルな構造はみえず、また価値主体のない客観性であるかのように科学的に根拠づけられているのである。専門家がヘゲモニーを有しているというより、彼らが定義づけた諸必要のヘゲモニーがわたしたちの生活スタイルをおおっている。

諸必要をコントロールする専門的支配は、第一に専門家の権力を、第二に嫁された必要のヘゲモニーを構成していた。そして、この専門権力は、「幻想の権力」the power of illusion を通して、市民を完全に不能化するのである。宗教上の救済という「希望」は、諸々の専門サービスの極端な管理に中心づけられた「諸々の期待」expectations へと置きかえられている。『学校のない社会』で「希望」と「期待」は哲学的にその差異を示されただけであるが（DS 一九一頁参照）、ここで、希望の宗教に対峙された「専門サービスの期待」と社会的にはっきりと規定された。専門家たちはサービス可能な問題として公的事項を定義する力能を自らが持つように主張している。そこでは、素人は常に何事かを欠如している者として従順に認める存在におとしめられている。

だが専門サービスへの委譲がすすむ一方で、わたしたちは「限界閾値」を他律的様式が越えて過剰に働きかけているところでは、「逆」生産性がそれぞれの専門分節化された制度において発生するのを知っている。「資本集中的生産過程がある批判的閾をこえたとき」「学校、乗り物、健康組織はスペシフィックな逆生産性を、東西においてうみだしている」（EU p.4/23）のである。われわれの主要な諸制度は、エンジニア化され財政融資されてきたその目的に反するだけでなく、その真の目的を破壊するほどの神秘的なものすごい権力を獲得している。つまり、使用価値をうみだすことに不能となっているため、より多くの商品・サービスが唯一の改善の道であると信じられている。車、医者、学校の使用が消費者にもっと与えられ、サービスが提供されていくのが問題の解決であり、幸福への道であると考えられる。

なぜ、このような人々の自律性をますます不能化していくサービス分配システムの巨大化へと産業社会はつくられていくのか。それを説明するのが儀式である。身体や精神や技術的な事柄を行為していく片わらで、専門的に編制された諸制度が、管理者の約する事柄への確信を発生させる形ある儀式として機能しているのである。この幻想発生の権力を、イリイチは四点にわたって指摘した。

(1) 使用価値を考慮しない経済的なモデルからもたらされた幻想である。経済学的にも使用価値なくして交換価値、価値はありえないにもかかわらず、使用価値はその存在価値を社会的に失い、自律的行為は無益なものにおとしめられている。そこで人間はサービスや商品を得る消費者であり、そのため自動詞的表現さえも失われている。この使用価値の麻痺を考えるときに、「混雑」congestionと「麻痺」paralysisとを混同してはならない。ともに過剰なエスカレーションの結果であるが、「混雑」は商品がいっぱいになってしまった状態であって、「麻痺」は自律的行為が失われているのをさす。過剰な商品化を「混雑」の水準で考えているかぎり、何ら自律的様式を限界閾値において解放するという考えはとられない。

(2) 自律共働的な道具の使用によって自らの基本的必要を形づくろうとしないで、市場へ向けられた諸制度のサービスで使用される道具諸手段を生産し、それを技術的に進歩させることで必要の充足をはかろうとする。道具のこのような使用は、専門家による支配を不可避的にし、使用価値生産は技術科学進歩によってさらに後退させられる。必要が自律共働的道具のために専門的に作成されているのでなく、産業的道具のために専門的に作成されている限り、技術的権威は様々の制度的編制において保たれていく。

⑶　人々は、専門的なサービスや産業的商品への接近・獲得を権利として要求し、自らの自律的行為の自由・解放をこの権利と混同する。平等の権利は自由をもたらさないどころか、むしろ差別・偏極化、そして自律性の不能化をうみだしているのはすでに指摘した（第三章「六　政治と交通」参照）。日本の学校教育の平等な権利が、こうした現実を他の国々よりもまして顕著に示している。イリイチは「諸々の自由と諸々の権利のスクランブリング」とこの現象を呼んだ。

⑷　専門的コントロールの下で雇用されたとき、効率的に働くために有効な仕事の権利は限定づけられて、自律的な働きは「非雇用」であったものから、どんどん効率的な仕事へと吸収されて、吸収しえないものは「失業」として定義されその本来の価値を失っていく。労働過程が計画されモーター化され、コントロールされていったとき、生産的な労働のみが尊とばれ価値が与えられる。「非雇用者」であるために、自律的で、有効な仕事であった状態は、進んだ産業社会ではイメージすらできなくなっている。資格ある教師や医師のみが、子どもを教え、健康ケアを実施しうるという幻想は、非雇用者

の状況に依拠していた文化を技術科学文明化して解体してしまっている。

現在、専門権力がそのアウトプットである逆生産性のために脅かされているのは、あちこちではっきりしている。人々は彼らのヘゲモニーが政策にたいする自分たちの権利を奪っているのに気づきはじめている。しかしながら、エキスパートたちの象徴的な権力は、諸々の必要を定義しながら個人的力能を骨抜きにしている。そのほうが技術的な力能の問題よりもはるかに危険であることに人々は気づいていない。

専門的エートスの彼方へいこうとする正統化は、次のような要求に表現されながら専門家たちを脅かしている。⑴専門的・官僚的な資格免許付与にかわって、選ばれた市民があたるべきだという要求、⑵薬剤処方、カリキュラム、その他のスーパー市場における規定がゆるめられるべきだという要求、⑶生産的なものや自由の擁護の要求、⑷免許資格なしの実践の権利要求、⑸金儲けしか考えない専門家を顧客が評定できるようにする公的有用性の要求――などである。こうした動きや要求に対処するために、専門機関は三つの基本戦略でもって対処している。

第一は、専門セクターの無限拡大をおさえながら、セクター内部で公的依存を強化していくように仕向ける自己批判的な専門的防衛対処である。

第二は、人間的な問題の多様化にたいして、専門的な対応を協力組織化し、環境や生活スタイルの改善にはたらきかけうる専門「同盟」をうちたてる。各専門家の集団的な対策・対応が「よりよい」もののために組織される。

第三は、専門家のガイドによって、さまざまのハウツー書を市場に氾濫させて、素人・顧客を専門化させていく処置である。

専門家は必要を素人の要求に先がけて出し抜くだけでなく、このように側面包囲でもって自己防衛している。この自己防衛が専門家の個人の意志とは関係なく、象徴的パワーを構成し人々の自律性の麻痺をうみだしているのである。「銃の生産から穀物の生産への移行によって、人道主義的自由主義者は罪の意識を減少し、権力の意識を増大させる。」（TC 六六頁）そして、経済的・軍事的な帝国主義よりも破壊的な、専門帝国主義が世界の生存を蝕んでいく。

イバン・イリイチによる「産業社会の神話」を自覚する思想は、産業的生産様式そのものの制度的基本構造を理論的に把握する可能性を有している。彼は言う――「われわれの現在の諸々のイデオロギーは、産業的生産の資本主義的コントロールに頼る社会に出現している諸矛盾を明確化するうえで役だつ。しかしながら、これらのイデオロギーが産業的生産様式それ自体における危機を分析するのに必要な枠組を提供するわけではない。わたしはいつの日か産業化の一般理論が正確に構築され、この理論が批判の検証に充分たえられうる諸々のタームで定式化されるのを希望する。理論の諸概念は、社会的な諸プログラムや諸々の技術科学の編成に従事する必要がある者たちと、人間とその諸目標を圧倒する傾向のある、人間の道具手段の権力を限定づけたいと欲する者との、この対立する両者の人々にひとつの共通の言語を提供するものでなければならない。このような理論は人々が現在の主要な諸制度の構造を転換するのを助けるに違いない」(TC八頁)――と。

そのためにイリイチが提出したものが〈道具(手段)〉の理論であった。フランシスコ・ミロ・ケサダにならって、わたしもかつてこの〈道具手段〉論を複雑な諸構造における「経済の理論」と名づけたが、この位置づけは正確には「制度的形成体の土台の理論」というべきであった。下部構造の経済イデオロギー的な規定を嫌って産業社会の下部構造を明確にしようと、イリイチは試みたのである。しかしながらイリイチの道具手段論は、〈産業化=制度化〉の諸構造をはっきりと表示しようとする用語ではあっても、それだけで理論化の内容を構築するものにはなっていない。この用語によって、諸制度を〈対象〉にしうるという可能性が明示されたのにとどまっている。

以上の条りで、実はわたしは非常にたくさんのことを一度に言ってしまっている。第一に、複雑な資本主義の諸構造は経済を対象にしてではなく制度を対象にして、〈土台〉の基本構造を明確にしうるのではないか。第二に、最近の自覚あるマルクス主義者のいう経済的審級、法的・政治的審級に加えてイデオロギー的審級が注目されているが、さらに〈制度的審級〉を問題にしえてこそ、制度的社会形成体ともいえる社会形成体上の理論課題が成立するのではないか。第三に、これらの可能性は〈産業化=制度化〉と等号で結びつけた、この等号の理論的構制を深めることからより鮮明になるのではないか、といういくつかの論点である。

ここでわたしはマルクス主義の問題地平との対応関連を論じるつもりはないが、ルイ・アルチュセールの「国家のイデオロギー装置としての学校装置」や、サミル・アミンの周辺部資本主義における第三セクターの肥大化の指摘や、日本のマルクス主義者の物象化と物神性の差異の問題などは、現代の社会構造を〈制度〉を対象にしてひとまず考えてみなければならないのだという点を、意識的にせよ無意識的にせよ暗示しているといえそうである。これは、古典的にはグラムシの市民社会とヘゲモニーの概念や、エミリオ・セレーニによって指摘されたマルクスの「経済的社会形成体のカテゴリー」の問題にも関わってくる。（わたしは「社会構成体」とは訳さない。）

また、面白いことにイリイチにたいするマルクス主義的批判は、そのマルクス主義理論がどのような質であれ、H・ギンタスにせよ、V・ナバロにせよ「物神性」の問題に焦点をおいている。わたしはある日、不用意にもイリイチに向かって、「あなたとマルクス主義理論との関係はどうなのか？」と尋ねたことがある。「マルクス主義が問題になるとき、それは教会の信者がぎゃあぎゃあと騒ぎたてるようなものだ」と早口に言ったかと思うと、ゆっくりとわたしにこう言った。「わたしはマルクス主義とわたしの考えとの関係を述べる必要などまったくない。だが、歴史的なフレーム・ワークのなかでわたしはマルクスの『資本論』という偉大な書物のタームから一歩もでていないといえる。そして、いわゆるダイジェスト版マルクス主義やマルクス主義者の理論とは一際の関わりもない」云々と。

この解答は以降、わたしのイリイチ研究の姿勢を根本から変えてしまったのだが、わたし自身の姿勢にもなったものだ。〈イリイチ―マルクス〉の軸はわたしの予想を上回る大きな問題となってきた。これは、ちょうどメヒコを訪れてきたジャン＝ピエール・デュプイもわたしに同意したのであるが（彼とジャン・ロベルトとイリイチとわたしの四人で夕食しながら団欒した）、「剰余価値論」をめぐる根元的な再考になるという、その課題だけははっきりしている。加えて、ヴェーバーの宗教社会学がイリイチの専門権力論において深く潜在しているのがみえてきた。イリイチは自ら対峙している大思想家の名を記さない。彼は明らかに他の大思想家と同様に、社会・歴史から眼をそらさずにマルクスやヴェーバーを越えようとしている。そのとき、アリストテレスはかなり積極的にとりこまれているようである。イリイチの思想を個々の他の思想家に解体していく作業は馬鹿げている。しかしながら、古典はイリイチの眼からみると全く別な姿でもって読みこめてくる。キリスト教思想をふまえて、西欧文明のエートスに対峙するイリイチの哲学を、わたしなりにはっきりさせようとして試みている。いずれ公表したいと思う。

さて、この章は序章をうけて、産業化と制度化の一般理論の構築の領域・諸用語・諸概念を展開し、わたしの作業の第一段階における中間考察として、イリイチから学びえた地点からの出発を示すものである。現象学的社会学の「概念折衷法 conceptual eclecticism」は、理論化の焦点ともいえる問題地平を示しているが、マルクス理論と行為論とを構成しうるその現実的な理論根拠を示しえていない。イリイチはそれをすでに処理してしまった地平から論議を進展させている。ここには「産業化」と「制度化」の問題領域を「商品論」と「サービス行為論」から再考するという、そこに理論課題が所在しているのだとフィードバックできるものが示されている。イリイチの問題領域とその理論化の可能性は、物象化が、極端に様態化された〈制象化〉を構成する世界であるとわたしは考える。これを、「神話発生の制度学」への序としてこの章で示し、公けの論議に付そうと考えた。制度論は政治論の前線におしだされてしかるべきと考えるからである。

そのために、第一に、問題が所在する客観的世界である「消費者社会」論とそれを内面から心的に構成していくエートスの関連を解明しうるかいなかに、〈物象化‐制象化〉の問題があると示し、第二に、この物象化の商品世界と制象化のサービス制度世界がどのように位置づけられるのか示し、第三に、それらが神話発生的権力にまで到る社会形成を構成しているのを示そうと思う。わたしは〈制度学〉という用語を使用しているが、その学問的な確立はなんらわたしの関心ではない。ただ新しい対象にたいする新しい理論の可能性そのものをそう呼んだにすぎない。日常生活世界の行為を導く社会的構成の構造を、歴史的・世界的なパースペクティブにおいていかに分析しうるかという理論的な地平を、少しでも明らかにしていきたいと思う。

三　消費〈者〉社会の物象化論

ある限界閾値を越えた高度資本主義が世界の支配的様式になっている産業社会とは、具体的には「消費者社会」として個々の消費者が種々の社会的なペルソナ——市民、公民、国民、人民、分業上の役割（職業・職種 etc.）、制度上の役割（職位や家族内の役 etc.）等々——を合理的に使いわけて生活している世界である。アルフレート・シュッツが「……常識的思考は、それ自体、具体的な史的文化的生活世界の統合的要素をなしており、この生活世界にあって、それらは自明のものとして、そしてまた社会的に承認されたものとして広く行きわたっている」と述べたこの思考構造を、知識社会学へ収束するのではなく、社会構造として分析していく。この自明なものはシュッツが識別した、〝action〟を制度アクト act に転じているものだ。これは、理論的には商品の物象化が貨幣の物神性とは異なる世界で合理化され、諸制度を具体的に構成し、行動を規制し、しかも支配的となっている生活様式として解明されうる。

この理論化は、ある限界閾値を越えた社会相を分析するうえで不可避である。まず、そのいくつかの考察をときほぐしてみたい。ウィリアム・レイスは、二億一千万人のアメリカ合衆国人が一九七二年に、自らの必要を充たすために約四四億トンの新しい物質資源を使用したと指摘し、労働統計局は、アメリカ合衆国の半数の家庭が「落ちついた」生活標準を享受するうえで十分な収入をえていないと感じている、という報告を示し、次のように述べた。

「しかしながら、これらの家族は、〈発展した〉諸国が自在に使いこなしている地球資源のほとんどを不均衡に享受しており、世界人口の三分の一が全資源生産の九〇パーセントを消費している」、そのうえでの不十分さであると批判する。レイスは「物質的需要の問題のルーツは現代の産業化された諸社会において、人間の充足をめぐる諸々の可能性にたいする問題以上のものではない」と考え、諸必要の充足のために物質的資源を供給するのは何ら解決でなく、必要と欲求が生じる社会的な相互行為の諸過程を離れてこの問題は考えられない、と述べている。

消費者社会の論議がおかれている問題点とは、このような諸個人の期待が満たされない結果生じるフラストレーションが、物的な富を大量にはてしなく成長しつづける富の蓄積によって少しも除外されないだけではなく、逆にますます深まるという生活体験から、わたしたちの必要・欲求そのものを再考すべきだと指摘している点にある。「具体的な社会目標の達成は、産業生産物や、その生産量や、その分布曲線、社会的費用によっても測定されえない。」（MN 一六九頁）有効性は、市場化された生産物の購入である消費生活のみからは測定できないのである。測定しえない現実があまりにも過剰に構成されているこの世界は、明らかに社会主義の希望であった古典的な発達水準の予想を上回っている。

「社会の物質的生産諸力は、その発展のある段階で、それらがそれまでその内部で運動してきた既存の生産諸関係と、あるいはそれの法律的表現にすぎないが、所有関係と矛盾するようになる。これらの諸関係は、生産諸力の発展形態からその桎梏に一変する」（マルクス『経済学批判』序言）といったマルクスは、この桎梏が社会革命の時期の開始であり、「経済的基盤の変化とともに、巨大な上部構造全体が、あるいは徐々に、あるいは急激に変革される」と予言した。しかしながら、この有名なテーゼは、実際には、桎梏は制度的コントロールの増加という上部構造の肥大化に結果し、生産諸力の発展はコントロールの下ではてしなくすすめられ、第一次資源であるエネルギーの不足という発展の危機にまで到ったのである。

マルクスは『序言』のこのもう少し後の条りで、「一つの社会形成は、それが十分包容しうる生産諸力がすべて発展しきるまでは、けっして没落するものでなく、新しい、さらに高度の生産諸関係は、その物質的存在条件が古い社会自体の胎内で孵化されおわるまでは、けっして古いものにとって代わることはない」と述べている。むしろこの予言的な示唆のほうに、産業的発展の現実は近かったようである。わたしたちは、極めて単純な史実に充分注目しうる。学校制度の公的な確立は一九世紀末であり、医療制度において医学校卒の専門医師の数が医師の半数を占めたのが二〇世紀初頭であり、またマルクス＝エンゲルスの時代にとっては「鉄道」がようやく大きな輸送制度になってきたにすぎず、飛行機速度は無論、自動車速度中心の社会形状は予想すべくもなかった。マルクスは『序説』で、「実際的社会的諸関係そのもののなかの不均衡ほどにはまだ重要でなく、また把握するのに困難でもない」ものに「物質的生産の発展と、芸術的生産の発展」「教育関係」「ヨーロッパにたいする合衆国の関係」等を掲げている。まさに一九世紀における歴史的フレームである。

断片的な文章はいくらでも見つかる。問題なのは明白な事実。第一に、二〇世紀後半の生産力能の急増、第二に、サービス諸制度の過剰な拡大、第三に、逆生産性の様態の露呈、等は一九世紀のマルクスには見るすべもなかったということである。かといって、マルクスの理論が無効であるというのではない。経済学的認識から見落とされていたにすぎない。マルクスの資本主義にたいする執拗な洞察は、今日を分析しうる潜在的な理論と対象を、輸送手段やサービス諸活動にたいして「剰余価値」の次元で驚くほど多岐にわたって問題にしているのである。主要には古典派経済学の混同をサービス労働と剰余価値、正確には「不生産的労働」と「生産的労働」にたいして考察している。『資本論』第Ⅳ巻『剰余価値学説史』をぬきに、今日の資本の世界は考察しえない、それほど多様な問題がそこには潜在し、しかも下部構造を経済構造に同一視してきたイデオロギー的偏見を越える示唆が豊富に横たわっている。

広い意味での〈労働〉の概念は〈行為〉の理論を見落としていないし、生産物の視座からみた生産労働とは異なるものであり、商品や資本の動きはまさに社会的行為の理論そのものである。サービスをめぐる考察も、表面上は「サービス労働」であっても含蓄している可能性は多様である。マルクスの可能性は、現代社会の発達の地平とその水準での社会的な編制とをおさえたうえで、そこから理論を問い直してはじめて示しうるのであろう。最近の何点かの著作をもとにして、経済学的イデオロギーから離脱しうる問題点をいくつかひきだしてみよう。

ロベート・ハイルブローナーは『後退するビジネス文明』のなかで、経済的成功は公的・私的な混合経済の下ですすめられるであろうが、その成功は決して社会的調和を保証するものにはならない。むしろ諸個人はビジネス文明の真只中でうつろな存在になっていくだろう。このうつろさは金銭的なものへのユニバーサルな置換、人間相互における非人格的交流から生じ、仕事はただ収入を確保する手段としてのみ考えられるという退化を結果する。経済成長に望みをいだいている限り、毎日の生活は歓びを失った発展に触まれているだけである、と述べている。

スチュアート・イーウェンは、資本主義的発展のコースにおいて歴史上二つの決定的な転期が、経済のための義務としてあったとして、第一は辛苦することであり、第二は消費することであったと『意識のキャプテン：広告と消費者文化の社会的ルーツ』で指摘する。彼の分析で興味深いのは〈消費者〉とは自然発生的に進化成長してきたのではなく、歴史的につくりだされてきたということだ。アメリカ合衆国では資本家や労働組合は、大衆が自ら生産したものを享受すべきであるという消費者イデオロギーを、次のようなテーマでもってつくりあげたという。

(1) 工業における労働者コントロールの要求を弱めるために消費者物品へのアクセスを増加させる。
(2) それに併行して「参加」が消費者選択の遂行と定義され、それが「民主主義」の新しい適切な形態であるとされた。
(3) 非英国的な少数民族は「アメリカ化」され、宣伝メッセージを通して一つの一様な国民的な好みがつくりだされるべきだ。
(4) 生産部門と消費部門は切り離されるべきだ（たとえば、労働現場は宣伝広告の場につかわれるべきでない）。
(5) 家庭は社会的な消費の呼びかけに開かれていくべきで、たとえば公立学校の「家政科」で新しい消費者モデルが学習され、子どもたちによって家庭にもたらされるべきだ。
(6) 性別された目標として女性を出現させるよう注意を払い、男と女の役割を操作すべきだ。
(7) 人間の消費力能範囲を変え、とくに女性を家で物をつくる存在から製造商品（食料や衣料）を購入する存在へと変えるべきだ。

このように政治組織的、経済組織的また性分化の家庭組織的に、消費者中心の社会編制が史的になされ、中でも「宣伝・公告」が消費世界において大きな比重を占めていったのである。

また、ティボール・シトフスキーは『楽しみのない経済』で、合理的行動と消費者主権の経済理論の中に潜んでいる心理的なものを描きだした。それは、⑴消費者は自分の好みを周到に反省したうえで為すことを選ぶ、たとえば彼の行動は彼の選り好みとその逆の作用とによって現われ出る。⑵消費者は自分の好みや偏愛を他の消費者のそれとは独立して発展させる。⑶自分のすべての必要と欲求を満たさずに残しておいて、もっと満足を与えてくれる他の物を確実に得られるようにしている。シトフスキーは、個人の選り好みは心理に関わるもので、それを相互人格的な関係性の社会過程に関係づけても理解できるものではない、われわれの好みを変更する諸々の影響は、この好みをかなえる物から由来する満足の力能をも変更するのであるから、変わりゆく選り好みと、満足感を由来させる特別な勤務との相互関係を考えるべきだ、と述べる。

シトフスキーはこの単純なタームでもって、よりよい幸福と実際の収入の増加との間に関係がなくなるのはなぜかというその根拠を考えたいのである。彼は一九四六年から一九七〇年のアメリカ合衆国に関する調査を通じて、一人当たりの収入がその二五年間に六二パーセント増加しているのに、自分を幸福である、まあまあ幸福である、幸福でないという者の比率はほとんど変わっていない。つまり経済学的な厚生の上昇は結果として、何らよりよい幸福感につながっていないと指摘し、経済的なモデルはこれを考慮できないでいると批判する。

彼はこの根拠を四つの次元で示す。第一は、体験的な明白さで、人々は満足を地位それ自体、つまり相対的な社会的ランキングや収入レベルの相互比較から感じる。第二は、満足は労働作業から由来するが、それ以上に社会的なヒエラルキーにおける特別な仕事に与えられている優越性や相対的収入差として働いている。第三に、満足は自身の経験の斬新さに大きくかかわっているのであるが、現在のわれわれの文化は経験を標準化し、徐々に斬新さを後退させている。第四に、物質的進歩は主要には安楽さに変容され、この安楽さは委譲のようなものであり、それをわれわれは当然であると感じ、歓びを自分で得る感情をうばわれてしまっている。シトフスキーは「幸福は社会的なランキングに依るもので収入の絶対量によるものではない」と結論した。

ここからわたしたちが読みとれるのは、市場集中社会あるいは商品集中社会では、「ランク・ハッピネス」の感覚がつくりだされているという点である。ほとんどの個人的活動は収入を増やし、売りだされている商品やサービスを買い入れるアクセス権をえようとするものである。創造的な活動と非公式的な相互個人関係から由来する本来の満足は消え失せ、前世代よりもより高い「生活標準」を得ることによって満足感が達成されるという仕組みになっている。

フレッド・ハーシュの『成長への社会的諸限界』は、シトフスキーの分析を補っている。ハーシュはひとたび基本的な諸々の物質的必要性が市場交換経済の大多数者に受け入れられると、諸個人の間に社会的地位の違いを定義づける「地位的財 positional goods」をめぐる競争が強められると指摘する。たとえば、退廃する都市環境から逃れて郊外の共同社会に移っていけることはこのような財のひとつである。彼は都市と田園の両方に容易に接近できる。しかし、多くの者が郊外に住むようになるとこの特権は失われ、都市の文化はもはや訪れる価値もなくなり、田園は新来者で膨れあがる。日本でこの現象は今、海外旅行に典型的にみられる。

過剰に混雑した場の価値低下は、地位獲得競争から結果した社会的コストの増加の一例である。例えば、ある職業のための教育上の資格はもはや職業力能とは関係なく、ただ学歴は高収入を期待できるという関係が諸個人に仮定されるだけとなっている。トップ地位にある者の比率はかわりなく、ただ、より大量の者が参加し競争を激しくしているだけであり、その競争に学歴が必要とされている。そして、成功者の数は昔とかわらないが、すべての競争者のために形式上の教育を可能にすべく巨大なコストを社会は支払っていく。

ハーシュは、個人の選り好みにおける諸変化の社会的インパクトをシトフスキーと同様に問題にしているが、異なっている点は物質的富のある一般水準に達した市場志向社会のキイとなる局面において、財の象徴的な属性を重視する点である。相対的地位が危くなったとき、その社会は新しい諸々の確実性を、成功のシンボルとして創造せねばならない。それは地位の差を意味するものではなく、過程に限界を設けないという仕方で構成するのである。

ハーシュは、地位獲得競争は市場志向社会の固有な姿であると理解し、諸個人が自分の良好状態は以前所有していた地位よりもその成功度を高めることにあると解する「物質的商品へのバイアス」「商業化効果」の表現をとる地位獲得経済である、という。これを彼は「新しい商品物神主義」と題する章で検討している。ハーシュは通常のマルクス主義者の意味でもって「商品の物神性（or 呪術性）を語っていない。マルクスは生産物の形態に限定づけてそれを語っているが、その論議の可能性はもっと深く広いものであるとハーシュはいう。

(1)マルクスは、商品形態は商品の自然的性格——商品の二重性、実体と形態の相互役割——とは絶対的になんの関係もなく、商品の神秘性は形態それ自身の機能であると示している。(2)物品交換のあらゆるシステムは広範な世界であり、商品の物神主義は資本主義的生産様式に固有な関係ではない。(3)マルクスは資本主義的諸関係の下でいかにして物神主義が生じるかの指標を与えていない。

他の言葉でいえば、もし商品形態が呪術を発生させるのであれば、どういう特別な類いの呪術的諸行為が生じるのであろうかそれを明示していない——とハーシュは述べる。要するにマルクスにとって、社会的諸関係において物象化の異なった諸形態が構成されうるが、そのなかで商品生産における物象化とは何であるか、商品生産を土台とした労働の生産物をとりまくあらゆる魔術、商品の全神秘とは何であるかを問題設定し、資本主義的生産の単純な構造のなかでそれに応じているだけだ、とハーシュはいうのである。

これをふまえてウィリアム・レイスは次のような疑問を提起する。(1)マルクスの商品物神主義の概念は、主要には当時の経済理論のイデオロギー的諸要素にたいして、関わっていたにすぎないのではないか？⑵この概念が今日でももし有効であるなら　現代の非マルクス主義経済理論における特別な概念は商品の物神主義の表現ではないのか？⑶当時の資本主義社会の通常の個人が、商品生産システムに操作されているため、神秘のベールをかぶせられているとマルクスは言いたかったのであろうか？もしそうなら、彼らはいかなる類いの歴史的な誤りをおかしていたのであろうか？⑷今日、諸個人は同じ理由で同じ誤りをあるいは違った類いの誤りをおかしているのであろうか？——と。

物神性の理解問題がこのように再評価され再検討されているのが、高度に進んだ消費者社会の現実を分析するためであるにしても、さらに再考を深める理論的な明証性を示しているのは、経済人類学のひとりの巨匠であるマーシャル・サーリンズである。

サーリンズによれば、マルクスにはその批判的な脅威力を弱めている決定的な弱点がある。それは、あまりに明確なまま特殊づけられている諸必要と諸有効性が客観的なものであると仮定されている点である。サーリンズは、マルクスにとって使用価値としての商品は、人間の必要を充たすものとあまりに単純明快に考えられていると指摘する。各観物は、それが使用価値あるいは有効性であるかぎり、何ら神秘的なものでないとマルクスはいう。

それを批判してサーリンズは、「すべての有効性は象徴的である」と論証する。「有効性」がある文化秩序にかなった「必要」の概念である限り、物の具体的な固有性や、人々の間の異なる諸関係——女性と男性の衣服の間における色・縞・織物のコントラストは性別の文化的評価を意味している――による。一つの表象を含んでいる必要のシステムは常に相対的で、自然的必要性のようなものによって測られない象徴的なものである、とサーリンズはいうのだ。

レイスは、大多数の者が日々拡大した市場交換に参与しているわれわれのような社会では、二重の象徴的な過程が働いていると指摘する。第一は、われわれが生産物の製造と販売に意識的に従事し、宣伝広告デザインに従事するシンボリズムであり、第二は、生活スタイルのモラルを構成することに消費者が選択的に関わっている象徴的な連合心象で、全市場は、異なった役、あるいは異なった方法での同様の役に応じた半自動的な諸セクターに分割されている。

このような、イーウェン、シトフスキー、ハーシュ、サーリンズ、レイス等の問題は、すでにマルクスが問題にしていたことであるが、「必要」と「商品」のディアレクテークをめぐる問題であり、現代の進んだ産業社会における消費者行動を批判するうえで不可避の問題領域である。とくに、サーリンズの「有効性における象徴的構成」の考えは、すべての文化においてすべての有効性は象徴的であるという、一九世紀マルクスの歴史的限界を潜在的可能性としてひきだし深化する観点を示している。

イリイチが「必要の変形」をめぐって、商品集中社会の土台的な変化を呈示しているのはすでに述べた。必要は、経済的な土台の水準から、上部構造における制度的な土台の水準へヘゲモニーとしての力を強め、専門パワーのコントロールの下にあると同時に、それを内面的に受容する消費者の日常世界を構成している。現代社会は、日常の象徴的構成を、商品の物神性を通して表象しているが、それは「転嫁された必要」を取り囲む制象の世界である。

消費者社会にたいする考察とは、理論的には商品所有者の行動から消費者行動へと人間的・社会的行為の水準が転化される、現代社会の物象化をめぐる考察を不可避にしている。ここで、物象化と物神性をめぐって、理論的地平をもう少し明確にしておこう。

高橋洋児は、「物象化的倒錯構造が物象化的倒錯観念をもって解毒されうるところに『物象化』とは次元を区別されるべき『物神性』の概念が成立する」と鮮やかな指摘をしている。つまり、物象化の倒錯状態を合理化する物神性の次元があるというのだ。広松渉は「交換過程論と商品世界の矛盾」という視座から、価値形態論と物象化・物神性の問題を議論した。平田清明も商品形態と物神性をすでに検討している。ここで、彼らの論議をくりかえすつもりはない。ただ、経済学の呪術性にとらわれたこうしたマルクス主義者たちが語っていながら視えていない、つまり経済学的視座が位置づけ固定化してしまった問題領域がある。それは経済学的な哲学から見落とされている。現実には現代社会の「消費者」化、また理論的には、必要・有効性・商品・使用価値にたいする無前提な経済学偏重の概念認識の領域である。マルクスの商品論を経済学イデオロギーをもって限定づけてみているがゆえに、不可視となっている世界であるといえよう。

マーシャル・サーリンズが「象徴的」といい、ピーター・バーガーやトーマス・ルックマンが、「制度化」

の社会的現実の構成を考察し、ピエール・ブルデュー／クロード・パスロンが文化における象徴的な再生産を考察し、またジャン・ボードリヤールが「物のシステム」で考察した、これらはいずれも「物神性」をめぐっての考察であり、その視座から「物象化」は、社会的諸関係の転倒という単純なものでも四肢的構造という共同主観的な世界でもなく、わたしたちの日常的な行為の転倒された世界として考えられているのである。現象学的社会学は、概念折衷法でもって物象化の問題を考えようとしたが、物象化を虚偽意識に矮小化してしまった。社会学的に、それは「行為」の理論である。そこで産業的制象を、行為と商品の理論的対応から考えてみよう。

四　行為の商品化　商品の行為化——制象化と物象化の構制——

高度資本主義は〈産業社会〉の一般的特質である制度審級での合理化を、マルクスのいう「物神性」の概念が有する理論の潜在的可能性の水準世界で、日常生活の現実そのものにおいて構成している。人間の社会的な行為は、社会的諸個人が「消費者」としての活動そのものにおいて「全体的社会事実」を具現している世界となっている。

アルフレート・シュッツは〝action〟と〝act〟とを識別した。〝action〟とは、行為者によって自己意識的になされた人間的ふるまい（conduct）であり、目的をもった開かれた行為と隠された行為（over and covert）からなっている。一方〝act〟とは成し遂げられた〝action〟である。この〝action〟は行為者によって解釈可能なものであり、「社会的な〝action〟」は、〝action〟が行為者に意味された、それを理解することによってのみ理解されうるとした。

多角的なシュッツの議論から離れて、産業的制象に近づくためにわたしは"action"にあたる人間的な行為を「行為」と呼び、その成しとげられた行為である〝act〟を「行動」と呼び、これらと区別して、商品や制度による人間から離れたふるまいを「活動」と呼び、商品・制度の諸関係における人間の行為を考えてみたい。産業的制象の世界においてなされた「行動」は、人間的「行為」が社会的であるため、商品・制度の「活動」から規制された人間の「行動」となっている。また同時に、人間の「行動」は商品・制度の「活動」と同等なものとして展開されている。（relation でない rapport の関係）

シュッツや現象学的社会学では、〝act〟を「行動」と「活動」とに区分けしていない。つまり「商品のふるまい」は具体的現実として考えられずに、「社会的行為」において行為者に意味されたものを理解しようとするにとどまる。したがって、バーガーにせよルックマンにせよ、「物象化」や「物神性」は「虚偽の意識」として理解されるだけである。

一方、マルクスは、「商品の社会的行動」つまり〝act〟を、人間の社会的行為つまり"action"と明確に区別しているが、転倒した人間の「行動」のセットを行為論として考察してはいない。諸制度を社会的な諸関係において理論的に考察するには、この〝act〟を人間のふるまいである「行動」と商品のふるまいである「活動」とに区別すると鮮明になる、とわたしは考える。そのうえでイリイチの自律的行為と他律的行為、それらの生産様式の意義を理論的に明白にすることができ、「制象化」と「物象化」の関係を明らかにすることができよう。

交換における商品と使用価値の矛盾を暗示するようにマルクスはいう。

「わが商品所有者たちは当惑してファウストのように考える。太初に行為"action"ありき。かくして彼らは考えるよりも前にすでに行なったのである。商品本性の諸法則が、商品所有者たちの自然本能において自らを実証したのだ。彼らは、彼らの諸商品を一般的な等価としての何らかの他の商品に対立的に連関させることによってのみ、それらを諸価値として、したがってまた諸商品として、相互に連関させる事ができる。このことは商品の分析によって明らかにされた〔引用者注―価値形態論〕。だが、ある一定の商品を一般的な等価ならしめうるものは、社会的行為(une action social)のみである。だから、他の全ての諸商品の社会的行動(un acte commune)が、それらの諸商品が自分たちの諸価値を全面的に表示するための、ある一定の商品を排除するのである。かようにして、この商品の自然的形態が、社会的に妥当な等価形態となる。一般的な等価たることが、社会的過程によって、その排除された商品の独自的・社会的な機能となる。」(長谷部訳『資本論』青木文庫、一九四~五頁、仏訳、J. Roy 訳 Garnier-Flammarion, 1969. P.46)

もちろんマルクスの問題意識は商品の貨幣への転化にあるが、マルクスは、「商品の行動 acte」と「商品所持者の行為 action」とを識別している。鈴木一策氏によると、この識別にアンリ・ワロンの『行動か

独語ディーツ版	仏語 J.Roy 訳	西語 P.Scaron 訳	英版 B.Fowkes 訳
die gesellschaftliche Tat	une action social	un acto social	the action of society
die gesellschaftliche Aktion	un acte commun	la action social	the social action

ら思考』への問題設定の開始があるという。『資本論』とワロンの問題構成について、これまでマルクス主義がなしえなかった根源的な理論地平を、鈴木氏はいずれも明快な論証でもってなされるであろうし、氏による『資本論』の厳密な訳も発表されよう。だがわたしはここにシュッツを媒介にして〝act〟と〝action〟の区別を重視したイバン・イリイチのポイントに対応するものをみたい。実は、イリイチの制度過程にたいする問題意識は、ライマーとの訣別以降、「制度の行動」と「自律的な行為」との差異を自覚することからはじまっていたのである。

だが読者諸氏は、わたしの小細工に胴されてはならない。まず独・仏・英が いりみだれている、各国版を参考のために並べてみよう。（上表参照）

西版のこの部分は、「イタリック体」で書かれている。訳者スカロンは明らかに混乱し、英版の訳者フォークスはもうどうしていいかわからなくなっている。確かなことは、ともかくマルクスが使いわけているという事実である。ただ《Tat》が《action》に、《Aktion》が《act》に訳されている点がきわどい。そして、シュッツの原語は、実は《Handeln=action》《Handlung=act》なの である。Tat でも Aktion でもない。詳細な文献的・哲学的考察は鈴木一策氏にゆだねて、わたしはただイリイチが、シュッツの区別からマルクスをみているというその点で産業諸制度における人間の「行為」を考えたのに注目し、「行為」「行動」「活動」を区別して、ひとまず考えていきたい。

「等価形態においては相対的価値形態よりも物神性が著しく現われる」のを、第三者の「脱人称的聯関」と広松渉がいったとき、商品所有者の社会的行動と商品の社会的行動との間に、実は制象論上の問題点が物神性とからみあいながら登場しているのである。

問題の基礎は、「交換過程」の章でやにわに商品所有者なる人格が登場することである。動く主体が二重に登場している。ここで「交換」とは「行為」から考えられている。加えて、交換とは「贈与関係」の制度を問題にいれて考えることもできる。

贈与と商品経済の問題域は経済人類学によって理論的に展開されている。たとえば、湯浅赳男氏のを参照されたい。わたしは極めて単純に、〈贈る〉という行為が、贈られる自分にとって他律的現象として制度的に設立されていたという事実だけをとらえる。〈贈る〉という行為が物をうみだすのではなく、「あげる」という他律的形式の構造を有していた。これが経済学的には〈交換〉の問題に関わるが、制度学的にはサービス的行為として関わり、受け手の「もらってあげる」行為が「得る」という行為に変わっていく。贈与は、内容として交換であるが、形式としてサービスとなって編成されていく。マルセル・モースの贈与論は、その象徴的な構成がどのようにすすんでいくかを描いている。〈物〉ではなく、物の使い方、また物の動き方を包んでいる規範なり象徴の体系である。

モースは〈贈与〉を三つの義務、すなわち与える義務、受けとる義務、返礼の義務でもって考えた。

彼は交換されるもののなかに、贈与を流通させ、受けとらせ、返礼させる「ある種の力」があるとみたためレヴィ＝ストロースからの批判をうけるが、贈与の経済的、社会的、道徳的、倫理的な「制度」を潜在的に考察しており、レヴィ＝ストロースもいうように、意味するものと意味されるものにたいする象徴的思惟による結合が読みとられる。

産業制度上におけるサービスの〈義務〉は、制度的な性質として、贈与‐交換の世界が産業社会的に構成されているものである。だが、商品生産とサービス制度との統合は、資本主義的生産が高度に発展した社会の下でなされているのである。

さて再び戻るが、「行為」と「行動」を問題にしたとき、わたしはピーター・バーガーらのいう社会学的理論化の根本的問題に逆戻りしようとしているのではない。「主観的に意図された意味が客観的な事実性に転化するのはいかにして可能なのか」あるいは「人間の行為（Handeln）がモノ（chose）の世界をつくり出すのはいかにして可能か」という主観‐客観の統合的な理論化をめざしているのではない。彼らのいうマルクス主義の弁証法的観点と社会学の現象学的観点との有効な結びつけは、わたしの問題領域外である。だが、バーガーらの「物象化」の問題設定はわたしの〈制象化〉を位置づけるうえで大きな参考になる。

彼らは「行為の物象化」という言い方をする。ある動作が下品な振舞いと名づけられるような場合、社会状況は一定の意思表出行為が行為者の表出的意図から疎外され物象化へと転化させられる契機となって関わっている。また、Xという人間だからこそ、当然そのような行為をしたという、役割遂行が存在に先行している場合である。「役割の物象化」と呼ばれる。「物象化は社会的役割や制度に存在論的な地位を与えることによって社会のなかで作用する。人間の志向性や表現行為から、役割が分離され担い手にとってさけられない一つの運動に転化させられ物象化される。」役割の担い手たちは「選択の余地がない」という虚偽の意識でもって行為する。

ついで「制度の物象化」が語られる。人間の対象的活動の結果としてのその真の性格が神秘化され、再び自然の事実性にも似た超人間的な事実性として規定されることによって制度は物象化される。物象化は、具体的なものを抽象化し、抽象的なものを具体化する。また質を量へ転化する。思考と選択の範囲を最小化し、行動を社会的に規定された回路の中で自動化させ、自明化した社会の把え方を固定化する。こうして物象化は機能的な至上命令を下し、最終的には、「行為を過程に転化させる」とバーガーらはいう。

いうまでもなく、バーガーらのいう〈物象化〉は、彼ら自身もいうように、商品関係という〈構造〉を単に歴史的なある時期としか考えていないため、物象化論を弁証法的な論理で問題にしても商品論を問題にしない。これは、不十分というより誤りである。商品関係と資本主義的商品関係とは同一ではない。商品論を構造として把握しえない理論は、制象化された歴史主義におちこんだものといえるが、バーガーらの示す豊かさは彼ら自身の思い込みから離れて理論的な力となる。それは、「行為の物象化」「制度の物象化」と名辞されている世界である。また物象化を関係だけでなく動きで考えている点も重要である。

「行為」「行動」「活動」というわたしの用語でもってまとめてみよう。

行為の物象化は、商品論をくぐらせていえば、第一に、商品所有者の人間的行為に関与し、制度の物象化とは商品の活動に関与する。これは、第三者的な位置で同時的になされる。つまり、消費者の制象化された行動としてなされるのである。行為の物象化は、商品関係を介在してそれに規制され、消費者の行為として出現し、制度の物象化はサービス諸価値の制象化の結果であるサービス諸制度の行動として人格的に出現する。したがって、消費者の活動とは非人格的な商品関係に物象化されたものとして活動している。多義的な問題を含んでいながらもあえて行為の理論から簡潔にいえば、物象化の活動が制象化なのである。

わずか数行で、行為・活動・行動をめぐる消費者と諸制度の関係を商品の物象化をくぐらせて陳述してみた。これらは、さらに、自律的様式と他律的様式の共働と商品の規制とを考慮して複合化されねばならない。

自律的行為が「他人にとって有用かどうかは、商品交換によってしか証明されない」（マルクス）ような規制が働きかけている。これは他律的様式からの直接的働きかけを考えるだけでは不十分である。他律的様式の働きかけが自律的行為にとって有用かどうか、という社会的な規制がなされているとき、それは商品交換の関係を受けいれる論理的構制をつくりだしているのである。このとき他律的様式は、自律的様式に働きかける他律的行為が〈サービス行為〉として関わっている様式であり、このサービス行為があるサービス価値をうみだす（あるいは保証する）ものとして関わっている。たとえば、学ぶ行為にたいして教える行為が〈教育〉をうみだすかのように働きかけてくる。治癒する行為にたいして治療する行為が〈健康〉をうみだすかのように働きかけてくる。歩く行為にたいして運ぶ行為が〈移動〉をうみだすかのように働きかけてくる。等々。

商品関係あるいは商品形態（あるいは価値形態）を受けとるサービス行為はもはや「行為」ではなく「行動」へと転化されている。他律的様式は商品生産様式として構成されているのである。この構成は自律的様式とは全く無関係になされる。教えることが価値あるものとして、まさにマルクスの価値形態における三つの展開を、道具とともに構成するのである。また、他律的行為の転化したサービス諸制度の活動は、人格的に、サービス的行動として出現している。さらに、サービス的行為の働きにより消費者の行動は非人格的な物象化された活動として出現していくのである。自律的行為という使用価値は、他の特定の使用価値物にとって有効でもなくそれと交換されるものでもないし、そうした目的をもつものでもない。ところが自律的行為はその行為を価値として表現する商品の活動から規制されるとき、他律的行為の働きかけた結果であると転化する。他律的行為がその構制 construction をつくりあげるのであって、その結果サービスを価値として生産的に構成することができる。

ここで大きな問題にあがってくるのは、他律的サービスが自律的行為に働きかけるという関係が、ある効果をもたらすというのは、産業社会以前に制度的にはすでに構制されていたことだ。その発生史的な状態があるという問題が第一（たとえば、ローマの「パイディア」）にあり、産業社会はそれを〈価値〉をうみだすものとして生産的に再編制していくという構造的な問題が第二にある。前者は、制度の史的確立として、後者は再生産の制度化として考察されうる（ルイ・アルチュセールや、ピエール・ブルデューの分析など）。この二つの問題構制をはしょってわたしたちは、商品所有者の行為を構造的に考え現象学的に明解にできるように話をすすめてみたのである。

これを体験的な日常世界におろしてみよう。わたしは「乗り物」を使用する。それを使用することによって産業的活動を充足することができる。歩いて（行為）職場にいったのでは何も実現できないうちに日がくれてしまう。電車で速くいくことができるから、わたしは何らかの価値をうみだす活動をすることができる。つまり、移動が市場で価値となっているから、その移動を価値たらしめる乗り物を使って目的を実現できるのである。このとき「時間」が「消費」されている。剰余価値を生産する生産的労働を実現するためには、制象化価値がつねに社会的に制度過程において活動していなければならない。それを社会的に機能させているもの、それがサービス制度である。サービス制度は、この「制象化価値」を学校化・医療化。加速化によって、日々再生産している装置となっている。そして、〈シャドウ・ワーク〉はこの消費における体験的世界を、歴史的・理論的に概念化してとらえかえしたものであるのだ。

〈学ぶ行為〉の〈学ぶ行動〉への転化、〈歩く行為〉の〈歩く行動〉への転化という言い方ができよう。自律的行為であった〈学ぶ行為〉は、教えるという他律的行為がサービス活動に転化したその働きかけの下で、〈学ぶ行動〉へと転化している。内発的に、産業的人間はよりよい学歴・資格へむけて学ぶ行動をなすのであるが、それは学校制度の中でのみ演じられている。この行動は、自律的なる〈学ぶ行為〉とは全く違うものになっている。どこでこの転化が、自律的行為・他律的行為にたいして生じているのか？それは、商品生産という「生産過程」を経済的土台にし、サービス制度を制度的土台にした「制象過程」においてである。

この「過程 procés」は、アルチュセールのいう「主体のない過程」であり、教師の教育実践やサービス労働や、生徒の学習実践とはなんら関係のない「過程」である。この過程を通過すると「制象化価値」がうみだされる。学校は教育を生産し、モーター輸送は移動を生産し、医療が健康ケアを生産する。これらは全く商品としての特徴を有しているが、「生産」過程ではない「制象過程」での現象である。

「行為の物象化」は労働の疎外はもちろん、その物象化とも異なる。第一に、生産部門でなく消費部門での社会編制であり、第二に、正確には商品・サービスを受けいれるあるいは選択するという商品関係の規制を受けとる次元に位置する。正確には行為は直接的に物象化されるのではなく、自律的様式に他律的様式が働きかけるその働きかけそのものに物象化が働きかけ、その結果、行為は制象化されているのである。しかしながら、これは一面的でなく、「制度の物象化」という規制をも他の面で被むっている。制度の物象化は行為の制象化とは逆の働きかけであり、相互作用的である。制度の物象化は価値形態の構造が、制度過程に内在しているものとして示される。たとえば教育の資格証明・成績が交換可能な価値形態となる構造は、実に価値形態の第一展開、第二展開、第三展開そのものとして示される。わたしは、この制度の物象化のレベルを実は「制度化」と呼んでいたのである。

制象化＝制度化となるのが、まさに物象化の合理化に他ならない、物神性と呼ばれていた世界の理論的構制である。そして、物象化・制象化・制度化の全サイクルが、商品の呪術的性格となって、有効性を象徴的に構成しているのである。

マルクスは「諸必要のシステム」と「諸労働のシステム」を射程においていたが、生産の理論における「物質的必要」を重視するあまりに、文化的論理づけを欠いていた！　そのためマルクス以降の史的唯物論の自然主義を招いた、とマーシャル・サーリンズは指摘する。史的唯物論は事実、使用価値の本性にたいする解答を欠き、より適確にいうならば、使用価値の「諸必要」を秩序づける人間と物との文化的コードにたいする解答ができなかったのである　ジャン・ボードリヤールは『物のシステム』や『記号の政治経済学批判』のなかで、この問題に応えている。ジャン・ボードリヤールは諸必要のイデオロギー的発生にふれながら、「消費」を、価値をめぐる四つの論理から示している。それは、①使用価値の機能的論理（実際の操作〔道具〕）、②交換価値の経済的論理（等価〔商品〕）、③象徴的交換の論理（不均衡〔シンボル〕）、④価値／記号の論理（差異〔記号〕）である。彼は明らかに、単純で教条的な経済イデオロギーの価値論から脱却して、価値をめぐる「消費」次元での再構成を設定している。価値をめぐっての有効性・象徴

・生産物は識別されてしかるべきなのであって、価値の理論地平は経済に一元化されるべきものではない。

サーリンズやボードリヤールが、またさらにシュロモ・アビネリの「欲求」についての議論やJ・ハバーマスの「イメージ」についての議論は、マルクスをふまえてマルクスが軽くみて充分であった使用価値・有効性・必要・欲求という、理論的には「商品論」以前に関わる問題、歴史的には商品の資本への転化以降の問題にふれているのである。

サーリンズは『経哲草稿』『ドイデ』『要綱』『資本論』と文献的にこの問題を示唆しながら展開している。それをここでくり返しても果てがない。ただ、わたしは、使用価値＝自律的行為というイリイチの問題のおき方は、全く見当はずれなのではなく、経済学イデオロギーをマルクス主義が商品論の地平ですでに無前提にかかげて出発していることそれ自体が、実はマルクスの理論からかけ離れていく根拠になっていると指摘するにとどめる。

五 サービスと三つの対抗軸
——価値の限界設定——

〈サービス‐行為〉と〈商品‐モノ〉との共応関係の差異とアナロジーが、〈サービス＝商品〉を構成していた。しかしこれを、要素が相関するアナロジーだけで推察していてもはじまらない。

(I) サービス——行為 ＝ 商品——モノ

の関係性が相関するホモロジーをも同時に考えておかねばならない。他律的行為がサービス＝商品となる関係性は、モノが生産物＝商品となる関係性に相関する。そのうえで、「教育という商品」「健康という商品」「速度という商品」が考えられねばならないのだ。

学校、病院、モーター乗り物とは、産業サービス制度の「代理機関 agency」である。具体的・現実的に、つまり制度形態として、これらの代理機関は、産業的生産様式にのっとって、教師・医師・運転手等の〈代理人〉agents を雇用し社会的に配置し、触知しえないサービス商品である「教育」「健康」「速度」を提供している。生徒・患者・通勤者は、これら商品を「消費」するシャドウ・ワーカーである。こうした「サービス提供」と「サービス消費」の〈送り手〉〈受け手〉が相互行為している時空「産業サービス制度」が第一の水準で考えられる。

第二に、教師・医師・運転手たちをはじめとして事務職員・官僚などがひとかたまりの専門的代理人集団として「サービス提供」している《サービス労働》の次元がある。これは、マルクスが『剰余価値学説史』でよくふれた労働形態であり、また社会的な労働様式であるが、現代ではさらに資格を要されて専門制度化されている。このサービス労働が、いわゆる生産労働と決定的に異なる点は、「触知しうる生産物」は生産しない。つまり〝make〟ではなく〝do〟に関わる特徴をもつところにあり、また、提供のためには合法的資格をもたねばならぬところまで専門化=制度化している。

そして第三に、すでにのべた、「触知しえない商品」である「サービス=商品」の〈教育〉〈健康〉〈速度〉さらに〈安全〉といったものが、「商品次元」で考えられるサービスとなっている。

サービスとは、このように

① サービス制度……agents が活動する時空
② サービス労働……agents の活動行為
③ サービス商品……agents の活動行為が提供するもの

といった三つの領域から、第一章で展開した《産業的生産様式》の構成を構造化している。そして、ここで最も肝要なポイントは、これら三つの領域は「他律的生産様式」という他律性が自律性に勝利した関係様式になっている制度化のあり方を地盤にしているということだ。

そして、他律的生産様式とは商品の形式(=様式)の位置をもつ。つまり、資本家的生産様式を考察するうえでマルクスが「商品」を初発にすえた次元に対応して、イリイチは産業的生産様式の考察の初発に「他律的様式」をすえているといえる。前者は「モノ」の次元であるが、後者は「行為」の次元にある。

(I)の図式は次のように書きかえられねばならない。

(II)
物――商　品――資本家的生産様式
行為――他律様式――産業的生産様式

である。〈サービス〉が消え、他律的様式が登場した。商品規制が規定的優位に配置される。〈商品〉と〈他律的様式〉とは、いかなる範疇的なからみあいをもっているのか、今後の理論的生産の基盤となる課題であるので、簡潔に整理しておこう。

まず、前提的な歴史的地盤は「商品／市場集中世界」であり、経済的に商品生産が社会的な諸関係において「決定的」な位置を占めていることが忘れさられてはならない。この歴史的準拠域を見捨てて、サービス・制度を文化＝象徴的な形式で論じてしまう傾向があるようだが、それは、歴史認識の不在以外の何ものでもない。〈歴史〉はイリイチ思想に限らず思想・理論の力をもつかもたないかの分かれ道であって、最近流行の歴史不在の文化主義傾向がものごとをよく観ているとか、他方マルクス主義のみに歴史意識があるのだ、と思いこまれていることが誤まりであるのだ。さて、〈価値〉を導入しての形式として生産様式における〈商品〉と〈サービス〉との対応関係は、これまでをふまえて次のように図示されうる。

(Ⅲ)

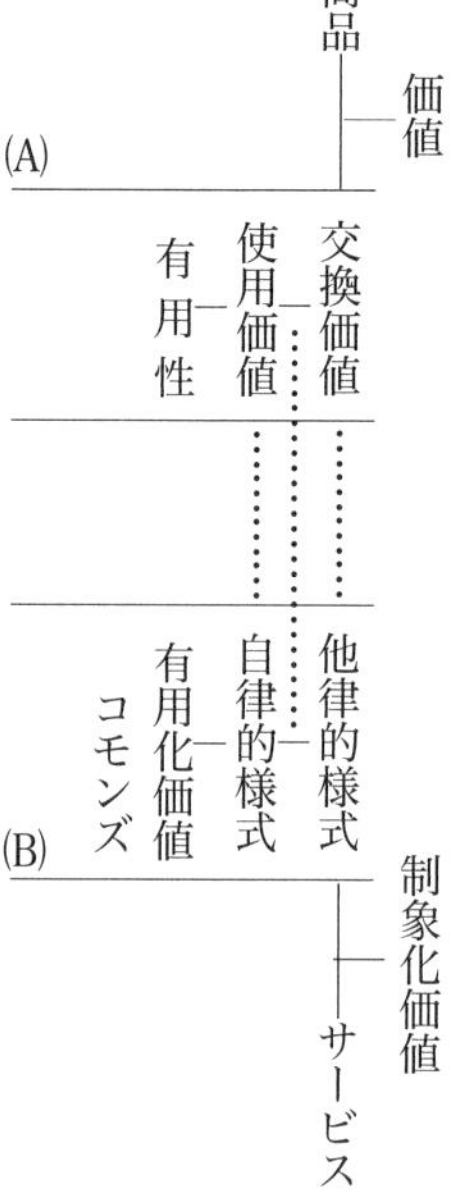

この形式対応関係は、要素間のアナロジーであり、関係間のホモロジーであり、かつ、〈再生産総体〉において理論的＝現実的にからみあっているものである。そしてこの諸関係をそのまま経済構造へ還元しては元の木阿弥である。わたしたちは、〈場〉を設定がえしないことには、この諸関係をつかみだした意義を見失ってしまう。経済の一元的場から多次元的な場へ、わたしたちは問題提起をずらしていかねばならないのだ。

〈価値〉value とは、きわめて単純な日常語であって、「交換価値」というのは「交換に値する」ということであり、「使用価値」とは「使用に値する」ということである。平田清明氏に指摘されるまでもなく、「交換可能なこと」「使用可能なこと」でもある。このように「値する」「可能なこと」という有効性をもっており、それが有効となる場、つまり、〈市場〉として構成された場と使う者があっての有効性である。

さらに、「値すること」や「可能にすること」を為す人間行為は、マルクスにおいてもきちんと措定されている。「市場 - 行為者」——市場空間に行為者が時間的に関わり、価値をうみだす——の関係性が、商品およびサービスの二大領域——いいかえれば二大形式——において規定されている産業人間の関係行為をトータルに論ぜねばならない。マルクス主義者が現代資本制社会を論じきれないのは、商品市場集中社会が内在させている「モノ - 行為」の「価値形式」が、行為様式ぬきにはありえない理論的初源性を、サービス制度が商品生産とともに肥大化していくという歴史的現実にみあって考察しえないからである。行為者なしのモノの形相と質料と労働にこだわったままであるからだ。これを、もう少し、彼らの理論水準にまでさがって指摘しておけば、「モノ＝生産物を生産すること」と「生産者を生産すること」とが、初期資本主義ではみられなかった、生産者（労働予備軍）の量的拡大と機械の技術科学化（生産諸手段の巨大化）のなかで分離してきたという史的編制を、いつまでも経済決定論で説明しようとしているからである。つまり、「生産者の生産」は、経済体系や家族体系から分離した「再生産体系」として独自に編制されていく。そして、形式的な資格保証 formal qualification が、実際の労働技能とは無関係に、法的に保証され、労働者が自由労働者として形成されるという、歴史上前例のない「教育体系」が、一九世紀後半から二〇世紀にいたって制度編制されたのである。ピエール・ブルデューをもってすれば、「経済生産システム」とは別に、「再生産システム」が家庭と産業から切り離されて、経済生産を円滑に拡大再生産しうるように、編制されたということである。(Ⅲ)における(A)と(B)が分離し、(B)独自のサービス制度体系を編制したのである。これはもちろん、(A)の生産力が高まり、(A)の秩序が維持されうる分配＝政治編制がなされる高度資本主義の世界体系において可能となったことである。

この政治編制の水準は、サービスについて論じるとき、経済一元論的にでなく、多元的に論じられねばならない問題である。イリイチは三つの対抗軸を設定した。

イリイチは、生産物・所有の次元での商品・財をX軸のベクトルにすえた。そして、サービス・道具をハード・対・ソフトのY軸のベクトルにすえた。巨大サービス制度をハードな技術と同じ位置にすえ、それに対抗するソフトな技術・道具の自己管理的なあり方を対立項にくくったのだ。自分たちで運営する私塾や自由学校的なもの、自己治療、水車、風車の動力などは、住民や市民自体が自己運営・自己管理していくY軸上でのソフトな途というわけだ。イリイチ思想の骨格はいうまでもなく、このY軸の正統化つまりエコロジー的運動の次元にはない。彼の眼目は、第三のZ軸上における〈産業的なもの・対・バナキュラーなもの〉にある。

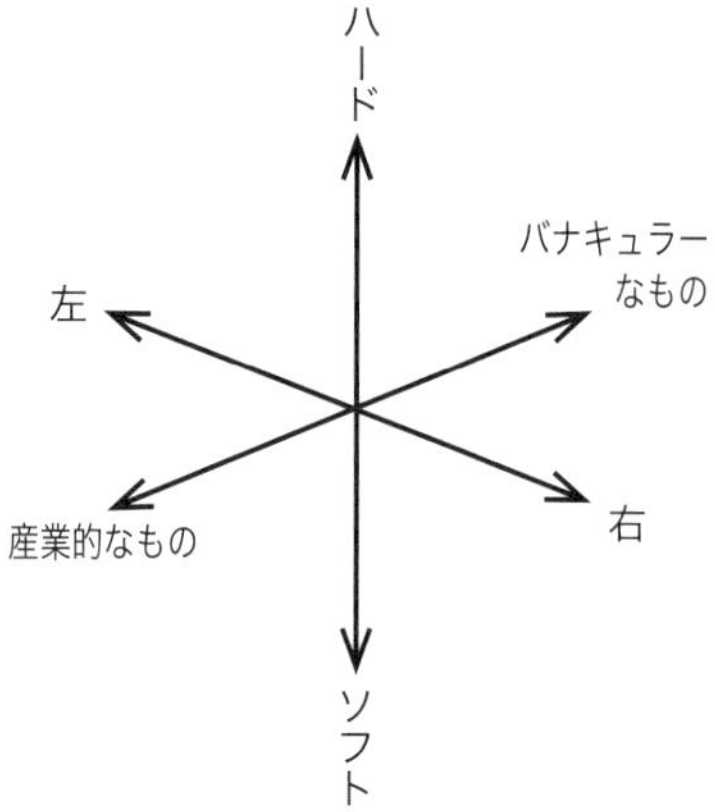

そもそも、このX—Y—Zの三つの対抗軸がイリイチ自身によって語られたのは、一九七九年であり、最終的に仕上げられたものが、『シャドウ・ワーク』において所収された「公的選択の三つの次元」である。

「サービス」論は、この三つのベクトルで空間化されたテンソルにおけるその場で論じられねばならないし、また、この問題域は、本書の「産業サービス制度論」が、さらに「経済セックス：シャドウ・ワーク論」、「政治転換としての限界設定論」へ橋渡しされるうえで最も重要な位置をもつものでもある。

サービスをこの三つの軸で考え直しておこう。それは政治的構想とからむ政治的対抗軸でもある。

右・対・左のX軸は、サービス制度の国家的イデオロギー装置のヘゲモニーをいかなる者が握るかという性格をもつ。マルクス主義的理論はブルジョア的理論と同じく、この土俵上で、対立を設定している。教育制度を民主的教師が掌握し、あるいは、学校制度をプロレタリア独裁のヘゲモニーの下におくといったような論理がそうである。

Y軸上では、そうしたサービス制度の巨大化にたいして、自分たちの手で運営・管理できるソフトな制度をつくろうとする。自由学校や私塾や、小共同体的なコミューンの建設などの直接参画のサービス代替・自由運動が対立させられる。そこでは、サービス労働の特徴が巨大制度の代理人としてかあるいは自主的・自立的代理人かという対立が想定されている。そして、ハードな教育商品・道具か、それとも「手づくりの道具」かという対立となる。

しかし、こうした対立は、教える行為の必要性、教科内容が学力と対応しあっているのだという必要性、つまり、「教育の必要性」――サービス商品の必要性――を疑ってはいない。〈教育の尊重〉そのものは問われていないのだ。

したがって、いいかえるに、

X軸上では〈学校の尊重〉――(制度)

Y軸上では〈教育の尊重〉――(商品)

が、前提にされている。したがってZ軸は、学ぶ自律行為・使用価値が規準に想定されていると言えよう。

Z軸は、学校の尊重のみならず教育の尊重をも限界設定する次元でもある。この教育の尊重は、その根柢に、人間の尊重(人間の発明と子どもの発明)がある。正確にいえば、先進諸国の語る「人間」概念とは、そのレトリックの底に「中性人間」つまり「経済的中性者 economic neuter」を前提とせざるをえない。Z軸上では、「男女の相反補足性」として、「ジェンダー」のバナキュラーなものと、人間化(つまり中性人間化)とが対立するセクシズムのベクトルともいえる(この経済的中性者・人間化については、『消費のメタファー』での〈経済セックス〉論において詳細に論じている)。

以上から、

(a) X軸上……学校
Y軸上……教育
Z軸上……人間(自律行為)

の「成長」「発展」にむけたサービス化が産業的生産様式のもとで遂行されているのがわかる。もう少し、いいかえておくと、

となっている。

(b)
X軸上……学校化・病院化・モーター乗り物化……制度
Y軸上……教育化・医療化・加速化……商品
Z軸上……人間化……行為者

したがって、この産業化の成長にたいして否定的な「縮小」の対応が、

(c)
X軸……非市場的で、経済的でない形態をとる政策か
Y軸……エコロジー的破壊や逆生産性にたいする成長否定的な対策か
Z軸……人間化というセクシズムを否定する提案か

として考えられる。このZ軸上のあり方は、これまでまったく議論されていなかったベクトルである。

わたしたちは、「人間化」をある意味で絶対的で不可侵の価値のように考えてきた。しかし、「サービス」というものがつねに「人々のため for people」として行為されてきたことを考えると、それが歴史上、「ジェンダー」――「男女の相反補足性」とわたしはとらえているが「男と女が、言うこと、すること、望むこと、感じることが、同じではない環境と条件のもとでの男女の二重性」があった状態――から「ユニセックス」へ転じることが、「人間化」に他ならなかったのだ。それをもって、サービスは自己存在価値の証しとして正当化してきたのである。成長の帝国主義に基づいた価値であって、第三世界の論理のいう「人間」とは対立するサービス／人間化（中性人間）となっている。人間化するサービスが、セクシズムをうみだ

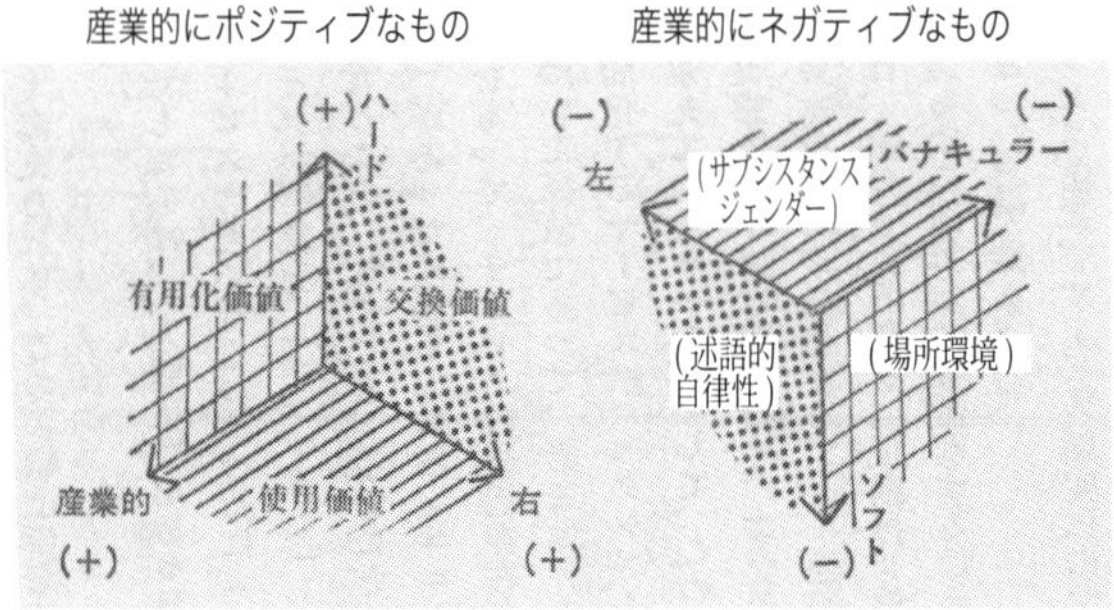

すという次元は、一九八〇年のイリイチをまたなくては視えてこなかった。そして、このとき「セクシズム」はたんに「性差別」という女性差別の現象と実態をさすだけではなく、「男女を中性化する」「男女をジェンダーのない存在にする」つまり「男女をセックス化する」——性器の如き性徴のみで識別する——ことが暴き出されたのだ。それは、実のところ男を「生産男＝賃労働者」に、女を「家事女＝シャドウ・ワーカー」へ分類し、あらゆる面で女性を差別する結果へと産み出していく「経済セックス」の世界にいきつくだけとなったのである。

サービスとは、サービス制度化における「サービス労働⇅シャドウ・ワーク」によるサービス商品の「提供（産出）と消費」だけでなく、「人間化＝経済セックス化」でもある点を付記・強調しておかねばならない。

このZ軸上でのセクシズムの次元をおさえたうえで、三つの対抗軸を、(a)にまでもどって見直すと、各軸の内容が別の軸へずれていく点が少し気になるのだ。つまり、X軸の〈学校〉がハードな制度としてY軸上へ、Y軸上の〈教育〉が人間化という「産業的なもの」としてZ軸上へと、他の軸上の産業的な価値を裏づけるように入りこんでいく。このずれ込みを、わたしは「価値づける」価値の次元として考える。それは軸上にあるのではなく、各軸が構成する「面」として考えられることだ。対抗軸で切られる三つの面を想定して、それぞれの面に「価値」を設定してみるならば、(Ⅲ)の事態はさらに明確になろう。

交換価値は、〈右↕左〉と〈ハード↕ソフト〉の軸に関わる。

使用価値は、〈右↕左〉と〈産業的↕バナキュラー〉の軸に関わる。

有用化価値は〈ハード↕ソフト〉と〈産業的↕バナキュラー〉の軸に関わる。

学校装置（X軸）は、交換価値の生産――結果としては「資格（学歴）」の形態をとる――をもってハードな制度へずれこみ、そこで教育の逆生産性を高める。これはさらに、環境の有用化価値の生産――人間の生態環境へ働きかける基礎力能の産出――をもって産業的な価値のZ軸上へずれこみ、エコロジー的破壊をともなう人間化／セクシズムを強める。他方、学校装置（X軸）は、使用価値の生産――学ぶ力の表出を独占すること――をもってZ軸上へずれ、自律性を不能化する他律的人間化を強める。交換価値・使用価値・有用化価値は、人間化の多角的な面を、形式的・身体的・環界的に表現＝疎外表出したものであって、まったく別ものではない。〔定本注：その後の考察から産業的に邪魔だとされたものを記しておいた。〕すると、X軸上における限界設定とは、交換価値への限界設定は無論のことであるが使用価値にも限界を設定することである。

Y軸上における限界設定とは、有用化価値に限界設定することであるが、それは交換価値への限界設定でもなければならない。

Z軸上は、使用価値への限界設定であるが、有用化価値への限界設定でもある。このようにそれぞれの「価値」を位置づけると、産業的にポジティヴなもの、つまり「成長」へむけたものは、商品化と他律(独占)化によって、「右へ」「ハードへ」むけて〈産業的なもの〉化するといえる。つまり、「使用価値」や「有用化価値」は復権されるべきものなどではなく、それ自体が「産業的なもの」の優勢によって「右」や「ハード」の傾向性を強化するものになっていくのであり、「使用価値」「有用化価値」自体も限界設定されるべきものであるということなのだ。この点は、イリイチの言い回しとは違う論点であるが、イリイチを深読みしていけばそこにおのずとうきあがってくる文化の根元に迫る課題であるといえよう。

Ⅲの図式からすると、

〈交換価値 - 他律様式〉対〈使用価値 - 自律様式〉

の対抗自体がZ軸上にあるように考えられる。それは、さらに、

〈有用性〉対〈コモンズ〉

の対立ともいえる。しかし、〈有用性〉それ自体が問われるとき、

〈使用価値〉対〈自律様式〉

の対抗関係こそが設定されてくるのである。ここは、イリイチ自身の思想に内在する、分岐点である。イリイチは、ともすると使用価値の復回=自律性の復回と見なしている傾向がうかがえるからだ。

だが、使用価値とはそれ自身が、有用性の文化的・象徴価値をもつ専横的なものに立脚して構成されているのであって（豚肉を食べない文化では豚肉は使用価値にならない）、決して、歩く・癒す・学ぶなどの自律行為と等号化しえるものではないのである。ここで、イリイチは迷っているからこそ、「有用化価値」などと自然環境に重点をおいてみたり「コモンズ」などと共有地の人間存在に重きをおいてみたりするように、わたしにはみえる。〔定本注：このクリテリアからわたしは「場所」「述語制」を発見していくことになった。〕

だが、「モノ - 行為」を識別し関連づけ、「商品化」の規定のもとで考えるなら、《サービス》という理論領野は、「使用価値 - モノ」や「環界」「共同体」からではなく《自律行為》それ自体からとらえられるべき対象であり、それゆえ、「身体」論の不可避的領域を問題提起していかざるをえないところに入りこみ、かつ、身体 - 環界から疎外＝表出される「心的領域」「幻想域」をも問題にすえていかざるをえなくなるのである。

イリイチは、こうした理論的な本質課題よりもむしろカトリックのキリスト教的原理の精神世界をこえる思想課題・歴史課題の方へ直面し、対峙しているため、本質論へ歩みをすすめてはいない。わたしは、本質論なき歴史・思想は、かならずエスニックな文化存在根拠の西欧化＝普遍化の矛盾対立・包摂の歴史的編制のところで壁にぶつかってしまう、と考える。イリイチ思想は、ラテンアメリカの現実とカトリック化＝西欧化の対立・混融の只中にその思想萌芽をもちながら、しかし、あまりに多角的なエスニック様式をラテンアメリカ一般において、前市場的な「バナキュラー」一般へくる限界を内在している。もちろん、そうしたダイナミズムをもってせねば、西欧普遍化の帝国主義の横暴な侵略にはとても思想的に対峙しえない。エスニックな個々の現実をつきつけたところで、びくともするようなものではないのだ。しかし、「バナキュラーな価値」とは、そのひとつひとつ――歩いて動きうる範囲での自律共働性 conviviality の時空――を大切にするうえでの指針になっているものではある。

六　道具諸手段としての制度
――再生産論へ――

さて、議論を現実の生活世界の局面へ戻していこう。商品の物象化の合理化つまり社会実定化は、物神性ならざる制象化の世界次元で、剰余価値生産および制象化価値生産を普遍化するような編制を構成している。制度化の理論は商品世界をぬきにして考えられないと同時に、商品論だけからでも説明しえない。資本主義的な商品生産が、制象化を必然的に不可欠に構成せざるをえないとともに、この制象化の構成は全く次元の異なる他律的生産様式と自律的生産様式の共働の構造から構成される。〈制度〉論は固有の存在次元を有していると同時に商品生産を歴史的な存在構造にしている。

さて、〈制度〉とは何か？ この問いは決して容易な解答を許すものではない。それはアルチュセールのような厳密な者にさえ、「とりあえず」としてしか列記できなかった、宗教的ＡＩＥ、学校的ＡＩＥ、家族的ＡＩＥ、法律的ＡＩＥ、政治的ＡＩＥ、組合的ＡＩＥ、情報的ＡＩＥ、文化的ＡＩＥ――ＡＩＥとは「国家のイデオロギー諸装置 appareils idéologiques d'État」であるが、「ＡＩＥとしての諸制度」に還元されるものでもない。「学校装置」は諸制度のＡＩＥへの形態的包摂・実質的包摂という国家レベルでの問題を含むもので、諸制度にたいする形態的な認識からでは解明しえない複雑なものであるのも、〈行為－心性〉の「制度化⇅儀礼化」をはらんでいるからだ。これは労働の資本への形態的・実質的包摂に対応して、不生産的労働（それは多分に行為の界にある）の生産的労働への形態的・実質的包摂を、生産過程と制象過程の構造連関においてとらえる「包摂（subsumption）」と過程をめぐる問題となる。

制度ははっきりとした目的意識をもって打ちたてられた合理的なものか、あるいは習俗的・慣習的なもの／無意識的に行なわれていたものがおのずと、とくに近代的に自覚化されて組織化されるようになったか、いずれかというような問題でなく、全社会形成体において、あらゆるファクターを統合して構成される、「観念の客体化された体系が無意識なもの」とレヴィ＝ストロースがいうところの――精神の無意識な合同性が見いだせる。それはまさにマーシャル・サーリンズのいう「象徴的な日常構成」である。

制度を中村雄二郎氏のように疎外態のレベルで考える限り、制度は精神的契機と物質的契機を統一的に自己のうちに含む存在構造としてしかとらえられず、ルックマンやバーガーらの人間の固有の力の外化、外化したものの制度化、制度化したものの内面化という社会学的な制度化論を一歩もでるものとはならない。疎外はたかだか、過程での出来事であって、「過程」を構成している物象化よりも高次の存在構造が「制象化＝制度化」としてあるのである。

物象化の極端にすすんだ、その現象学的現実の現れは、資本主義的生産様式が制度化された現実である主体なき「制象過程」であり、主体なき生産過程を合理化し正統化している。それはもはや社会集団や諸個人の実践的・主体的な現実ではない。主体は、制象過程で社会的行動を確証され、社会的エージェントとしてのみ生存を許される。「制度」とは何か？という問いは、その形態的イデオロギー、主体的イデオロギーから脱却して、「制象とは何か？」という問いへと、問い返されていかねばならない。そのとき、形態としてみえた産業諸制度は道具諸手段の水準として考えられている。

道具と道具手段を生産手段との関係で考えると、以下の点が確認できる。生産諸手段と労働は「つくる」セットである一方、諸道具と行為は「する」セットである。生産諸手段は生産物をつくるための手段であるが、〈道具〉は「使用する」行為において考えられ、いわゆる「手段」（〜のために）ではない。〝convivial tools〟というタームでは意味的に「自律共働的諸道具」と訳しうるのであるが、しかし〝industrial tools〟は、制象過程であたかも商品となる生産物をつくるかのような「手段」である意味をもつため「産業的道具諸手段」と訳したほうがふさわしい。道具が手段へ転じられてしまっているのだ。

イリイチの〈道具〉概念は、生産諸手段の所有・非所有の理論にたいする批判であり、かつプラグマティズムや行動主義への哲学的な批判概念でもある。行動の結果や実際の効用を思考に優先させたり、行動を意識に先立てる概念ではない。技術的道具知性にもとづく適応行為や進化観とは根本から異なるし、客観主義的な行為を主唱するための用語でもない。道具は、社会関係にとって本質的である。
◆人は道具の主人となっている程度に応して世界を自分で意味づけることができる。
◆人は自分の道具によって支配されている程度に応じて、道具の形態が自分の自己イメージを決定する。
自分とともに働いてくれる道具か、自分の代わりに働いてくれる道具＝手段かの違いである。

生産手段化している道具諸手段は、モーター・エネルギーが新陳代謝エネルギーを「生産的でない」として排除するような象徴的なパワーを有している。そして、この産業的道具諸手段は技術科学のエンジニア化によって専門家のみが近づきうる――専門家のみが創造し、改善し、修理し、破壊することができる――ものになっている。消費者は自らが購入したり、自らに与えられる道具諸手段を消費する。その消費の量によって制象化価値がうみだされる。そして、この消費が「生産的」であると見なされるのである。制象過程にくみこまれていない自律行為は「制度化された価値」によって意味論的に抹殺される。制象化された価値によって合意、承認されて自己利害へと結びつけられてしまっているからだ。

学校制度という道具手段は学校化をおしすすめている。学校化に従属すれば学歴資格が得られる。医療制度という道具手段は医療化（病気を治療してくれる）を、輸送制度という道具手段は加速化（速く目的地に着ける）をおしすすめている。これらの道具手段は社会的に根元的独占を構成し、世界的に専門帝国主義を編制し、専門パワーの民族的・世界的な管理構造を支配的なものにしているのである。この日常世界で、人々は自分の判断を信頼しなくなり、自分が知っていることが真理であるかどうかを告げられるのを望み、自分で決定できるという信念は土台から蝕まれ、豊富な約束を争奪しあいながら、その世俗儀式――カリキュラム、治療法、訴訟、乗り物利用の積極的な消費――に従い、専門魔術師の判定に身を委ねる。人体の外にある情報、規則、法、そして広告・宣伝は、人々の精神活動を自動的に構成し、サービス／商品の行動を合理化し、人間の行為はその使用価値を奪われて辺界におしやられている。知識も情報も広告も魔術的な記号として、意味の多義性をよそに、産業神話の普遍化を意味づけている。

ここで、〈制象〉と制度とをはっきりと理論上で区別しなければならない。形態としての制度はY軸上における「道具手段」である。しかし、「過程」としてはそれをZ軸上における「制象」として認識されねばならない。「制度」をめぐる混乱は、ここではっきりとしたであろう。制象過程は、経済学的な再生産――生産諸手段の再生産、生産的諸力の再生産、生産諸関係の再生産――というX軸上のあり方に加えて、その中でもとくに生産諸関係の再生産に絡みながら制度的な再生産――他律化（という商品化）の再生産、制象化の再生産、制度化への再生産、操縦化への再生産――というY軸上のあり方として構成されている。この再生産は象徴的権力を発生させる絡みあいから、バナキュラーなものを産業的なものへと転じるZ軸上のあり方を基盤にしている。この象徴的な表象は、言語における所有表現、たとえば、「わたしは学ぶ」のではなく、「教育を得る」となっているような表現の名詞化に典型的である。動詞行為が転じられてしまうのだ。

制象過程を有した社会は「管理社会」の構造を構成し、専門エリートが権力を行使している。政党も閣僚も専門エリートの判断を基準にして政治を履行する。社会的権力は、経済的権力や政治権力よりも「支配的な」専門権力を構造化している。支配的なものはいつもその時代の支配イデオロギーからは不可視になっているようだ、それは支配イデオロギーそのものである。そして道具諸手段をめぐる社会的コントロールもこのレベルで重要な問題になる。こうした、規範・権力への従属だけではない、自らの日常行為や心性・意識を正当化していることがなされている。

かくして制度学が歴史的な存在として考えるのは、〝Homo economicus〟（経済人間）を土台にした〝Homo religious〟（宗教人間）である。この両人間は技術科学文明のなかで、経済人間の世界から宗教人間の世界へと転じている。商品／サービスを生産し消費する人間は、その日常世界を宗教的に合理化し、そこで供される制度産物＝商品を信仰（学校信仰＋教育信仰など）し、産業社会のエートスをもそれにあわせてつくりあげてきた。このエートスは「専門的エートス」として、サブシスタンスなジェンダー／労働や自律的行為、場所生活／環境を周辺においやっている。また、現代の神話のコードは複雑に、合法化される必要もなく日常生活を象徴的に統御している。

神話発生の制度学は、こうした神話の発生根拠を探りながら、市場集中経済における生産物の支配を解体する反 - 研究を提起するものである。わたしなりにその課題を整理すると次のようなものになる。

(1) 生産諸手段と道具諸手段の理論的識別

(2) 生産労働と制象行為の識別——ゲゼルシャフト行為の再考

(3) 商品と使用価値の識別
(4) 「必要」のシステムの理論的構制と「価値」の再考
(5) 価値形態と制象過程の連関
(6) 物象化の制象化への理論的転化、等々。

以上はマルクス「商品論」におけるオルターナティヴス的視座となる。そしてさらに、

(7) 回転期間における加速化の意味
(8) 流通における制度化の必然性
(9) 分配における制象の形態化（制度確立）
(10) 地代論からみる制度的編制
(11) 三位一体範式における非階級化
(12) 蓄積様式からみる制度の包摂（世界交通）

は、『資本論』Ⅱ巻、Ⅲ巻におけるオルターナティヴスとなる。

(13) 不生産的労働とサービス制度

は、『剰余価値学説史』の新しい問題地平となるであろう。

以上の項目は、マルクスの『資本論』全四巻から十分に考察可能な問題地平であり、制度学の基本範疇を明示しうるものになると考えられる。しかし、経済学的理論へ還元するのではなく、経済学的論理

から離脱することである。とくに、ピエール・ブルデューが明示した「生産体系」と「再生産体系」の分離した関係性を問題組上にのせてはじめて可能となる議論であるが、社会的再生産と文化的再生産との統合的構成を客観化することが最低限要される。

また、サービスの受け手たる「生徒」「患者」「通勤者」の「シャドウ・ワーク」を「賃労働」とセットにして同時的に論じうる地盤を設定することも不可欠である。

「生産者の生産」という再生産体系と「シャドウ・ワーク＋賃労働」の再生産体系との関係性を、「男と女の再生産」として議論すること。これが「経済セックスの神話」の軸となる課題であるが、マルクスへ問題をひきもどすにはまだ迂回が必要である。急がば回れ！　なのだ。論証をはしよって、理論的な骨組の地平を示すことしかできなかったが、制度論上の問題視角が日本の根深い盲点になっているため「政治的自律性」は後退させられたまま、理論・実践が分離投企的に展開されている。それゆえ、あえて叱正を承知の上で議論の対象を前線におしだした。物象化の秘密を解明しようとするマルクス主義が物象化され、制度化を解明する社会学も物象化され、革命的運動さえ学校化されているのも、イリイチをふまえてわたしが呈示した「制象化」に落ちこんでいるからである。

イリイチ思想は、人間が用いたと知ることのできる一切の範疇から出発し、あらゆる思想・理論の古典的・現代的なものを集約し、複雑な産業文明社会の世界構造に真正面から対峙し、神話の不可視な構造を明証に語った。彼はいう「歴史から復回された言葉のみが、災いをくいとめるためのパワーとしてわれわれに残されているだけであるという事実に直面すると、わたしはほとんど耐え難い苦悶を感じるのである。だが、言葉はその弱さにもかかわらず、さけがたい暴力の革命的転換において多数の人々を自律共働的《コンビビアルな》再建へと結束することができる。」（TC一四六頁）、と。学校への限界設定、医療への限界設定、交通への限界設定、つまり産業社会への限界設定という政治転換 political inversion は、政治的自律性の復回による自律共働《コンビビアル》社会の再構制である。イリイチ思想は「転換のため」の思想ではなく「転換に生きる」思想である。

深淵なイリイチ思想は、たんに彼が対象にした世界が多角的であるというだけでなく、彼の思想およびその可能性もあまりに多角的であるという点にある。わたしはそうした多角性の中で、彼の思想の最低限の基本筋を、現代の日常生活において最も根元的な産業サービスにおいて抽出した。それは、現代社会で「決定的なもの」から「支配的なもの」を識別し、その「支配的な構制」を分析する可能性を理論的に問題提起することであった。資本制社会の「決定的な」様式は、「経済学の発生と勝利」（ルイ・デュモン）とともに、「支配的なもの」として君臨してしまった。「学校・医療・交通の神話」を解体するには、理論的には経済学の神話をも解体することである。経済学批判は、「政治」経済学批判として「政治的自律性」を取りもどす〈制度学〉を過渡的にへなければならない。それは、教育学批判、医学批判、エコロジー批判といった内容をもちながら、「剰余価値」と「制象化価値」を理論的に究明するものとなろう。わたしはこの問題をさらに「経済セックスの神話」「専門権力の神話」として、本書で提起した課題を深めてはっきりとこたえていけたらと思う。本書がその意味で多くの方々に、徹底して批判されることをのぞむものであり、そのための基本的な課題は十分に提起したと思う。

学校・病院といった聖堂を、乗り物にのって生涯にわたって巡礼しつづけることから解放されるために、わたしたちは、〈学び〉〈癒し〉〈歩く〉自分の力をもう一度、徹底的に歴史や文明に対峙させて考えてみようではないか。

七　コンビビアリティと道具

イリイチは従来の周辺的グループの生存を示すのに使用されていた「サブシスタンスな経済」にかわって、「専門的に保証された欠如・必要・貧困の転化が現代的サブシスタンスである」（EU p.4/35）として、そのポスト産業経済（a post-industrial economy）の生活スタイルを次のように語った。

「政治的諸手段によって社会的下部構造を守ることで、市場への依存を後退させる。そこでは、専門的な必要作成者によっては測定しえない使用諸価値を発生させるために、技術や道具手段が第一義的に使用されている社会的下部構造である。」（EU p.4/35）現在の道具諸手段が形成し普及させた基本構造は、人類の生存を脅かし、専門的な管理コントロールは破滅すれすれの限界を保っている。わたしたちは、産業的道具諸手段にかわって、自律共働的《コンビビアル》な道具とともに現代社会の道具再編（retooling）を再構制していくことができる。それは、非専門化であり、ポスト専門的エートスであり、自律共働社会《コンビビアル》の再構制である。権利ではなく自由・解放を求め、専門的なエートスに内面的‐心理的に依存している倫理を脱却し、自らの政治的自律性を取り戻し、参加民主主義を自律的なエネルギーの下にうちたてていくことである。それは、技術科学がラディカルな（＝根源的な）ものとして基礎づけられ、個人の自律的様式の遂行の下に技術科学の使用が許されている世界である。

産業社会に限界を設定し、使用価値の生成に技術が補助的に奉仕していく社会を、イリイチは〈自律共働社会 convivial society〉として描きだした。産業社会の制度的構成は、社会形成体の経済的審級・政治的審級・イデオロギー的審級のそれぞれのずれを固定するためにくさびのようにくいこんでいる社会形成をうちたてている。〈権力論〉の根源からの再考は、社会形成体の根源からの再考をうながすであろうという問題を暗示しつつ、「コンビビアリティ」の稿にすすんでいこう。

イリイチの〝conviviality〟〝convivial society〟〝convivial mode of production〟という用語は、彼の思想の核である。この用語が、「相互親和的」とか「のびのび」「のびやかさ」「共生」などと訳されているのは、とんでもないことである。というのも、この思想言語は少なくとも二つの思想‐社会と対峙している、文明史的思想概念であるからだ。それは、第一に「産業社会」であり、第二に既存の「社会主義社会」である。産業社会批判、社会主義社会批判として、そこに対決しながら提出されたこの概念用語は、さらに、「生産性」「共同体」の理論・思想とも対峙されている。技術や階級の理論からは説明されえないある社会の思想的構想である。アジア的共同体などとイメージしたならとんでもない誤認である。

イリイチの思想形成の過程で、この〝convivial〟という形容詞的様態はおよそ次のような言葉や内容で語られてきた。まず『自覚の祝祭』では〝celebration〟の用語に対応しており、「自覚・気づき」の制度革命的な祝祭・儀式において語られた。ついで『学校のない社会』では、この用語が「右の制度」である「操縦的制度」に対立させられる左の「コンビビアルな制度」として用語上使用されたが、この「左の」考えはジェローム・ブルーナーの〈左の文化〉をうけており、思想的な内容としてはE・フロムやH・カマラの考えに呼応する「エピメテウス的人間」の甦生において示されたり、そして、『Tools for Conviviality』(英)／『La convivialité』(仏)／『La convivienciaidad』(西)の書で、はじめてはっきりとトマス・アクィナスやアリストテレスの思想をふまえて呈示されたのである。『エネルギーと公正』では、新陳代謝エネルギーの発現を機械エネルギーが補足する自転車速度の「技術的に成熟した社会」として示され、『医療ネメシス』では「徳としての健康」のなかに、また、自律的生産様式と他律的生産様式の共働 synergy が均衡した社会として示された。「専門権力」論では「ポスト専門的エートス」として語られている。こうした思想の形成過程で、「仮説―自律共働社会。セミナー一九七一 - 一九七五」(Hipotesis : Socieded Conviviencial, Seminarios 1971-1975)が開かれて、学校論以降のエネルギー、交通、医療を中心にした研究 - セミナーがCIDOCで展開されていったのである。このセミナーでは次のような三つの課題が考究されると示された。

(1)サービス諸価値――健康、学習、コミュニケーション、安全性、矛盾解決のような――の制度化にたいする固有な諸限界。
(2)社会的諸問題に関する概念的分析が特別な経験的諸限界を定義する、いくつかの望まれる社会――たとえば、自転車速度社会、治療専門医のいない社会、エネルギーとそれへの資本当たりのコントロールが、ある特別な率の内部に保たれている社会。
(3)ラテン・アメリカ、アフリカ、アジアの特別な地域において安定した状態にむけた過渡期によってつくりだされる特別な諸問題。

である。この「諸限界」そして(2)で例にあげられた諸社会が、ラテン・アメリカ、アフリカ、アジアの非欧米社会の諸現実をもって解明される。それが〝convivial society〟として問題設定された領域である。

以上の思想形成問題設定に加えて、もう一つ見落としてならないのは、仏・西・英（さらに独）をめぐる言語上の内容であり、先進諸国の言語概念への転換として設定されたのだが、とくに西語の用語の変化が文献的に忘れられてはならないものである。二つのスペイン語訳を他者にさせて、英仏版を仕上げている。Tools foe conviviality という英題より、仏版・西版のただ「convivialité」「convivencialidad」のほうがすっきりしている。英語で馴染みない語の導入であったためだ。独語は Mitmenschlichkeit である。

最初、英語の〝convivial society〟は〝Retooling society〟という、道具を再編制する社会としてテーマづけられていた。西訳は当初〝sociedad convivial〟であり、また〝conviviality〟は〝comvivialidad〟として使われていた。ところが、後に、この言葉は〝convivencial〟〝convivencialidad〟といいかえられるのである。

つまり、面的な共同社会の生産的紐帯のニュアンスをもった〝comvivialidad〟から、個と個の点的な出会いのニュアンスをもった〝conviviencialidad〟に用語がかえられた。これは草稿を追っていけば明白である。

『コンビビアリティ』の序でイリイチはいう。

「たくさんの疑問と、わたしの尊敬する友人たちのアドバイスに直面した後、〝わたしは〝convivial〟という用語を、責任をもって限界設定された諸道具の（構成する）現代社会を示すテクニカル・タームとして選んだ〟。この選択の一部は、スペイン語の語源をめぐって始められたセミナー講義を継続したいという願望によってなされたものである。」（TC九〜一〇頁）

このとき、ラテン・アメリカの各国からかなりの研究者・学生たちがCIDOCに集まり、イリイチの草稿をめぐって種々の論議を展開しながら、〝tools〟を〝instrumentos〟と訳すか〝herramientas〟と訳すかとか、〝convivial〟この意味はどのようなものであるかと検討している。その検討過程をへて選んだのだ。

さらに仏語ではブリヤ＝サバラン Brillat-Savarin の『味の生理学：超自然的美食についての瞑想 Physiologie du goût: Méditations sur la gastronomie ranscendantale』に語源的意味を追い、英語では現代的な「エウトラペリア」eutrapelia の厳格な意味と対立し、またOED辞書の示す宴会調の愉快さの傾向とは違うものとして考える、とイリイチは述べて、「人間にたいしてでなく、むしろ諸道具手段にたいするタームとして通用する」（傍点、引用者）と主張している。

加えて、思根的にはアリストテレスとトマス・アクィナスのいう「厳正さ」l'austérité（austeritas）、「友愛」

convivienciasidad (西)	convivialité (仏)	conviviality (英)
austeridad	austérité	austerity
amistad	amitié	friendship
alegria	joie	joyfulness

convivial society 自律共働社会	industrial society 産業社会
conviviality 自律共働性	productivity 生産性
convivial tools 自律共働的道具	industrial tools 産業的道具手段
convivial mode of production 自律共働的生産様式	industrial mode of production 産業的生産様式
use-values 諸々の使用価値	commodities 諸商品
autonomous mode 自律様式	heteronomous mode 他律様式

l'amitié (amicitiam) の思想に依りながら、「徳」(virtus) として定義され、「喜び」la joie (jocunditatem) を排除せずに、個人的関係からみて魅力のないものや破壊的なものを排する内容として、それを理解した。要するに〝conviviality〟の内容を英西仏で示すと、上表となるのである。

このような言語・思想をおさえたうえで、イリイチは自らの用語として「諸限界」内部で人間、道具、集団性の三者関係が分節化されるい、い、(articulate) 可能性を〝convivial society〟として追求したのである。諸要素が統合された内容として、あるいは包摂された内容として、語られていないのに注意をしてほしい。

わたしは本書の中ですでに〝convivial society〟を「自律共働性」という意味的・理論的な訳語をあててきたが、その根拠を〝convivial society〟の内容とともに示しておこう。

まず〝conviviality〟の対立用語は〝productivity〟(生産性) である。そして〝convivial society〟の対立社会は〝industial society〟(産業社会) である。道具および生産の様態・様式として、対立的に使用されている用法を整理すれば右上表のようになる。

資本主義社会から社会主義社会への変革はいろいろなタームでもって語られているにせよ、基本としては所有形態の変容として示され、階級支配の変革として示されている。ここでわたしは資本主義社会と社会主義社会の経済的生産様式の移行・変容や政治的移行などについて真正面から論じる余裕がない。ただ、これらの社会主義革命の移行・変容が〈産業的生産様式〉そのものの転換になっていないという点だけを提示するにとどめる。社会主義革命時には制度転換ともいえる一時的な切断がなされるが、社会主義建設はそれが一国的とか資本主義に取り囲まれての防衛のためとかという根拠がたとえあるにせよ、産業的生産様式を社会主義的なやり方でもって確立することを資本主義社会と競うという道を辿る。社会主義から共産主義への道は、社会主義的産業社会の道へと歩んでいるようである。

この移行上の問題は決して安易な解答や分析をだせるものではないが、わたしなりのキューバ革命における教育の社会主義的変容をめぐる研究や、ある社会主義国の友人との対話などを通じて、社会主義において「資本主義的生産様式」の認識が教条的でまた資本制社会へのイデオロギー的な思いこみがかなりあるのではないか、という実感を得た。それはちょうどわたしたちが、社会主義の現実認識・分析にひどく怠慢でそれを理想化していたように、また表層的にしか批判しえないのに似ている。

イリイチはあまりにたくさんの生身の人間たちと世界中で接触している。社会主義理論というよりむしろ具体的な人間のあり方や考えから、また公表されない様々の世界から、さらにラテン・アメリカ

――とくにメヒコとプェルト・リコ――をはじめとする貧しい諸国の現実から社会主義をみている。人間の内面的心理的なエートスと出会うその体験は、彼の視座をもって、現代の生活宇宙が産業的なものとコンビビアルなものの対立としてうかびあがってきたのであろう。わたし自身、メヒコで生活したことによって、この二つの世界の現象を眼前に映るものとして感じることができた。それは、メヒコの諸々の現象が〈遅れている〉と感じられた世界から、〈産業化されきれない〉エネルギーをまだもっている豊な世界としてうつってくる転位の体験であった。イリイチの思想形成上では、経験世界が道具諸手段の理論として構築されたその結果、「コンビビアルな社会」が描き出されている。

自律共働社会は生産（物をつくる世界）を中心として社会を構成するのでなく、ある限界闘値内で、コンビビアルな道具諸手段を使用することを中心にして社会を構成するイメージから考えられている。人間の〈する〉という行為は道具諸手段の使用によって助けられるのであって、しかもこの使用は生産物の購入・所有によって保障されるものではない。自律的生産様式と他律的生産様式の共働が、新陳代謝エネルギーと機械エネルギーとのバランスが、エネルギー消費のある限界閾値内で政治的に保たれているために、均衡している社会である。〔定本注：「社会」概念そのものを無くさないとコンビビアルにはならないという考察をその後わたしは深めていく。「コンビビアル社会」はありえない、それをただ「コンビビアル世界」と設定する。巻末新稿参照〕

読者諸氏は、以上のわたしなりの指摘をふまえて、「のびやかさ」「のびのび社会」という邦訳の誤りにめげずに「自律共働性」「自律共働社会」の用語上の意味をつけ加えて、自らの自律性でもって読みとってほしいと思う。（定本注：コンヴィヴィアリティなる舌を噛むような英語主義は無用、西語発音で「コンビビアル」でいい。）

自律共働《コンビビアルな》世界は、必要を嫁されることもなく、インプットもアウトプットも限界閾に、政治的自律性によって限界づけられ、技術科学・商品がそれを補助し自律的生産様式が他律的生産様式と多元的均衡をもって基本的な構造を社会的に形成していく。若い者も年とった者も、障害者も大統領も均等の資源配分をうけとる生産様式が、商品への権利にかわって使用の自由がうちたてられた世界である、等々。わたしたちは、産業的に涸渇したイマジネーションから自らを解放して、新しいコンビビアル世界の構想を、既存の社会主義社会の産業的構造を批判媒介にしながら、自分たちで描いていかねばならない。思想家イリイチに、政治的な解答青写真まで求めるのは、ひとつの転到した意識のあり方でしかない。

そして、産業社会から自律共働《コンビビアルな》世界への転換は、これまでの「移行論」視座による「変革の理論」を考えなおすようにうながしている。

八　制度転換・政治転換――社会主義革命を超えること

哲学的ポイントとして思想的に用いられた〈限界閾値 threshold〉は、政治的には〈諸限界〉limits の理論として描かれている。この〈限界〉理論は、経済学的な限界効用やローマ・クラブの「成長の限界」という用語などにみられる〈負〉的なものでなく、積極的に、政治的自律性によって制度革命をなす政治的な転換で、〈限界設定〉と訳しうる用語である。自然発生的な成長・発展・進歩あるいは官僚的専門集団による最上限に限界を保つこととは違って、「限界閾値」を明らかにして、「参画民主主義」の政治的自律性を生かす限界設定に自覚的である、という用語上の意味をもつ。

物事には限界があるのだ、資本主義社会にも社会主義社会にもまた産業社会にも限界があるのだという、自然発生的な認識の思想や理論はイリイチに無縁である。また、政治論もないまま、モーター乗り物や学校や病院のない社会を空想的に提起している未来主義的な思考からも無縁である。わたしは、イリイチのそれぞれの著作は「自覚の政治学」にはじまり、「教育の政治学」、「道具の政治学」、「速度の政治学」、「健康の政治学」をたどって専門権力論にまで到った、全く新しい政治思想であると考えている。しかも、技術論や文明史観で豊かに裏づけられた〈文明転換〉の思想でもある。

最初、イリイチは「自律共働性《コンビビアリティ》」の最初の草稿版（1972年）に「制度転換」institutional inversion という表題をつけたが、すでに一九七一年に、「政治転換 political inversion」なる論稿を書いており、それへ最終的に切り替えた。まえにもふれたように、イリイチ思想の形成過程で六〇年代末から七〇年代の流行語〝alternatives〟の産業的意味合い（同じもののより多く）を嫌い、二者択一的な「選択」という消極的な意味から「分水嶺設定」と訳せるような積極的な意味にオールタナティヴスを使用したころ、諸限界設定の理論的視座がうかびあがり、「変革」change、「改革」reformation、「変容」tansformation、「革新」innovation という既存の用語を「革命」revolution の思想から排除しようとしたのである。<inversion>とは、

〈内側からのめくりかえし〉のイメージである。（わたしが尋ねると、ハンカチをくしゃくしゃにして大きな手の上において、その中心を摘み上げて、こういうイメージだと示した。）それは、〈Retooling〉という「法」をいかに活用しうるかという道具論の導入として設定され、「コンビビエンシアルな社会の方へ」というスペイン語での翻訳を介在させて、「コンビビエンシアルなるもの la conviviencial のための道具」と構想され、「生産手段への限界設定」「社会のための新たな道具」「生活に新たに出会うために」「分水嶺 watersheds」「コンビビアルな道具」などと言った諸論稿をへながら、『コンビビアリティのための道具』の書へと完成させた（「文献資料参照）。一九七二、三年の格闘である。仏版はほぼ同時、西版は翌年である。

イリイチの「革命」は、「制度革命」であり、産業的生産様式からコンビビアルな生産様式への政治転換ないし転位（"inversion"の思想）を呈示している。これは生産世界の変革ではなく、行為世界への転位といえる、システムの様式が全く異なるものにおける転換である。剰余労働のあり方の変革ではなく――それは「計画化」planning の変革でしかない――必要労働の生産〈労働〉のあり方そのものを転位するよう問題をうながしている。「行為」action 世界への転換は産業的生産様式そのものの転換なしにはありえないのである。

こうした諸問題は、わたしにとってはまだイリイチを通じての理論的な問題の枠組にとどまったものでしかないのであるが、マルクスの思想がもつ現代的な意義のユニバースは、その「行為 - 労働」と「消費 - 生産」を、「サービス」――「剰余価値」の位置からおさえるという、複相した諸概念の再吟味からなされうると思われる。ラディカルな政治理論は生産様式の解明なしには成り立ちえないという論点は、マルクスもイリイチも同じであり、価値自由の社会学と、思想的に土俵が違っている。それは、たとえ現在の社会学の理論が経済学の理論よりラディカルであるにせよ、ゆるがしがたい相違点であるようだ。

それはともかくとして、イリイチの政治理論の可能性は、「限界設定」の理論にある。『自律共働性《コンビビアリテ》』の「政治転換」の章はわたしたちをあまり満足させてくれないが、この書が主要には「法理論」を中心にしてたくさんの法学者の協力の下になされていたのは、よほどイリイチの周辺世界を知らないことには理解されようもないので解説しておこう。もともと『自律共働性』の第一草稿は「アングロ・アメリカ法とコンビビアル社会」というもので、この稿において自律共働社会の再構制 reconstruction にとって法的処置がどのような非神話化の役をはたしうるのかが、イリイチによって法学者に問題提起されたのである。

法学者たちの分析は『法、成長、技術科学』と題されて、一九七二年にCIDOCから公刊されている。グリエル・テイラーをはじめとする法学者たちの基本テーマは、法的文脈（慣習法、民法 etc.）と、進化的文脈（発展、産業社会、ポスト工業社会 etc.）との相互関係をめぐる論議であった。コンビビアルな社会を具体化するために、統合的な根源的な道具諸手段のひとつである〈法〉の可能性が問われた。このテーマは二つにわかれた。第一に、産業的生産様式の転換である諸限界設定にはたす法的諸処置の可能性、第二に、コンビビアル社会の中での法の位置である。これはつまるところ、法は表層構造である以上に深層構造を有しているのかどうか、既存の法システムの下での慣習法や民法はどのような意義を根源に有しているのかを再検証するものであった。法は現秩序を維持する範囲でしか個人の権利を守っていないのか、それとも転換の道具諸手段となりうるのか、という論議も含まれてくる。

見解はもちろん多様である。マルクス主義者のボアベントウーラ・サウサ・サントスは、法的体系は社会の深層構造から何らかの形で疎外された表層的なものであって転換の力とはならない。ただ、法・裁判の人民化はコンビビアル社会のために不可欠であり、地方的法システムと国家的法システムの間で人民化がどのように構成されるかに、真の「コンビビアル社会主義」convivial socialism の現実がかかっているとする。彼は、社会主義の可能態としてコンビビアルを考え『法に対抗する法』を表している。

自由主義的な見解にたったニルス・フリスティーは、犯罪法を例にあげながら犯罪コントロールが警察国家的なものとなり、地方的な法が棄却され法の弱体化がすすんでいる、法・秩序の中央集権化と社会の巨大化は、諸個体の存在を法を通じてコンビビアルに擁護するものへかえられねばならないとする。

また、J・G・カステルは技術科学の過剰化、自然環境破壊にたいして、民法は有効な闘う道具手段となり、かつ新しい状態にたいして通用可能な流動性のある性格をもっているため、コンビビアル社会でも重要な役割をはたすであろうといっている。また、アレン・リンデンは私法訴訟は専門集団の独占的なコントロールにたいして、また個体的なものを脅かす公共性にたいして、私的権限を守るという手段に訴えることができるとし、それはさらに制度的諸限界の設定をなすうえで通用しうるであろうとした。プライベートな行為 private action は圧迫者に対して個体的存在が出現しうる源である、と彼はいう。それぞれの論議はもっと詳細に展開されていて、仲々面白いのであるが、なんといっても、グリエル・テイラーの「慣習法」をめぐる議論と、「法のエピステモロジー」にとりくんで法には深層構造があると主張するJ・C・スミスの野心的な議論は、もっと興味深いので紹介することにする。

テイラーは、慣習法の形式的構造は、過去・現在の継続性によって平和的枠組のうちにラディカルな社会転換を具体化しうる道具手段となりうるし、利害の社会的対立は社会構造を分割するのではなく、成熟した調和一致として統合しうるものであるとしたが、あくまで法の「形式的」構造においてのことであって法の内容としてではない、と強調する。現在の慣習法は生産拡大を前提・基盤にしていて、「形式的」構造を現実化するにはいくつかの問題を有している。慣習法を通じて生産に限界設定するには、法制定者・判事がそれに同調していなければならない、という実際の政治的問題があるが、これは慣習法の形式的構造のレベルとは異なるものである。慣習法のシステムを実際に使用するレベルは「教育的問題」であって、この教育は裁判を通じてなしうる。法の複雑化は社会の複雑化が因であり、市民は民法の条項を手がかりにしながら慣習法の法的体系に近づきうるし、それが最も有効であると、テイラーは法システムの偉大な価値を再認識して、過剰生産に限界設定する道具手段として有効に使うべきである、と主張する。イリイチはテイラーの示唆をうけて、この法の形式上の諸処置 formal procedures である、①連続性 continuity、②対立させる本性 adversary nature は、コンビビアルな再構制の有効な処置であるとした。

J・C・スミスは、原始社会からローマ法の出現に、西欧法における父系主義と法の深層構造の一致とが試みられ、主権の神話が発明され、一一〜一四世紀にイギリス法として形成された。それは、身分から契約への変形で、生まれによっていた法律上の所有は一六世紀末に姿を消し、契約に依存して法的関係を有するようになった。権利請願の実現可能な素地がイギリス法にすでにあったし、家父長主義から代表議会制への転回という、イギリスとアメリカ独立革命の歴史は法には深層構造があるのを示した事実であると述べている。スミスは、この転回が「所有権」において完成されていないとして、血の貴族社会が私有財産の貴族社会に転じたにとどまっていると指摘する。現在の所有権法は私有財産を擁護するという家父長的目標に奉仕する未完成なものであり、ここに法の深層構造が横たわり、私有財産を労働の直接的生産物である「物」の領域として法的に扱うことで、法そのものの道具手段の転換を可能にしうると陳述する。

テイラーもスミスもまたイリイチも「法の形式的構造」に着目し、それが内容やイデオロギーや法的団体を転位しうる有効な道具としてありうる、と主張している。そうした形式的構造が見失われているところに産業社会の（法的な）神話がある、とイリイチはいう。

①制度的エンタープライズや予測不可能なパズルの解決にたずさわっている「科学」そのものの崇拝を非神話化し、そして②自動詞的日常用語の復回に加えて、③法的処置を復回するという三つを、多次元的な均衡を復回するうえでの基本であり、それがコンビビアルな再構制をするうえでなされねばならない〈非神話化〉であるというイリイチは、産業的生産様式という深層構造のどんでん返しを思想的に

提起しているのであって、たんなる政治的改革をすすめているのではない。構造的言語論の〝パロール〟と〝ランガージュ〟の識別は、〈使用〉における制度的な意味としては、制度操作のスローガンの使用と日常言語の使用の識別、政策と形式的政治過程の識別、法的団体と法の形式的構造との識別に（同じものではないにせよ）対応している。後者の使用が第一義的で深層構造にかかわるものであり、前者は二次的な道具であるにすぎない。産業諸制度は個人や共同社会がこのような第一義的道具を慣習的に使用するのを破壊して、専門家たちが第二義的な道具諸手段を使用するシステムをつくりあげてきた。この第一義的道具は、制度の目的に反して政治的自律性をもった個人が使用しうるものである。その素人による使用が可能となるには、諸限界が限界閾値内に設定されなければならない。

イリイチからわたしなりに読みとった基本的な諸限界を項目的にあげれば、少なくとも次のようなものが考えられる。

(1) 技術科学への限界設定
(2) 生産的労働への限界設定
(3) 産業的道具手段への限界設定（学校・交通・医療などのサービス諸制度を含む）
(4) エネルギー消費への限界設定
(5) 専門主義的コントロールへの限界設定

もちろん、これらの諸限界は相互的でありかつ重複的になっているが、要するに産業社会総体への限界設定なのである。産業的現象のどれ一つをとりあげても過剰化している。しかし、おどろくことにほとんどの対策や批判や分析さえも、成長を最上限に保ちつづけることを疑っていない。学校の崩壊に気づいている教育者でも、より多くの事柄についてより多くの人に教えられる助言を熱狂的に求めるし、医師が保有している有効な知識は彼らの神聖な専門用語でもってしか表現できないと信じる傾向を医師はすてることができない。日本医師会、日本教職員組合、交通技術者の協会にたいして、その専門領域の有効性を世俗化するよう求めても無駄であり、そうした主流の専門団体を批判したり告発したりするのも無意味であり、「企業による物資のより高いアウトプットと同一視された予想しうる善きことから、正しいことを区別するよう、立法者、法律家、裁判官にたいして求めても無駄であろう。」つまり、産業成長を人間社会の幸福であると結びつけ、言語や道具諸手段の破壊的使用に熟練しているエキスパートである専門家たちに、突然、明解に思考し、正しく処置するよう求めるのはバカげたことであるのだ。

しかしながら、ほんの、それもごくほんの少数者は、自覚し、気づき、研究し、あるいはまた実践している。そして、イリイチは政治転換の「希望hope」をこの「少数者」が語る明解な言語にゆだねる。

豊かな社会では、ほとんどすべての人は破壊的な消費者であり、何らかの形で環境の攻撃に関与し、成長に関する利害の強力な守護神ともなっている。そして、多数消費者は政治的多数者であり、多数者であれば力があるという神話がまた政治的行為を麻痺させている。モーター乗り物を必要とし、子どものために学校を必要とし、医療を要求し、他方で職業に不安を感じている、工場労働者やホワイトカラーやセールスマンや、さらに経営者や資本家までもが、ともに成長を擁護する選挙区の投票者として、なんとなく政治的に均質化されている。中流や中間層の幻想があるのではなく、成長を守る多数者の神話が政治的に構成されているという〈政治〉の問題で考えられるべきだ。したがって、成長に諸限界を設定しようと運動を起こす多数者などは存在しえないのである。「多数者は共有されたイデオロギーによってうみだされない。啓発された自己利害から発展する」(TC二二七頁)のであって、「最良のイデオロギーでさえほとんどはこの利害を解釈しうるだけ」である。

イリイチは産業社会をただ客観的に分析したのではない。産業社会を嫌い、その崩壊を予言し、専門エキスパートに憤りを感じ、貧しさに生きる人間に学び、伝統的文化の偉大さを知り、西欧文明の相対化に思想的にくみしている。彼ははっきりと、産業的生産様式の転換を主唱し、革命の制度化を否定し、コンビビアルな社会の再構制を提起している。「転換に生きる」彼の思想は彼の明解な言語の世界で、「行為」として語られている。人間は限界に気づいたとき、その限界にたいして自らを断念することができ、またしなければならない存在である。反逆と諦めの力能、忍耐と断念の力能は、人間の健康の統合的な部分である。「魔術者や神秘学者を必要とせずに、苦悩と死に直面できる人々は、現在、教師や技術工学者や弁護士や司祭や党官僚によって実施されている期待の諸形態にたいして反乱することができる。」(MN②二一五頁)

イリイチはカトリックの帝国にたいして、ついで大学とそのアカデミズムの帝国にたいして戦い、そこからの亡命者となったが、産業技術の帝国と闘う現在、もはや亡命地はどこにもない。西欧思想をすべてひきうけて、アメリカ合衆国式生活スタイルの世界化と闘うイリイチは、わたしにこう語った。「わたしはマルクスの『資本論』のタームから一歩もでていない、そこにとどまっている」と。

彼の思想は、ヴェーバーやマルクスの遺産を自在にあやつって、現代社会と衝突したそのせめぎあいからうみだされて、メキシコに住みインドに住み、そして日本をも射程において形成されつつある。世界の現実に直面しながら、西欧思想はイリイチの掌中にすべて吸収され、溶かされ、それがいま東洋との関わりの中で少しずつほとばしり出ている。西欧思想は彼の思想にクリティカルに集約され、新しい思想の世界が開かれた。エスプリ編集長のドメナックはイリイチ思想を最も高くかったひとりである。日本でなぜイリイチが分析展開したような書が書かれなかったのかを、文化の問題にまで掘りさげて徹底的にあらいだすだけでなく、彼の書それ自体さえ、一〇年近くにわたって問題にされえなかった日本の思想状況の貧困さも考えなおさなければなるまい。産業化され制度化された意識は、思想や理論の世界にも顕著である。日本の学校化・医療化・加速化は、世界の発展・開発の典型として国際的に呈示され検証される段階にある。近代化モデルのイデオロギー、人間主義や経済主義の理論イデオロギーを、わたしたちはひとつひとつくつがえしていかねばならない。そうした点についてもイリイチの世界は全く新しい可能性の地平を開いた。(世界で、彼の設定を隠してふまえているものをわたしは見抜ける。)

イリイチからの学びを、わたしは理論考察、理論生産、自分の学術アクションの出発点にすえて歩む。

初版へのあとがき

イバン・イリイチの諸著作は、日本では当然誤って訳される他ない惨めなものになってしまった。というのも、翻訳は第一に、イリイチ思想の全体が無視されて独立した一冊だけの理解のうえでなされ、第二に、それぞれの著作に関係する既存の成果を批判的にふまえたイリイチの論議の展開が無視されるかあるいは一面的恣意性の理解にとどまり、第三に、英・仏・西を主要に駆けめぐって考察されているポイントが把えられず、第四に、加えて日本の産業化された・制度化された存在構造へのトータルな批判なしに、制度化されたままのイデオロギー・意識に基づいて訳されているからだ。

こうしたファクターは、訳本では基本用語の無理解、思想エッセンスの捨象、背景となる歴史的・文明的現実――とくに、ラテン・アメリカの現実が重要――の無視から生じる現実認識・事実の転倒、という事態として出現してしまった。翻訳の難しさ、また多くの書にみられる誤訳は、決してイリイチの邦訳書の誤りを正統化する根拠にはならない。わたしの見方にいくつかの間違いもあろうが、平均していずれの訳書も一頁に五、六箇処、ひどい頁では一〇箇処を優に越える誤りがみられる。わたしは全訳書に眼を通し、原文と逐次つきあわせるという労をとった。誤訳の指摘はわが身のために差し控えるようにと、多くの関係者の方々から忠告されてきたにもかかわらず、わが身にふりかかる災いを覚悟で、訳者の方々の学者・研究者としての良心、さらに人間的良心と責任に訴えざるをえない。それほどひどい訳なのである。

折しも本書を書きすすめているとき、栗原彬氏の呼びかけで「イバン・イリイチ研究会」がつくられた。訳書はそこで客観的に査証されるであろうが、イリイチの思想のトータルな理解、産業社会の解明、そして〈日本〉の現実的・理論的・実践的なものの再検証が主要にはなされようとしている。正確な理解なしには何事もすすむものではないし、その基礎作業が最も苦しく大変であるのだ。

わたしは一九七六年一〇月以降、イリイチを読み紹介する段階から、自分にはっきりさせるために書く段階へと歩みをすすめてきた。すでに、日本の雑誌上で何本かのイリイチへの言及を記した後である。この作業は四〇〇字詰の原稿用紙で千枚を越えた。そして、このときやっとわたしはイリイチが解りはじめてきた。

わたしのイリイチ研究は、第一にイリイチの全著作・論文を英・仏・西版と照合しながら考え、第二に、英・仏・西語で記された草稿からの思想生成過程に留意している。第三に、CIDOCの資料・文献――これは現在、「コレヒオ・デ・メヒコ」(大学院大学)と「クエルナバカ・ランゲージ・スクール」に残されている――を力の及ぶ限り読んで参考にしている。第四に、イリイチのセミナーへの参加、イリイチ自身との対話、そしてCIDOCの友人たちとの討論をふまえている。第五に、わたしのラテン・アメリカ教育にたいする歴史的・構造的な実証研究が未熟ながらも大きな背景になっている。

イリイチを読むのにわたしは真に苦労した。語学力の貧しさに重なってメヒコ生活の貧しさが、苦労の原因でもあり、それに耐えたがゆえに身にひきよせられたのだと思う。一文一文を理解するうえで草稿のなにが削除され修正・加筆されて公表稿となったのか、また英仏西版の差異がなにを意味するのか、徹底して調べ考えなければ解らないところが多々あった。日本語で考えただけでなく西語でも考えた。テープ録音はわたしだけに許された特権であった。カセットを買える余裕もなかっただけに必死に聴きとって再録した。こうしなければとてもイリイチを読めなかった。言語的に易しい文章でないだけではない、読む者のイデオロギー世界の転倒を思想的に問い正している難解な書である。

イリイチの名を最初にわたしに知らしめたのは楠原彰氏である。そしてイリイチが何者であるのかを最初に問い、『ル・タン・モデルヌ』のイリイチ特集号をわたしに示してくれたのは山崎馨氏である。日本の教育学にうんざりしていただけでなく、キューバ社会主義教育の研究にも失望していたわたしに、イリイチは何事かを示唆してくれるひとつの希望と直観できた。その頃日本にうんざりしていた事も働いて、事によれば帰らない覚悟で帰国の旅費ももたずメヒコに飛んでしまった。そして、わたしは予想以上のものを得て、たくさんの人の世話を受けながら現在にいたることができた。イリイチとの出会い以後、新しい人たちとの関係のなかで自分の作業をすすめることができている。

小沢有作先生は、昔から変わらず研究だけでなくメヒコへの渡航や生活にまで心を配って下さった。CIDOCを訪れた栗原彬氏は、わたしのイリイチ研究を最もよく理解して支えて下さっている。今防人氏、堀江洪氏は帰国後、親身にわたしのことを考えて下さり、生活の危機を切りぬける労を惜しまれなかった。

メヒコではわたしにいつもイリイチの考えを明らかにしてくれ、外国人としての生活に心を配ってくれたスイス人のジャン・ロベルト――ジャンは、デュプイとともに、イリイチをふまえて la trahison de l'opulence (PUE, Paris 1976) を書いている。教育をめぐって有意義な論議ができた精神分析者であり、イルナミキ自由学校を運営しているアレハンドロ・チャオ、親身にメヒコでの生活を案じてくれた建築家のグロリア・カスティージョ女史、講師スタッフにわたしを迎えいれてくれた「セマナワック教育コムニダード」のフランシスコ・ゲレロとチャールズ・ゴフ、家族同様に世話をしてくれたセニョーラ・ドローレスとベアトリース、またメヒコ国立自治大学で研究している阿波弓夫氏、柳沼孝一郎氏、メヒコを調べる機会を与えてくれたメヒコ観光の鈴木松男氏、こうした方々のメヒコでの支えがなければとても生きのびられなかったという実感が懐しく甦ってくる。その国で自ら生活しながら研究している外国研究でなければ、とても信用できないという内面的な実感を強く体得した。

ＣＩＤＯＣでは資料や情報の便をはかってくれたスタッフのイサック・ローヘル、アントニオ・アリアス、バレンティーナ・ボレマンス女史に感謝する。

佐野美津男氏、楠原彰氏、梅沢謙蔵先生は学生時代から何かとわたしを激励して下さっている。そして、大沢文和と本田樹一郎をはじめとして、大学時代の友人たちに心から謝意を表したい。こうした方々は、わたしの考えや研究を、生活とともに理解し批判し支えて下さった。

都立大教育研究室の友人・先輩である中沢鉄氏、大串隆吉氏、柿沼秀雄氏、木戸芳清氏、田辺敬子氏、等のお世話には頭があがらない。横国大の学生で、今は教師になっておられる新藤久典君、南部和彦君、秋沢幸子君、そして座間徳彦君にも手数をかけてしまった。また、わたしのような浅学の者にもかかわらず、イリイチに関する論文掲載に労をとられた編集者の方々、そしてメヒコを画きつづけている松本晴也氏——絵画をめぐる氏との議論は豊かなインスピレーションをわたしの研究に与えつづけている——にも謝意を表したい。

このような人たちに支えられたわたしの研究を、新評論の藤原良雄氏と一年間検討を加えながらここにまとめあげてみた。藤原氏は、イリイチの単なる紹介も、またわたしの勝手な展開も許さず、日本の土壌にたったうえでイリイチの世界を正当に示せ、という当然のきつい仕事をわたしに課した。はたしてどこまで応えられたか自信はないが、ただ最小限イリイチ思想の根元だけは逃すまいと努めた。また森下紀夫氏は、物を書くうえでの心得をいろいろ助言して下さった。「制象化」という用語も氏との対話からうまれたのである。帰国後、日本の医療・交通を技術・科学論を中心に基本的な文献・資料にあたった。とくに『技術と人間』の高橋昇氏は便宜をはかってくれた。それらの文献は批判的にくつがえしてあるが、失礼とは思いながらも明記していない。もし間違いや誤りに気づかれ叱正や批判があれば、それにはきちんと対処したいと思う。ただ、田中公雄氏の交通論は素晴しいものであった。氏は貴重な研究を示唆してくれた。執筆途上で出会った『資本論』とアルチュセールとワロンを自在に駆使する鈴木一策氏は、あまりに有意義な助言を与えつづけてくれた。

イリイチはとりつくしまのない人といわれるが、わたしにたいする心づかいは、他の人たちにも驚きであったようだ。イバンの援助があったればこそ、新しい多角的な可能性をわたしは見いだしえた。今世紀最大の思想家のひとりに師事しえたことは、わたしにとってこの上ないよろこびであり勇気づけであり、ひとつの大きな責務を背負ったという実感でもある。問題は、今後イバンから学んだものを日本の現実および思想・理論にどこまでくいこませていけるかであり、それがイバンへの感謝の印となろう。たんなる移植をわたしは微塵も考えていない。

本書からわたしは一歩一歩、研究と生活をつみかさねていきたい。未熟な者への厳しい批判、助言を多くの方々から是非いただきたいと心から願う次第である。

最後に、ピエタの沈黙のかなたの〈a〉にすべてを返しておきたい——

（一九七九年五月）

新版へのあとがき

旧版『学校・医療・交通の神話』は予想をはるかに越える好評をえることができた。当初、難解至極といわれたにもかかわらず、最近の読者は実に平明な書であるといってくれる。時代の推移の力はすさまじいものだと思う。逆にいえば、この本が簡明なものになるほど産業化がすすんでいるということだろう。喜んではいられない。しかし、ジョージ・オーウェルの『一九八四年』について、その予測と現在の現実との類似と差異がエレクトロニクス化の可能性のなかで論議されたりもしているが、技術科学を一元的に理解するのではなく産業サービスの本性とともに論じるならば、「わたしたちのため」「人々のため」という働きかけのすべてが管理化され、「自分自身による」存在様式とますます対立している視えない世界は容易に理解できるはずだ。現実に、若者たちは他者の提供するサービスへ依存し道具による操縦を受容することが「自立」だと考えるようになっているし、専門家は平然と、いままで「健康の世界」がほっておかれたままだった、と語るありさまだ。この「依存による自立」という転倒こそが『一九八四年』なのではあるまいか。よりよい便利なことは、決して「よいこと」ではないという考察と自覚はまだまだ深められてしかるべきだと痛感する。

生産様式、政治権力、そして歴史を考察する社会科学は、文化主義者の記号論的遊びにつきあってはいられない。既存社会科学の不能のうえに記号論および記号論を超える世界が消費のエートスのなかで波及したが、いまはそうした文化主義者の不能にたいして、政治・社会科学は力をたくわえてきているし、また少数の人びとによって求められてもいる。思想の尖端は、小器用にそれをいじくりまわすことでなく歴史の深淵を射抜くものである。

新版は、そうした産業人間とアカデミズムの不能化が復回不可能なものとすすみ、新たな思想・理論が上げ底化されて横辷りしている情況にあって、腰をすえたこだわりをいささかでも深めようとした姿勢に支えられている。

新版にあたってのいくつかの変化を指摘しておく。旧版の「第四章 専門権力・自律共働社会・政治転換」において、「本章でくりひろげられる内容は、イリイチ思想の中で最も問題が多く広く深く検証されるべきものであり、全く別の書を記さねば十分に展開できないものである」と書いた、その希望が、実現できることになったため、「専門的サービス」としてその一部を残し、他は第3巻へ移す。この問題領域はとくに、吉本隆明氏との対談『教育・学校・思想』（日本エディタースクール出版部）における氏からの批判「社会主義と社会主義国との混同がある」という現代の根本的思想課題をはじめとしたいくつかの問題に関わるゆえ、わたしなりに明らかにし対応していきたいと考えている。この対談は、「現在」の問題の所在を何よりも明示したものであるからだ。

　また、旧版の「終章　神話発生の制度学にむけて―制象化論の問題設定」は、「サービス論」を加筆し、それを基軸にして改めた。終章で問題提起したことは旧版を上梓した一九七九年から八二年いっぱいにわたって、書きあげた論文を集めさらに書き改めた『消費のメタファー：男と女の政治経済学批判』（冬樹社）で探究すべき最も根元的な課題として全面的に問題設定し直してある。産業的生産様式を「消費の理論」「文化の理論」からとらえかえし、それを土台とした「象徴権力」の領域を明示したものだ。「社会的なもの」と「文化的なもの」との関係性の根元を探っていく問題として終章を、これらの作業とあわせ読んでいただければさいわいだ。その他、部分的な訂正、加筆をのぞいてこれといった改変はないが"counter-productivity"を「反生産性」でなく「逆生産性」とあらためた。「反」というより「逆向き」になった生産性を促進しつづける点を表現できるからだ。

　この間、イリイチは何度か日本に来訪し、自らの考えを自らの口で簡潔に語っており（『イリイチ日本で語る　人類の希望』新評論）、また、いままでの思想の大転換ともいえる『シャドウ・ワーク』『ジェンダー』（一九八二）を公表し、新たな局面で思想を深化してきている。もう彼の思想を「脱学校化」だ「脱病院化」だ「ユートピアだな」どと表層理解ですます者にイントロダクションを下す必要はないと思う。もろに「イリイチを解読する」作業に立ち向かいながら、産業的生産様式の発生の文化根拠を「欠如性の歴史」としてとらえ直す彼自身の作業にクリティカルに自在にくみしていける、わたしなりの回路を前面におし出していいと思う。

　こうしたことから、

第1巻『学校・医療・交通の神話――産業サービス制度論』

第2巻『経済セックスの神話――男と女の再生産論』

（「シャドウ・ワーク」「賃労働」と「ジェンダー」を「欠如性の歴史観」からとらえる「人間解体」の男と女の再生産論）

第3巻『専門権力の神話：自律の政治学』

（新帝国主義世界体系における社会主義〈国〉批判と、第三世界の「コンビビエンシアル」「バナキュラー」な価値をふまえた、「新しい社会主義」を「権力論」から論じる政治転換論）

の全三巻をもって、大胆に「現代産業社会論」を展開することにした。

イリイチ専門家というのは、わたしにとってはほめ言葉でなく汚名でしかない。いたらなさと身に背負ってはいくが、わたしなどよりすぐれたトータルなイリイチ理解が多角的に出てしかるべきであり、わたしは気ままにその思想の魅力に淫してもかまわない時がほしい。解釈の正確さは目的ではなく、当り前の手段・過程であって、あくまでも「現代資本主義社会」を足元から鋭く明晰に解明することが課題である。自分が生きている《現在》において「社会科学の力」をアカデミズムへ制度化・正当化するのではなく、自分の眼・自分の手法としていきたい一心から探究行為をすすめている。新版は、一回りまわった地点からのさらなる問題提起の広がりと鮮明化への、ささやかな歩みである。

この間、かわらぬ励ましをしてくださった方々、とくに、この本を生かし、深化の機会をあたえつづけてやまない新評論の藤原良雄氏をはじめとしてスタッフの方々、あらためて心から感謝いたします。また、新版にあたって念願の素晴らしい装丁をしてくださった薬師神親彦氏に感謝いたします。

（一九八四年一月記）

新書〈定本〉への注記

初版本と新版とを合体させ、新版をベースに章立てを変え、本文は最小限の修正に留め元の表出を保つようにした。新版あとがきで予定した3巻本は諸事情から刊行せずになったが、2巻の論旨は『消費のメタファー：男と女の政治経済学批判』で展開している。3巻は支配の論理から脱すべくフーコー論やブルデュー論へとシフトさせた。巻末新稿を含めこれを〈定本〉とする。イリイチ死後刊行した『イバン・イリイチ：文明を超える希望の思想』（EHESC出版局）と合わせて読んでいただけたら幸いである。

《定本》における文献案内――補足

Die philosophischen Grundlagen der Geschichtsschreibung bei Arnold J. Toynbee. Salzburg: Diss. 1951.

Medical Nemesis. 以後

(1978). *The Right to Useful Unemployment.* Marion Boyars. （『エネルギーと公正』に所収）

(1978). *Toward a History of Needs.* Pantheon Press.

(1981). *Shadow Work.* Marion Boyars. （『シャドウ・ワーク』岩波書店）

(1982). *Gender.* Pantheon Books. （『ジェンダー』岩波書店）

(1985). *H_2O and the Waters of Forgetfulness.* Marion Boyars. （『H2O と水』新評論）

(1988). *ABC: The Alphabetization of the Popular Mind.* Coauthored with Barry Sanders. Marion Boyars. （『ABC―民衆の知性のアルファベット化』岩波書店）

(1992). *In the Mirror of the Past: Lectures and Adresses 1978-1990.* Marion Boyars.

(1992). David Cayley, ed.. *Ivan Illich in Conversation.* Toronto: House of Anansi Press. （『生きる意味』藤原書店）

(1993). *In the Vineyard of the Text: A Commentary to Hugh's Didascalicon.* The Univ. of Chicago Press. （『テクストのぶどう畑で』法政大学出版局）

(1995). *Radical Critique of Our Technological Culture. We the People. Morristown,* NJ: Aaron Press.

[*Disoccupazione creativa* (Creative Disoccupation), Italy, Italian, 1977]

死後の刊行

(2004). Œuvres complètes, vol.1. Fayard.

(2005). Œuvres complètes, vol.2. Fayard.

(2005). *The Rivers North of the Future - The Testament of Ivan Illich as told to David Cayley,* Toronto: House of Anansi Press. （『生きる意味』藤原書店）

(2000) David Cayley, ed.. *Corruption of Christianity.*

(2013). *Beyond Economics and Ecology: The Radical Thought of Ivan Illich.* Edited by Prof Sajay Samuel

(2018). *Ivan Illich: The Powerless Church and Other Selected Writtings, 1955-1985,* Assemled by Valentina Borremans and Sajay Samuel, The Pennsylvania Univ. Press,.

近年のイリイチ論

Lee Hoinacki & Carl Mitcham(eds.), *The Challenges of Ivan Illich,* State Univ. of N.Y. Press, 2002.

Martine Dardenne et Gerges Trussart(direction), *Penser et agir avec Illich: Balise pour l' après-développement,* Grappe, 2005.

ESPRIT, Actualité d'Ivan Illic, août-septembre 2010.

Alain Caillé, Marc Humbert, Serge Latouche, Patrick Viveret, *De la convivialité: dialogues sur la société à venir,* La Découverte, 2011.

Thierry Paquot, *Introduction à Ivan Illich,* La Découverte, 2012.

Todd Hartch, *The Prophet of Cuernavaca: Ivan Illich and the Crisis of the West,* Oxford Unv.Press, 2015.

Humberto Beck, *Otra modernidad es possible: El pensamiento de Ivan Illich,* Malpaso, 2016.

Martin Fortier et Thierry Paquot(direction), *Ivan Illich, l' alchimiste des possibles,* lemieux, 2016.

Jon Igelmo Zaldivar, *Desescolarizar la vida : Ivan Illich y la critica de las instituciones educativas,* Enclave de Libros Ediciones, 2016.

John Baldacchino, *Educing Ivan Illich: Reform, Contigency and Disestablishment,* Peter Lang, 2020.

Samuel E. Ewell Ⅲ , *Faith SeekingConviviality: Reflections on Ivan Illich, Christian Mission, and the Promise of Life Together,* Cascade Books, 2020.

David Gabbard, *Silencing Ivan Illch Revisited: a Foucaudian Analysis of Intellectual Exclusion,* Myers Eduacion Press, 2020.

Thierry Paquot, *Ivan Illich et la société conviviale,* Le Passager Clandestin, 2020.

Jean-Michel Djian, *Ivan Illich :L'homme qui a libéré l'avenir,* Seuil, 2020.

Andrés Donoso Romo, *Eduation in Revolutionary Struggles: Ivan Illich, Paulo Freire, Ernesto Guevara and Latin American Thought,* Routledge, 2021.

David Cayley, *Ivan Illich: An Intellectual Journey,* Pennsylvania State Univ Press, 2021.

Piveteau, Didier, "Le language des structures", *Orientations*, Paris, (34) 15-20, 1970.
Puigrós, Adriana, "La decadencia de la escuela", Arte, Sociedad, Ideologia, No.4, 1978.
Purdy, F., "Alternatives in Health Care", CIDOC DOC. I/V, 72/6.
Reed, Marta Herbert, "Women, the Family and Convivial Society",CIDOC DOC. 72/9.
Robert, Jean, "Vers une 'revitalisation' du Service-logis; ou: comment porrait-on sortir de la situation de 'gel' actuelle", CIDOC DOC, No. 84, 1973/43.
——, et Dupuy, Jean=Pierre, *La trahison de l' opulence*, p.u.f., 1976.
Reimer, Everette, *School is Dead*, Penguin, 1972.（『学校は死んでいる』晶文社、1984年）
Sahlins, Marshall, *Stone Age Economics*, Aldine-Atherton, Chicago,1972.
（山内昶訳『石器時代の経済学』法政大学出版局、1984年）
——, *Culture and Practical Reason*, The University of Chicago Press, 1976.
（山内昶訳『人類学と文化記号論』法政大学出版局、1987年）
Schutz, Alfred, *The Phenomenology of the Social World*, Northwestern University Press, 1967:（orig.）*Der sinnhafte Aufban der sozialen Welt*(1960).
——, *Collected Paper I*（渡部光, 那須寿, 西原和久訳『社会現実の問題』マルジユ社, 1983年),
II（中野卓監訳『現象学社会学の応用』御茶の水書房, 1980年）,
III, Martinus Nijhoff/The Haugue,1970.
Sousa Santos, Boaventura de, *Law against Law*, CIDOC CUADERNO, No.88.
Spring, Joel H., *Education and the Rise of the Corporate State*, Beacon Press, 1971.
Scitovsky, Tibor, *The Joyless Economy*, Oxford University Press, 1976.
（斎藤精一郎訳『人間の喜びと経済的価値』日本経済新聞社, 1979年）
Sereni, Emilio, "La categoria de formacion economico-social" en *El Concept de Formación Economico-Social*, Cuademos de Pasado y Presente, Siglo XXI, 1973.
Williams, Raymond, *The Long Revolution*, Pelican, 1975,（orig.）1961.
（若松繁信, 妹尾剛夫, 長谷川光昭訳『長い革命』ミネルウア書房, 1983年）
Young, Michael, *The Rfse of the Meritocracy*, Pelican, 1976,（orig.）1958.
Vogt, Christian et Mendel, Gérard, *Le manifeste educatif*, Payot, Paris, 1973.
Vasconi, T. et al., *La Educación burguesa*, Editoria lNueve lmagen,Mexico, 1977.

IV イバン・イリイチに関する拙稿・拙訳（1979年7月まで）

「I・イリイチとCIDOC」（『知の考古学』1976年4月号）
「学校はもういらない――デスクーリング（学校無化論）への序」（『市民』1976年4月号）
「イバン・イリイチの理論―Retooling論を中心に―」（『知の考古学』1976年10月号）
「学校無化論へのマルクス主義的対応」（『情況』1976年8月号）
「技術科学の〈限界〉へ向けて」（『技術と人間』1977年5月号）
訳「〈医療〉という現代の流行病」（MN第1章）（『思想の科学』1977年8月号）
「書評『脱病院化社会』」（『日本読書新聞』1979年3月12日）
「〈脱学校論〉を問い直す」（『日本教育新聞』1979年3月5日）
「I・イリイチ論」（『日本読書新聞』1979年3月26日）
「制度の保守化と自律共働性」（『思想の科学』1979年4月臨時号）
「イバン・イリイチの〈自律共働性〉と〈非学校化〉に関するノート:〈自律的学習〉の甦生のために」
（東京都立大学『人文学報』第137号, 昭和54年4月）

Jonathan Caplan, "Lawyers and Litigants: A Cult Reviewed", Harley Shaiken, "Craftsman into BabySitter")（『専門家時代の幻想』新評論、1984 年）
Kalakowsky, Lezek, *Alienation of Reason: a History of Positivist Thought*, Doubleday, 1970.
Kuhn, Thomas, "Energy Conservation as Example of Simultaneous Discovery", in CLAGETT, M., *Critical Problems in the History of Science*, University of Wisconsin Press, 1969, originally edited, 1959.
——, *The Structure of Scientific Revolution*, University of Chicago Press, 1970.
（中山茂訳 I 科学革命の構造』みすず書房 , 1971 年）
Kohl, Herbert, *Reading , How to*, Penguin, 1974.
Ladner, Gerhart B., *The Idea of Reform: Its Impact ob Christian Thought and Action in the Age of the Fathers*, Harvard University Press, 1957.
Linden, Staffan B., *The Harried Leisure Class*, Columbia University Press, 1970.
Lévi-Strauss, Claude, *La pensée sauvage*, Libraire Plon, Paris, 1962.
（大橋保夫訳『野生の思考』みすず書房, 1976 年）
Leiner, Marvin, *Children are the Revolution: Day Care in Cuba*, The Viking Press, N.Y., 1974.
Lukacs, Georg, *History and Class Consciousness*, MIT Press, Cambridge, 1971.
（平井俊彦訳『歴史と階級意識』未来社, 1972 年）
Luckman, Thomas, *The Invisible Religion: The Problem of Religion in Modern Society*, MacMillan, 1967.（赤地憲昭, ヤン・スインゲート訳『見えない宗教』ヨルダン社, 1976 年）
Leiss, William, *Th Limits to Satisfaction: on needs and commodities*, Marion Boyars,1978.
——,and Kline, Stephen, "Advertising, needs and commodity fetishism", *Canadian Journal of Political and Social Theory*, Vol.2, No.1, (Winter, 1978)
Maccoby, Michael, *Social Changes and Social Character in Mexico and United States*, CIDOC CUADERNO, No.55, 1970.
Marx, Karl, *Das Kapital*, Dietz Verlag, Berlin, 1977.
——, *Le Capital* (trad. J. Roy) Garnier.Flammarion, 1969.
——, *El Capital* (trad. Pedro Scaron) SigloXXI, Mexico, 1975.
——, *Capital* (trad.Ben Fowkes) Vintage Books,N.Y.,1977.
Mauss, Marcel, *Sociologie et anthroplogie*, Press Universitaires de France, 1966.
（有地享, 伊藤昌司, 山口俊夫訳『社会学と人類学』弘文堂, 1973 年）
Mumford, Lewis, *The Myth of the Machine: The Pentagon of Power*, Harcourt Press, 1970.
（生田勉, 木原武一訳『権力のペンタゴン』河出番房新社, 1973 年）
Maillassoux, Claude, *Femme, greniers et capitaux*, Maspero, 1977.
（川田順造, 原口武彦訳『家族制共同体の理論』筑摩書房, 1977 年）
Marini, Ruy Mauro, *Dialectica de la dependencia*, Serie Popular Era, 1973.
Mendelsohn, R.D., "Head Start Health Services HMO", CIDOC DOC. I/V, 73/30.
Parsons, Talcott, *The Social System*, Free Press, 1951.
（佐藤勉訳『社会体系論』青木書店, 1974 年）
Piaget, Jean, *La formation du symble cher l' enfant*, 1945.
（大伴茂訳『模倣の心理学』『遊びの心理学』『表象の心理学』黎明書房, 1969 年）
Popper, Karl R., *Conjectures and Reputations: The Growth of Scientific Knowledge*, ,Harper, (orig.), 1962.（藤本隆志, 石垣寿郎訳『推測と反駁』法政大学出版局, 1980 年）
——, *The Logic of Scientific Discovery*, Harper, (orig.), 1958.
（大内義一, 森博訳『科学的発見の論理』恒星社厚生閣）

——, and Gintiz, Herbert, *Scholling in Capitalist America: Educational Reform and the Contradiction of Economics*, Basic Books, N.Y., 1976.(『アメリカ資本主義と学校教育』岩波書店、2008年)
Carnoy, Martin, "The Political Economy of Education," (1970) in La Belle,Thomas J. (ed.), *Education and Development: Latin American and the Caribbean*, UCLA, Los Angeles, 1972
——, *Education as Cultural Imperialism*, David Mckay Company, Inc., 1974.
Cooper, David, *The Death of the Family*, Pelican, 1972.
(塚本嘉寿, 笠原嘉訳『家族の死』みすず書房, 1978年)
Coomb, Philip H., *The World Educational Crisis: A System Analysis*, Oxfbrd University Press, 1968.
Daly, Herman E.(ed.), *Essays Toward a Steady State Economy*, CIDOC CUADERNO, No.70, 1971.
Dubos, Rene, *Mirage of Health*, Halper & Row, 1959.
(田多井吉之介訳『健康という幻想』紀伊国屋書店, 1978年)
Dumont, Louis, *From Mandeville to Marx: The Genesis and Triumph of Economic Ideology*, University of Chicago Press, 1977.
Dos Santos Theotonio, *Imperialimo y dependencia*, Ediciones Era, Mexico, 1978.
(青木芳夫, 辻豊治, 原田金一郎, 林美智代訳『帝国主義と従属』柘植書房, 1983年)
Dewar, T., "Some Notes on the Professionalization of the Client", CIDOC DOC. I/V; 73/37.
Ellul, Jacques, *The Technological Society*, Knopf, 1976.
Ewen, Stuart, *Captains of Consciousness: Advertising and the Social Roots of the Consumer Culture*, McGraw-Hill, 1976.
Foucault, Michel, *Surveiller et punir: naissance de la prison*, Gallimard,1975.
(田村俶訳『監獄の誕生:監視と処罰』新潮社, 1977年)
Friedenberg, Edgar, "What the school do", *This Magazine is About School*, Tront, Winter 1969.
Friedman, Jonathan, "Marxism, structurism, and vulgar materialism", *Man, n.s.*, 9: 444-69.
Gintiz, Herbert, "Toward a Political Economy of Education: A Radical Critique of Ivan Illich's Deschooling Society", *Harvard Educational Review*, 42, Feb. 1972.
Godelier, Maurice, *Rationality and Irrationality in Economics*, NLB, London, 1972.
(今村仁司訳『経済人類学序説』日本ブリタニカ, 1980年)
——, *Horizon, trajets marxistes en anthropologie*, Maspero, Paris, 1973.
(山内昶訳『人類学の地平と針路』紀伊国屋書店, 1976年)
Goodman, Paul, *Compulsory Miseducation*, Penguin, 1971.
Habermas, Juergen, *Technik und Wissenshaft als Ideologie*, Suhrkamp Verlag, 1968.
(長谷川宏訳『イデオロギーとしての技術と科学』紀伊国屋書店, 1977年)
——, *Toward a Rational Society*, Beacon Press, 1970.
Hall, E., *The Hidden Dimention*, Doubleday, 1966.
(日高敏隆, 佐藤信行訳『かくれた次元』みすず書, 1970年)
Heilbroner, Robert, *Business Civilization in Decline*, Marion Boyars, London, 1976.
(宮川公男訳『企業文明の没落』日本経済新聞社, 1978年)
Hirsch, Fred, *Social Limits to Growth,* Harvard University Press, 1978.
(都留重人監修『成長の社会的限界』日本経済新聞社, 1980年)
Holt, John, *Freedom and Beyond*, Pelican, 1973.
(山崎真稔訳『学校その自由と権威』玉川大学出版部, 1977年)
Illich, Ivan et al., *Disabling Professions*, Marion Boyars, 1977. 以下の論文所収
(Ivan Illich, "Disabling Profession", Irving Kenneth Zola, "Healthism and Disabling Medicalization", John McKnight, "Professionalized Service and Disabling Help",

Ⅲ 産業社会を考えるための文献（原文献は 1979 年までの時点。邦訳はその後も。）

Amin, Samir, *Le développement inégal*, Minuit, Paris, 1973.
（西川潤訳『不均等発展』東洋経済新報社, 1983 年）

Ariès,Philippe, *Centuries of Childhood*, Penguin, 1973, (orig.) 1960.
（杉山光信 / 杉山恵美子訳『< 子供 >の誕生』みすず書房, 1980 年）

——, *Western Attitudes towards Death: From Middle Ages to the Present*, Marion Boyars,1976.
（Ariès のオリジナルについては , Illich, MN, p. 175, n.3. を参照）

Althusser, Louis, *Pour Marx*, Maspero, 1965.（河野・田村訳『甦るマルクス』人文書院, 1968 年）

——, Ideologie et appareils ideologiques d' État", *Positions*, Editions Sociales, 1976.
（西川長夫訳『国家とイデオロギー』福村出版 , 1975 年）-

——,et Balibar, Etienne, *Lire le Capital*, Maspero, 1965.

Avineri, Shlomo, *The Social and Political Thought of Karl Marx*, Cambridge University Press,1971.

Baudrillard, Jean, *Le système des objets*, Denoël-Ganthier, Paris, 1968.
（宇波彰訳『物の体系』法政大学出版局, 1980 年）

——, *La société de consommation*, S.G.P.P., Paris, 1970.
（塚本史, 今村仁司訳『消費社会の神話と構造』紀伊国屋書店, 1979 年）

, *Pour une critique de l' économie politique du signe*, Gallimard, Paris, 1976.
（今村仁司, 宇波彰訳『記号の経済学批判』法政大学出版 局, 1982 年）

Benveniste, Emile, *Le vocabularie des institutions indo-europeénes*, vol.1,2, Minuit, Paris, 1969.

Bachofen, John, *Myth, Religion and mother Right*, Prinston University, 1970.

Berg, Ivar, *Education and Jobs: The Great Training Robbery*, Penguin, 1973.

Berger, Peter, "Language of Murder", Worldview（January, 1972）in *Facing Up to Modernity: Excursions in Society, Politics and Religion*, Basic Books, Inc., N.Y., 1977.

——, and Luckman,Thomas, *The Social Construction of Reality: A Treatise in the Sociology of Knowledge*, Doubleday, 1966.（山口節郎訳『日常世界の構成』新曜社, 1977 年）

——,Berger, Brigitte and Kellner, Hansfried, *The Homeless Mind: Modernization and Consciousness*, Random House, N.Y., 1973.
（高山真知子, 馬場伸也, 馬場恭子訳『故郷喪失者たち—近代化と日常意識』新曜社, 1979 年）

——,and Berger, Brigitte, *Sociology: a biographical approach*, Penguin, 1978.
（安江孝司 , 鎌田彰仁 , 樋口祐子訳『バーガー社会学』学習研究社 , 1979 年）

Boulding, Kenneth, "The Concept of Need for Health Services", *Milbank Memorial Fund*, Quarterly 44, (October l966).

Bourdieu, Pierre et Passeron, Jean-Claude, *La reproduction: éléments pour une théorie du système d' enseignement*, Minuit, 1970.（『再生産』藤原書店、1991 年）

Bourdieu, Pierre, "The school as a conservative force: scholastic and cultural inequalities", in Eggleston, John, *Contemporary Research in the Sociology of Education*, Methuen, London, 1974. (orig.) 'l' école conservatrice', *Review française de sociologie*, 7, 1966.

Brown, D. G., "TheValue of Time", *Ethics*, vol. 80, No. 3 (April l970).

Bishop, Jordan, *Cristianism radical y Marxismo*, Nuestro Tiempo, 1970.

——, *Schools under Fire: The success and failure of an ideology*, CIDOC CUADERNO, No.1015, 1971.

Baudelot, Ch. et Establet, R., *L' école capitaliste en france*, Maspero, 1971.

Bowles, Samuel, "Contradiction in U.S. Higher Education", *Review of Radical Political Economy*, II (2)(Summerl970).

J.Dupuy, "Illich et la Némésis industrielle", J.Robert, "Communications et contreproductivité", F.Grémy, "Santé publique et pouvoir médical", B. Herszberg, "La médecine malgré eux")
(3) *ESPRIT*, 40 (412) 1972.03, (イリイチの "Retooling" をめぐって の討論集)
(4) *Seminario sobre la "Sociedad Conviviencial"*, Trabajos presentados, CIDOC CUADERNO, No. 1024.（西語圏による「自律共働社会」をめぐっての小論集）
(5) *Seminar on "Tools for Conviviality"*, Working papers. CIDOC CUADERNO, No. 1025.（英語圏による「自律共働社会」をめぐ っての小論集）
(6) 論文――
Schwember,H,, "La idea de convivialidad en ILLICH, la complejidad social y las opciones politicas", Santiago,Chile,CIDOC DOC. 1972.09.
Varela, Francisco, "Lectura de ILLICH", Santiago de chile,CIDOC DOC. 1972.11.
Miro Quesada, Francisco, "Retooling society; comentario critico al libro de Ivan ILLICH, Lima,CIDOC DOC. 1973. 01.
Dunand, Alain, "Retooling Society", ESPRIT, Paris (7-8) 1973.07.08.
限界設定にたいする「法」を考察した論稿
Weisstub,David N. (ed)., *Law, Growth and Technology*, CIDOC CUADERNO, No. 1019 以下の主要論文を収録
(vol.1) Weisstub, David, A novel aproach to conception of legal structures.
Smith, J.C., Law and Radical change.
Christie, Nils, Crime Control in Highly Industrialized Societies.
Sousa Santos, Boaventura de, Law againt Law.
Castel, J.G., Civil Law and Technology.
Linden, Allen M., The Private Law Suit and the Convivial Society.
Taylor, Greer, The Common Law as a Tool for Setting upper Limits to the Productivity of Tools.
Viera-Galls Ouesney, José Antonio, El segundo camino hacia el socialismo: aspectos institutionales.
(vol.2) Hogars, John, Alternatives to the Adversary System.
Grafstein, Jerry, Is Law Incompatible with Limits to Growth?
〔付〕 医療・交通に関しては
CIDOC ANTOLOGIA: A 全 8 冊（医療）
CIDOC ANTOLOGIA: B 全 7 冊（交通）
に，資料文献および代表的な重要論文が所収されている。
教育は，
CIDOC DOC. *Alternatives to Education*, vol.1-4. に主要論文が掲載されている。
また，自律共働社会および学校・医療・交通に関しては，
CIDOC DOC I/V, *Hipotesis–Sociedad Conviviencial: Seminarios 1971-75*, No.82, 83, 84 に主要関連論文が収録されている。
また CIDOC CUADERNOS No. 1–90 にほとんどの関連論文が収録されている。

Illich, Ivan; Reimer, Everett; Wilkinson, John; Bellman, Richard
A Center Conference: toward a Society without schools, *CENTER REPORZ*, Santa Barbara, California, 4（1）1971. 02.

共著

Illich, Ivan & Borremans, Valentina. La necesidad de un techo común; el control socialde la tecnologia, Cuernavaca, CIDOC DOC. 1971.09.

Illich, Ivan, McKnight, John & Mondelsohn, Robert. National Health lnsurance and the People's Health, *THE CRESSET*, Valparaiso, 36（8）1973.06.

インタビュー

Harenberg, Werner,　Puede ser cristiana la violencia? Pláitca del SPIEGEL con Ivan Illich, catól ico, experto en asuntos latinoamericanos, *DER SPIEGEL*, Alemania, (9) 1973.02.70.

ウ）CIDOC で発行された草稿集

Ensayos sobre la transcendencia, 1971, 106p、SONDEOS, No.77.

(Deschooling Society の草稿・訳)

1970 Beecher Lecture, 1970, CUADERNO, No.1002.

CICLO Lectures Summer, 1970, CUADERNO, No.1007.

The Dawn of Epimethean Man and other essys, 1970,　CUADERNO, No.54.

The Breakdown of schools, 1971, CUADERNO, No.1016.

Hacia el fin de la era escolar, 1971, 220p, CUADERNO, No.65.

（Tools for Conviviality の草稿・訳）

Institutional inversion, 1972, 155p, CUADERNO, No.1017.

Retooling Society II , 1972, 178p, CUADERNO, No.1020.

Hacia una sociedad conviviencial, trad. Ramiro REYNAGA,（著者校閲なし）, 1972, 160p, CUADERNO, No.1021.

Hacia una sociedad conviviencial, trad. Matea PADILLA de GOSSMANN（著者校閲なし）1972, 166p, CUADERNO, No.1022.

Preparetory reading materials A 142, 1972, 192p, CUADERNO, No.1023.

Herramientas para la conviviencia, 1973, 214p, CUADERNO, No.1027.

Rerooling III , 1973, 220p, CUADERNO, No.80.

（Medical Nemesis の草稿）

Hygienic Nemesis, very first draft, 1974, 120p, CUADERNO, No.86. [MN①]

Medical Nemesis, 1975, CUADERNO. No.89. [MN②]

On the Limits of Medicine, 1975, CUADERCO, No.90. [MN③]

II　イリイチをめぐっての論集

⑴　Illich, Ivan, et a1, *After Deschooling what?*, Harper & Row, 1973.
（イリイチの "deschooling" をめぐる論文集）

⑵　*L'ARC*（イリイチ特集）No.62, (G.Lascault, "Penser la survie", G.Martinet & J.Domenach, "Illich, la politique, les institutions", J.Garrec, "L'outil et les　grands systèmes", E.Verne, "L' école de la descolarisation", J.Pain, "Le bladeur de mythes",

——"Selection from Tools for Conviviality", *AMERICAN POETRY REVIEW*, 1973, may-jun.

Tools for Conviviality, Harper & Row, N.Y., 1973, Calder & Boyars, London, 1973.

La convivialité, Seuil, Paris, 1973.

La conviviencialidad, Barral, Barcelona, 1974.

(5) Energy and Equity

——"Energy and Equity", DOC, 1/V, 73/29, 1973.04.27.

——"Energie,Vitesse e Justice Sociale", *LE MONDE*, Paris, 5 et 7 juin. 1973.

——"Recycling the World", *THE GUARDIAN*, 1973.06.15.

——"Energia y equidad", DOC, 1/V, 3/44, 1973.08.

Energy and Equity, Calder & Boyars, London, 1974.

Énergie et Équité,Seuil,Paris, 1973.

Energia y equidad, Barral, Barcelona, 1974.

Energia y equidad, Posada, Mexico, 1978.（バレンティーナ女史による訳校閲）

(6) Medical Nemesis

——"The Illusion of Un limited Health Insurance", CIDOC DOC. 1/V, 71/5, 1971.10.19.

——"On the Political Uses of NaturaI Death", CIDOC DOC. 1/V, 73/38, 1973.07.08.

——"La importancia de la muerte natural", CIDOC DOC, 1/V, 73/42, 1973. 08.

——Robert Mendelsohn, John McKnight, "National Health Insurance and the People's Health", *CLINICAL PEDIASTRICS*, 1973.06., *THE CRESSET*, 1973.06.

a）草稿の公刊本

Medical Nemesis, Calder & Boyars, London, 1975.

Nemesis Medica, Barral, Barcelona, 1975.

Nemesis medicalle, Seuil, Paris, 1975.

b）完成稿の公刊本

Medical Nemesis: the expropriation of Health, Pantheon, N.Y., 1976.

Limits to Medicine, Caldar & Boyars, London, 1976.

（新序文をいれて、1995 年再版：Mrion Boyars)

Nemesis Medica, Joaquin Mortiz, Mexico, 1978.

(7) The Right to Useful Unemployment

——Disabling Professions, TECNO-POLITICA, DOC. 76/2, Canada, October 1976.

——Equity in Useful Unemployment and its Professional Enemies, TECNO-POLITICA, DOC. 77/4, Cuernavaca, June, 1977. [EU]

Disabling Professions, Calder & Boyars, London, 1977.

The Right of Useful Unemployment and its Professinal Enemies, Calder & Boyars, London, 1977.

*Desempleo creador: La decadencia de la Edad Profesiona*l, Posada, Mexico, 1978.

イ）その他の論文

——On style: the Root of Dissidence, Deviance and Delinquency. Paper for discussion at CIDOC, CIDOC DOC. July l969, Reprinted. 1973.

——Open letter to Paul. VI, CIDOC DOC, / 英 , 西, 仏, 独 / Cuernavaca, 1970.08. 10.

シンポジウム

BOOKS, 15 (12) 1971. 07.01.

——The dawn of Epimethean man; a paper prepared for a symposium in honor of Erich Fromm, CIDOC DOC, 1970.

——El amanecer del hombre Epimeteo; preparado para un symposium en honor de Erich Fromm, CIDOC DOC, 1970.

Deschooling Society, Harper&Row, N.Y., 1971. Caider & Boyars, London, 1971

Une societé sans l' école, Seuil, Paris, 1971.

La sociedad desescolarizada, Barral, Barcelona, 1971. Posada, Mexico, 1978.

Deshooling 以降の論文

——Mr. Chief Justice BURGER and the Disestablishment of Schooling. Draft of an essay submitted to the editors of *THE NEWYORK TIMES*, 1971. 03.

——Review of this book is about schools, *THE NEW YORK TIMES BOOK REVIEW*, N.Y., 1971. 03. 21.

——Discurso en Lima, Perú/ante la Asemblea Mundial del World Council of Christian Education, CIDOC DOC. 1971.07.18.

——On the necesity to de-school society, NewYork, UNESCO, 1971. (Series B: Opinions, 38)

The Alternative to schooling, *SATURDAY REVIEW*; 1971. 06.19.

——The Alternative to schooling; extended version, (前論稿の加筆) CIDOC DOC, No.77, 1971.10.04.

——La Alternativa de la enseñanza, Mexico D.F., CIDOC DOC. 1971.07.12.

——L' alternative a la scolarisation; une révolution culturelle, *ORIENTATIONS*, Paris, 11 (41) 1972.01.

——The Breakdown of schools: a problem or a SYMPTOM? working draft of a paper for discussion, Cuernavaca, Mexico, CIDOC DOC. 1971. 04. 21. (後に "After deschooling, what?", *Social Policy*, 1971.09-10.) [AD]

(4) Tools for Conviviality

——"Political Inversion", DOC, 72/353, 1971.12. [PI]

——"Anglo American Law and a convivial sociely", DOC, 72/7, 1972.01.26.

——Legge Angle-Americana e societá conviviale, *HUMANITAS*, Marcellina, 1972.03

——"Inverser les Institutions, *ESPRIT*, trad. Pierre ROCHERON, 1972.03.

——"Re-tooling Society", DOC, 72/369, 1972.04.15.

——"Criterios y methodos de limitación de los medios de producción", trad. Federico ZEGARRABALLON (著者校閲なし) DOC, 72/19, 1972.08.21.

——"De neuveaux outils pour la société", trad. Raymord GAGNAIRE, (著者校閲なし) DOC, 72/18, 1972.08.28.

——"Uber notwendige Veranderungen Geselishaft", *NEUES HOCHLAND*, Munich, 1972.09~10.

——"Para reencontrar la vida", *REVISTA DE REVISTA*, Caracas, 1973.01.

——"Bibliography 'Limites', August/September, 1972", DOC, 72/37, 1972.10.01.

——"Two Watersheds: the American Public Health System", *SOCIAL POLICY*, 1973. mar-abr.

——"Convivial Tool", *SATURDAY REVIEW OF EDUCATION*, 1973.04.

文献資料

イバン・イリイチの著作は，まず英・仏・西の草稿が記され，そのうちあるものが公表され，ついで書き加えられて著書として公刊される。そして英・仏・西の各版は独立したものといえるほどの異同がある。つまり，各言語圏での思想展開となっている。（独語は翻訳。西語も翻訳に近いがセミナー討論やバレンティーナ女史の校閲と’イリイチのチェックが加わって独立した書といってもよい書き加えがなされている。）文献資料としては，各公刊木に収束するプロセスを示せるように整理した。今後のイリイチ研究の深化に不可欠な論文を収録してある。

I　Ivan Illich の論文・草稿・著書（重要な英・仏・西を記す）

ア）著書および収録論文の公表稿，関連論文

(1) *Ensayos sobre la transcendencia*,CIDOC SONDEOS, No. 7, 1971.

"The End of Human Life; an Interpretation of Death as the Supreme Form of Prayer" In: HORIZONTES; Revista de la Universidad Católica de Puerto Rico, Ponce, 1(2) :54-68. 1958. 04.

"Discurso de graduación", Colegio de Agricultura y Artes Mecánucas, Mayagüez P.R. 29 de mayo de 1959, In: HORIZONTES. 3（5）: 58-64, 1959.10.

"Transcripción de notas para una conferencia sobre la experiencia estética y la experiencia religiosa", primera parte. Cuernavaca, 1966.10.25. segundaparte, Cuernavaca, 1966.10.26.

"1970 Beecher Lectures", Special Edition, Cuernavaca, 1970.（CIDOC CUADERNO, No.1002.)

以上の論文を所収。

(2) *Celebration of Awareness*, Doubleday, N.Y., 1970.

Liberer y l' avenir, Seuil, Pais, 1971.

Alternativas, Joaquin Mortiz, Mexico, 1974.

(3) Deschooling Society

——Why we must abolish schooling, *THE NEWYORK REWEW OF BOOKS*, 1970.07.02.

——Por qué debemos abolir la trata escolar, Santiago de Chile, CIDOC DOC, 1971. 01.

——Déscolariser l' école, *LES TEMPS MODERNES*, Paris, (27) 289-290, 1970.08-09.

——Schooling: the ritual of progress, *THE NEW YORK REVIEW OF BOOKS*, 1970.12.03.

——The Ritualization of Progress; draft of a paper prepared for the conference on Tecnology: Social Goals and Cultural Options, held in Aspen, Colorado, 1970.08.29~09. 03, under the co-sponsorship of the International Association for Cultural-Freedom and the Aspen Institute for Humanistic Studies, Cuemavaca. CIDOC DOC. 1970.08.

——Pour en finir avec la religion de l'ecole, *ESPRIT*, Paris, 38（398）1970. 12.

——Contra la religíon de la escuela, *CONTACTO*, Mexico, 8（1）1971.01.

——Draft for an address to the AERA(American Educational Research Association) meeting in NewYork, 1971. 02. 06. CIDOC DOC.

APPENDIX

専門権力と産業的生産様式の転移：批判理論の徹底とコンビビアルな概念空間

本書次元での論考をもう一歩深めるべく記しておこう。

論点は、学校／医療／交通の三大パラダイムを、いかに統合するかである。その統合は、国家論でも経済的土台論でもない、マルクス主義的なものとはずらして、政治統治技術と生産様式をいかに理論配置するかである。それはつまり、支配されているとか抑圧・搾取されているとかの象徴暴力を含めての暴力性を知的認識だとしている知識主義の状態からのずらしであり、自らの自律的な自己技術を受動性・他律性から切り離すことを意味する。「新版あとがき」で宣告した問題構成は、まだ未熟であった。社会主義と社会主義国との違いを強調された吉本さんの提起を考えれば考えるほど、わたしにとっては社会主義は社会主義国にしかならないという実証的かつ理論的な結論であり、社会主義にも革命の政治行動にも展望・希望をもつことにならなかった。他方、資本主義という実態も存在しない。なぜなら資本主義は自らの真正原理を有していないからだ。実際にあるのは、商品の「産業〈社会〉経済」でしかない。つまり、日本がマルクスのイメージした社会主義に近いのではないか、という示唆は実際には、ただ産業〈商品・制度〉社会主義になっているだけのことで、安楽の全体主義へ欲望消費を規定開放しているだけである。

つまり、本書で解析した他律的サービス制度の受容・依存によって保証される産業利益に立脚した、産業人間の消費欲望の安楽生活である。主体従属的に耐えているかうまくやり過ごして自由でいるかのような生活世界において、自分の自分への関係の仕方をごまかしているにすぎないゆえ、そこへ専門他律世界がその不能化した専門的横暴さを社会責任行使であるかのように医師、教師、加速化された官僚たちにおいて介入させている。産業〈社会〉経済とは、社会を経済化し、その均質化・均一化した「社会市場」空間を市場経済であるとしている規範化社会／制度化社会であり、商品／賃労働中心の〈社会〉経済であり、諸個人は社会代行者としてしか生活生存できない、そこで機能しているのは、本書が明証にした産業サービスであり、そこにおける専門家権力による統治支配体制である。

コロナ禍の情況において、「専門家の意見を聞いて」が乱発されている。本書の「医療の神話」世界がさらに徹底されている。専門的不能化介入の極限状態が生活を侵蝕してきている。PCR検査／ワクチンをしていないと、人にさえも会えなくなってきている。こうした社会の医療化は医療だけではすまない、自分を取り囲んでいる生活世界総体の現在性となっている「起きている状況」をふまえた上で、理論構成を明確にしておきたい。つまり、制度的諸編制の構造化およびその象徴形式と実際に起きている状況との混成がなされていることの対象化／客観化である。

産業的生産様式のベーシックな理論構成

産業的生産様式とは、制度生産経済としてサービスを商品化し、そこに賃労働体系の実際ワークを確立させるものである。つまり、商品（＝諸物 objects）生産経済とサービス制度経済を合体させ、「生産物の再生産」（賃労働）と「生産者の再生産」（シャドウ・ワーク）とを〈社会〉統合させている生産様式である。その目標は、「生産性」を高め、「生産諸関係の再生産」を秩序安定させることだ。概念用語がマルクス的であるが、概念空間は転移的に拡大され配置換えされている。それは言うまでもない、経済決定論と国家権力支配論とから脱している概念空間の構成である。

第一概念空間　産業的生産様式＝商品生産経済＋サービス制度生産経済における
⇩生産物の再生産＋生産者の再生産

対象に、「産業サービス」が組み込まれた。方法として「触知しうる商品」と「触知しえない商品」との構成が設定された。それによって、生産様式が「再生産様式」を含蓄する構成がテーマ的になされた。ここにまだ組み込まれていないのが「技術」である。

「技術」とは労働過程に技術科学が包摂構成されていくもので、他方、制度生産においては他律技術優先の自律技術従属という関係が構造化されている。それが「従順な賃労働者」（会社員、社員、従業者、臨時雇用者、幹部）を形成し、労働と労働力／生産手段を分離させているだけではない、「労働と資本との分節化」を自己領有においてなし社会経済的に分離構造化し、しかもエネルギー土台において自律エネルギーを麻痺させている。これが、まさに制度生産経済の要になるものだ。これは生産様式とは異なる行為・技術の関係〈様式〉の次元である。

第二概念空間1　制度生産における他律技術優位による自律技術の従属化＝主体化が、賃労働による経済生産過程に組み込まれる。（自分から分離された生産諸手段としての技術科学に従属しうる）
⇩労働と労働力が分離され、労働と資本とが自分において分節化される（労働者と資本家の分離ではない）

第二概念空間2　制度生産への依存は、他律エネルギー優位への依存となって、社会総体を可動させる力の配分において、環境世界を商品・サービスの均質経済空間へと転移させている。
⇩場所環境が社会分配による商品・サービス環境へと転じられて、場所資本が環境資本から分節化され抑えこまれる。

これはつまり、対象が労働のより根源の「行為技術」とその「場所環境」に設定された上で、他律様式と自律様式の制度生産編制が産業的に他律優位となることで、労働に分節化が構造化され。かつ環境が分配社会空間として場所から分節化され、双方から〈資本〉が離脱させられてしまうことである。なぜ、そうなるのか、それはサービスが「生産諸関係の再生産」を経済化し、社会市場を構造化しているためだ。そこに、三大パラダイムがからむ。

第三概念空間　教師／医師／運転手の「サービス労働」が〈生徒／患者／通勤通学者〉を生産者として

生産し再生産する：授業料／診察料・医療費／運賃を支払う

⇩種別制度内における「サービス労働＋シャドウ・ワーク」の編制

⇩シャドウ・ワークが経済均質環境と制度画一環境を場所から分離して社会市場構成している。

サービス労働者（サービス分野における賃労働者）が、かかる制度化を受容し、制度規範へ従うことで、自己を生産者／社会エージェントへと形成する「支払う」シャドウ・ワークを管理統御し、この他律技術による自律様式の転移によって、制度生産経済を編制している。サービスの本性を活用した「一対多数の生産性」の構成が利潤を効率的に産む。同時に、生産者の生産・再生産と生産諸関係の再生産がこの制度ワークにおいて可能になっている。

これは、さらに、生産領域を拡大する過剰産業化様式としての可能条件を開き、消費領域である「家庭」までをも生産様式の中に組み込むことを産業の根源的独占として可能にした。主婦の家事労働による、夫・子どもの生産者への生産である。生活時間と生活空間の「加速化された」物流は情報流によってさらに加速化される。便利さであるかのようなネットワーク社会は、シャドウ・ワーク界でのただの監視技術装置でしかない（アルマンド・マッテラルト）。

第四概念空間　支払われない家事労働が、賃労働男とシャドウ・ワーク生徒の生産／再生産を家庭においてなし、社会の経済生産の場と制度生産の場に送り出す、生産諸関係の社会的再生産をなしている
⇩社会空間における「家事労働＋賃労働＋シャドウ・ワーク」の社会分業編制

社会的労働は経済労働の社会分業の協業において成り立っているだけではない、家庭と工場と学校・病院・交通機関の総体として「社会」分業編制されている。「支払われない」労働と「支払われる労働」と「支払うワーク」から成り立っているのだ。どれも比重は同じであって、企業・工場などの経済労働だけから「社会」は成り立っているのではない。かつ、産業的家庭の主婦のシャドウ・ワークは、場所・環境からも離床した商品・サービスの購入による料理・洗濯・掃除・（裁縫の代わりの）衣服購入となって、不可避に消費家庭が「ゴミ」を輩出するワークになっている（いかに消費者が環境へ配慮しようとも生産土台が生産物＝「ゴミ」になる産出しか構成していない）。ネットワークのデータ（検索）も情報ゴミの生産であって、情報生成機能はしていない。

社会総体は、この四つの概念空間において実定化されている（概念空間の拡張は同じものの拡延ではない、異なるワーク様式を分節化し統合化している概念生産である）。その結果、諸個人は自己自身としての存在を「社会エージェント」へと転移させて生存が可能になる。会社員、生徒・学生、患者・通勤者、主婦、夫、などの社会的役割を、「消費者／生産者」として自分を社会ワークしている者へと転じていかないと生存できない産業的生産様式になっている。

この複雑性を秩序立てるには、社会を画一・均質にして統合させるため、「ノルマ化」の構成を規律・監視しさらに「従わない者」は監禁する規範化社会を編制せねばならない。生産様式とは別次元に「規範化の権力諸関係」を編制す

る必要がある。学校・病院・乗り物における「監視」が常に規律化の呼びかけ働きかけでなされる。

第五概念空間　規律と監視の規範化によって社会空間の「経済生産と制度生産」の権力諸関係が秩序安定を可能にする
⇩規範化社会における「経済生産＋制度生産」＝産業的生産様式の統合的統治技術化

以上のことが、本書の論述において内蔵化されていた概念空間であるが、そこにもう一点、非常に重要な、概念空間の対象として、「実践 praxis」ではなく「実際行為《プラチック》＝pratiques」が対象設定されていることだ。日々の当たり前として慣習的に疑われることなく行為されている総体であるが、外在批判ではなく行為者自体の対象化である。これは、マルクス主義や近代的学問体系では対象から除外されていた行為存在である、構造理論によって浮き出されてきたのであるが、イリイチの論述はこのプラチック自体の神話発生構成を明示したものであった。自律行為はプラチックである、それが「制度アクト act」へと転じられてしまっていることへの批判考察であったのだ。

批判考察の意味と重要性

おそらく本書ほど徹底して、現在社会の「わたし」自身の生活様態を批判解明したものはなかったであろう。あまりにラディカルすぎて、まるで一時の流行であるかのように騒がれ鎮静していったが、わたし自身は一貫していまだ考察を転移的に拡延させ深化し続けている。それは、知の市場、文化の市場が大学知による大卒知性によって実際行為され、それを支える賃労働体系において「労働疎外の王国」となって、生産物・労働・自己に対して責任をとることなく生活保障されている「安楽の全体主義」となって、批判がただの知識主義として気取って語られる状態になっている。対象を否定すれば、自分はそこから棚上げ保留されて守られ、善意的正義をもって気の利いたことをお喋りできる、という状態だ。制度化されたままの意識状態であるゆえ、外在批判がなされうる。

本書の当時、イリイチの考察は、学校否定、医療否定という読まれ方しかされておらず、ある講演会で同席したエコロジストは自慢げに新幹線に乗らずに鈍行で来たと主張して拍手を受ける、というような次元にあった。つまり、外在環境批判でしかなく、自分が制度化されている教育それ自体、医学的医療それ自体、速度それ自体は問われていなかったし、まして〈学ぶ・癒す・歩く〉政治的自律性は批判思考の外部に置かれたままであった。それは、自分を問わずに他者を批判否定するという理論効果を正義へと短絡させるマルクス主義的思考のままであったのが、知的世界ということで、それはいまだに続いて、知的商品市場でうけている。

イリイチ、フーコー、ブルデュー以降、社会科学理論は大転換していくのだが、日本の大学知性はそこを先進諸国のなかで最も消化できていない知的低開発国として、停滞した。のみならず邦訳は既存知の界閾へと後退的了解で押し込められ、商業出版がそこに共謀する。批判理論は、欧米、ラテンアメリカでは、被害受動的な認識思考から脱して、実際世界の心的・身体的な批判肯定的考証を深めていたのに、反対方向になっている。

何が日本で起きていたかというと、第一に構造理論の知的転回への未消化を基盤に、現代思想の文化主義的おしゃべりが、フーコーやブルデューの邦訳をマルクス主義的土壌へ退行させ、自らを問わない知識主義の安楽賃労働大学人世界へと再構成したことである。それがいま、寝ぼけた「学問の自由を守れ」の五〇年代以前の状態へと後退させている。政府のお気に入りでないだけの話で、賃労働生存を封じられたわけではない、そこは安泰のままなのだ。その安泰さは、学術の滞留への安全保障である。学長権限の強化など、構成員の合意なくしては成り立たない、そのパワー諸関係の「実際行為＝プラチック」の概念空間への了解なく、権力所有／実践の旧態ロジックのまま、フーコーを邦訳し解説している低知性化された大学人自由世界である。

実際世界では、学校化は多くの課題を抱えながら、子どもの自律性の多様な領域を拡延的に教育化して、ただ他律管理を洗練化して増大させていくだけになっているし、医療の病院化は老人を主にますます医療化社会の独占を強化しており、加速化は移動人口を急速に量的拡大してきた。これらが、コロナ禍で、ほとんどストップし、逆生産構造にあることが露呈した。つまり、制度生産の構造化が完全に社会日常化して逆生産を常態化し、人々を不能化しているだけでなく、他律専門家たちの不能化を想像以上にすすめていたことが露出したのだ。それゆえ、医療化は未知なるコロナの「起きている状況」を使って医療化独占の社会状態を作り上げようと象徴形態をさらに強化している。

批判考察は、「他なるもの」の暴力性（象徴暴力や権力関係や専門権力や他者の欲望なども含む）の客観的解析から、自らの日常の諸行為自体の正当化や心的態度や行為自体、さらには言語行為の文化考察へと深まった。自己の実際行為総体の対象化である。それは、わたしなりの理論配置としては、「社会的なもの」それ自体を批判的に捉え返し、社会の実定性を超えていく「場所」における行為・心性の解明であり、商品・サービス経済とはまったく異なる原理を有している〈資本経済〉の諸資本の対象化であり、主客分離の主体化／客観化の本質基盤にある非分離の述語制様態をとりだす明証化である。それを本書へ戻すと、コンビビアルな〈社会〉などはありえない、それは「コンビビアルな場所」であるということだ。また、行為論を展開しながらイリイチは「労働」を自律行為配置しようとしていたが、労働は他律従属行為でしかない。自らの資本行為が非分離の自律行為であるゆえ、そこから労働は分節疎外されてしまうのだ。自律行為／使用価値は、利潤蓄積しない生存行為であり、労働の外部にあるものだ。

イリイチに即して言うと、「シャドウ・ワーク」を機にして、「ジェンダー」「バナキュラーなもの」から「H_2O」「ａｂｃ」の環境および読み書きへと対象が転じられ、「最善が最悪だ」という倫理自己技術の次元への転回的変容は、人間が利害関係や力関係だけで生存していない領域への探究である。これはすでに、イリイチが亡くなって、その恩へのわたしなりの返礼として記した『イバン・イリイチ』で述べている地平である。イリイチ論もいくつか世界で産出はされているが、理論構成はまったくに深化されていない。個別的な信奉者的考察に止まっているからだ。

わたしはイリイチが自ら明言したように、マルクスの中においてイリイチ読みを徹底させてきた。制度論は「地代」論であることは、この本書の時点で感知していた（『私を再生産する共同幻想国家・国家資本』において論述）。サービスは剰余価値生産として徹底して読解していった そして自律行為は自己技術論として読み替えていった。バナキュラーは「場所」論であり、読み書きは、「述語制言語理論」としてである。批判理論的考察の徹底は、新たな可能条件の出現を生み出す。それが、サービスに対する〈ホスピタリティ〉、商品に対する〈資本〉、社会に対する〈場所〉、として〈真正の原理〉として領有されてきたことである、これらが「コンビビアリティ」――正確には「コンビビエンシアル」なものを稼働させている原理である。転移 déplacement と配置換え disposition は、なされている。

つまり、批判理論は、新たな知の概念空間の地盤を表出させる。わたしは、XYZ軸状を媒介にして、まったく新たな設計地盤を構成することができた。

知の基礎作業として、批判理論は、マルクスを地盤にして、イリイチ／フーコー／ブルデューの知的三位一体を相互関係的に領有して、ラカン／吉本隆明の本質規準を媒介に、通道が開かられうる。この知的総体をもってでしか、マルクス主義的な客観主義と主体的実践主義から離陸していくことはありえない。これが、「商品／労働市場中心社会」および「民族国家／社会市場空間」からの離脱の知的条件である。産業的生産様式そのものの転換 inversion となりうる実際《プラチック》理論の回路である。教師の活動であれ医師の活動であれ、企業人の活動であれ、役人の活動であれ、政治家の活動であれ、また情報技術者や技術者全般の活動であれ、その専門的不能化から脱していく上での知的通道である。自らが何をしているのか、そして自らがぶち当たっている壁はいかなるものであるのか、そこを明証にしない限り、自分の自己技術を機動させることは、もはやできまい。

イリイチの学校化批判に対してフーコーは『監視することと処罰すること』によって刑務所空間のまなざしを学校・病院に見て「良き調教」や試験による階層化などを明証にし、ブルデューは『再生産』をもって象徴暴力のの実際を明証にした。イリイチの医療化批判に対してフーコーは社会医学から医療行為そのものの技術が人々への道徳的裁定にまで関与し、国家の社会統治技術として機能する健康政策の実際世界を歴史的に明証化した。だがブルデューは、医療考察はしていない。フーコーもブルデューも交通論を論じてはいない。それは、現在社会考察として、その本性に届きえないことを逆射する。しかし、イリイチのおおざっぱな理論では、現代世界把捉は不十分である。また、たくさんの個別考察・分析探究はなされているが、そのままで一般化される大学人思考は害悪でさえある。批判にだらしないまま、社会主義提案などが平然となされる。政治的自律性の不能化は大学に、教師・学生ともに完璧に構造化されている現れだ。だが、このイリイチ／フーコー／ブルデューによる批判理論は、個々人の実際行為を対象にしていながらも、まだ暴力・支配の言説水準からの離脱をなしきれていないメタ批判のラディカル性にとどまっている。否定的批判の中で、イリイチの自律性、フーコーの自己技術の批判肯定的な設定の先に開かれるものを捉えていかねばならない。そこに、吉本の本質論を、ラカンのロジックによって活かしていく回路をつけていく必要がある。

さらに、彼らの言説は、まだ「社会」を実定化させたままである。つまり、社会の未熟さを批判している。

彼らは、さらにまだ西欧的主体の概念空間を引きずっている。主客分離の主観的人間主義や客観的科学主義の主客分離を批判してはいるが、それに代わるものが提示されていない。

彼らは、まだ国家の限界を指摘するが、その実定性を構造化している根源を見出していない。（イリイチに国家論は不在であり、フーコーは生政治の統治技術を客観化するも国家を究極形態として観ているに止まり、ブルデューは「国家資本」概念を開示したが、その国家資本化の根源を見つけていない。唯一、吉本の「幻想」論が、媒介的な重要概念となりうる。ラカン理論の国家論への応用はすでに拙書にて明示した。）

これらは、プラチックな状態において作動しているものをまだ把捉し切っていないために派生してしまうのだが、批判理論が、まだ不徹底なのだ。新たな理論的概念空間が開削されていないためである。だが、素材は出された。

つまり、産業的生産様式は、「社会的なるもの」を実定化し、その社会空間を「社会市場」として商品・サービス経済化していること、そこに個人主体を社会エージェントとして主体化＝従属化配置し賃労働者化していること、さらに国家資本として主語制言語空間を集中化していること、において現在秩序を可能にするパワー諸関係を実定化している。その哲学設計原理は、主客分離の近代知体系であり、専門家権力はこの近代知の客観的科学性をもって正当化の技術を統治稼働させている。諸個人の日常意識および社会行動は、その受容において自律性を転倒させて生活しているという効果を不可避に構成される。

だが、この批判認識には、支配する者と支配される者がいるという単純な二重性のアナロジーではない次元が開かれている。つまり、自分の側からそうしているということだ。「させられている」受動性ではない、積極的に判断し自らで可能なことをなしている。そのように主体アクトさせるのが、商品の力であり、制度の力であるのだが、そこで各人は、つまり〈わたし〉は何を作動させているのであろうか？

批判理論の限界閾と可能条件の設定

日常の諸活動において行為者は道徳的判断をなしている、その道徳的活動性は批判的活動性によって前もって支配されているものだとリュック・ボルタンスキーは示す。通常人は、身近な周囲の他者の言動に対して「常識がある／ない」、「配慮がある／ない」などと判断したり、またとくに政治家の言動に対してシビアな批判をしたりする。社会現実の不平等さや不公平さ、悲惨さに対して憐憫の感覚をもって批判判断する。また、自分に不公平なことが課されたり、他者と見解や判断が違ったりしたとき、相手の正当化に対して自分を正当化する論争とその試練を自らに課す。そのとき、事実に対して何らかの価値判断を正義感覚によってなしているのだが、ある「規範性」のモデルに依拠して道徳感覚に正義の感覚を「論争」的に働かせている。ときに、支配や搾取だ権力濫用だ、などと社会科学的な「メタ批判」の用語でもって批判することもある。通常者の批判と社会学的メタ批判（多分に粗野な認識によって）とが、作用させられる。善／悪の導入が信念や経験をもってなされているのだが、正統な物事として自己領有されている批判道徳感覚だ。そして、その多くは「他なるものごと」においてであって、自分自身の存在・存立へ向けてのものではないのだが、ときに自分の財産やモノに関与してくる事態に対しては敏感に批判感覚とその判断を働かす。正義は、論争を招くのだが、それを暴力沙汰にしないために、正当化の働きによって論争・対立から試練をもって妥協したりもしながら脱していこうとするとき、共通の人間性を判断基準に共通善を目指している。

認識と判断に関わる批判の問題は、学校化や病院化が批判されたところで、人々は、学校へ行き続けるし病院へかかり続けるし、さらにそこは楽しい、苦痛を和らげてくれる役に立っていると思い続けている。つまり、ヴェーバー的に言えば、行かないことよりも行った方が利益になるからなのだが、規範への対応の感覚や意識は、否定的批判理論が規範を偽りの見せかけ、錯誤、虚偽だと還元している限り、何らの正当性を覆すことにならないという問題である。イリイチは、不可能であるからといって不能でいることはできないと自律性の自覚を主唱し、フーコーはパワー関係においては抵抗の可能性があるとし、ブルデューは自由の幻想でしかないと悲惨への憤慨を主張することをうながした。つまり、彼らは「開放」を構造化された規範・制度の外部に設定しているのだ。ボルタンスキーは、そうした否定的な批判理論は、メタ批判であって、人々の日常の生活は利害関係や力関係だけにあるのではない、正当性の規範遂行における力能が批判と正当化との循環において働かされて、規範形成的モデルに依拠しながら正義感覚も導くようにしているのだと考える。つまり、ボルタンスキーは批判領域を利害関係・力関係以外に拡大させた。

それは、「同等性の原理」を活性化する論争的なものと活性化させない平和的モデルとにおいて、最高の状態を求める序列化をなしながら、自分が選択する「偉大さ」のモデル（=規範型モデル）を選択しながら、「共通の人間性」を設定し、適切なものと適切でないものとを正当化に照らして識別し、かつ共通善へ向けて序列化しながら判断している、というのだ。この考えは、しかし、すべてが良いという状態であったなら発動しない、むしろ不正や不公平があることにおいて作用する、という逆正当化を孕んでいるようにわたしには見える。真正さがないゆえ、論争がおこり、正当化が競われて批判感覚がまっとうに作用しうるという逆効果を作用させる。イリイチ的に言えば、最善は最悪を招くということだが、プラチックな生活状態では、それは日々なされていることであるのも実際である。

わたしは、この問題設定において、実際に商品・サービスと社会規範の社会市場との経済／統治に対して、「ホスピタリティ」を真正原理にする資本経済と場所環境設計のプロジェクトを実行しながら、より本源的な規制的制約根拠がある――つまり通道をつけられない「壁」がある――と実感し、その理論根拠を、国家資本と共同幻想の国家化において集中化されている主語制言語様式に根源があると見出した。それが、「穴」である、幻想を想像的なものとして実際化しえている「穴」である。個人幻想の個人的な主体営為は、社会空間が社会市場化されたその規範にしたがって社会代行為者として生活生存する物質的な営みとその正当化であって、それを可能にしている言語行為が「主語制言語」化されているためだと見出した。批判領域をさらに拡張したのだが、上限としての国家の壁にまでたどり着いたことにおいて、それ以上の批判領域はないということであり、それはしかも個々人の実際行為に構造化されているというミクロなものでもあり、日々実際経験していることである。つまり、パロール（話し言葉）の制度アクトとして今ここで可能になっているそこに潜在する言語構造《ラング》であり、状況に応じて発話遂行していることだ。それが主語制言語様式として国家資本化されている。ボルタンスキーの正当化シテはトポスでしかないゆえ、状況配置の場所状態へとどいていない。つまり、いくつものシテが相互対立する実際の状態配置は述語的場所として配備されているものであり、個々人の力能は個人の資本として実際領有されているものである。それらが、関係しあう。

　個々人が有している資本は個々人の力能・技術であって、力関係、利害関係、規範・正当化関係を述語的場所状態において可動させている関係行為である。資本は、利害関係や力関係のみのことではない、様々な自己技術力能であり、正当化・批判において採用されるものである。すると、この観点から規範型のシテを見直すと、七つのシテの規範性の次元とは異なる水準でのシテが、使用価値・自律行為を偉大さとするのか、価値化可能な交換価値・他律行為を偉大さとするのか、つまり資本・場所を偉大さとするのか商品・社会を偉大さとするのかの論争の場として疎外表出されるという、象徴形態次元と起きている状況の次元とを配備していることになる。

　このとき、「社会的なるもの」を「社会の自然性」として歴史批判的に配備したフーコーに対して、イリイチは「コンビビアリティ」を「コンビビアルな社会」においたままであるしブルデューは社会の実定性から一歩も出ていないという批判が派生する。つまり、西欧的社会の実定化の場所にあるだけで、バナキュラーな述語的場所にまだない。

社会科学的な系譜でいうと、

⓪国家権力なる批判性に対して共同幻想の国家化における国家資本そのものを問う批判理論地平において、

(1)「社会的なるもの」を社会空間に実定化している規範化と社会市場化している様態を問う。

(2)商品生産経済／賃労働経済そのものを問う（労働過程を類的存在化することを疑う）。

(3)制度化の産業的生産様式そのものを問う（生産者の生産および生産諸関係の再生産を問う）。

(4)客観主義的科学技術のあり方とその社会適用を問う（主客分離の客観主義を問う哲学的問いを伴う）。

(5)これらを可能にしている主語制言語様式それ自体を述語制言語様式から問う。

というラディカルな批判理論が要されていることになる。⓪と(5)は、本質的にしてかつ歴史的でもある合体構制としてすべてへの規制条件をなしている。(1)〜(4)は歴史的構成である。それが「社会」を自然性化している。『学校・医療・交通の神話』の処女作において批判理論を開示してきた自分が、いくつもの考察をへて、現在時点で最終的にたどり着いた批判的問題設定であり、新たな可能条件はその批判総体の徹底によって可能条件への通道を開いていけるということになる。正当化の論争の場所におけるシテとして、そこに諸規範の本質を定め直していくということだが、その幻想的なシテは「古事記のシテ」として〈国つ神〉の場所幻想によってわたしには設定されている。初源的な偉大さのシテであり、それは神話的・幻想的・言語的な《述語制のシテ》である。

「述語制のシテ」は歴史幅が大きくあり、言説としては「富士谷成章／本居春庭」のシテであり、モノ（諸物）としては箸・風呂敷・下駄・着物などが配置されるが、これらの「モノ」(事物) は動作規範が、「近代的なシテ」(＝産業的なシテ) であるフォーク・カバン・靴・洋服とはまったく異なる簡明な事物の事例である。行為様式が代わる。

専門権力と制度権力：コロナ禍という「起きている状況」から

制度化をわたしは〈制象化〉と言い換え、その重層的規定を本書で論じているとき、外在的批判性からの脱出を問題設定していたのだが、この(1)〜(5)はまさに「制象化」において対象化されうるものであって、規範だけにとどまらない、信念・信仰の心性にまで教育信仰・医療信仰は自然化され、日々儀礼化されている、その「制度の自然性」を問い返さねばこの呪縛を解けないからだ。切りとった現象面で、効力を発揮し、かつ自己利益になる社会的配置がなされているため、すでに容認・承認されていることを、いかに自己技術によって自己を述語的開放できるか。

学校においては、いかに手のつけられない「隠れたカリキュラム」が規範構成されていても、「自己学習」という学ぶ行為は自由になされうることは誰しも了解できる。また、コロナ禍で飛行機・新幹線・列車・バスなどに乗らない事態が出て、九〇%もの赤字がでる実際が現れたように、「乗らない」でいられる事態があることはみな経験したが、それによって歩く意味がしかるべく復回したとは言い難い次元にまだある。そして、どうにも諸個人がパブリックに批判了解できない次元にあるのは医療である。だが、実際場面では、病院が患者を受け入れない、病院からクラスターが発生する、病院は多数あるのに感染者病床は不足、などの逆生産が明証に出現した。だが医療が対応してくれるんだ、という幻想と信仰はそのままである。病院の片隅でもいい受け入れてくれれば死なずにすむという信仰は消えない。ワクチンが予防してくれるという信仰までもが拡散するも、ワクチン接種さえあまりに遅れている日本である。健康人を病気・感染予備軍に配置するのがワクチンの社会的医療発生病である。医療専門家コントロールが経済またさらに政治決定マターにまで侵入し、「専門家の意見を聞いて」と専門家依存の不能化へと外在化される。その医療専門家たちは、医療マターさえ十分にできないゆえ、飲食店や家庭関係にまで「ソーシャル・ディスタンス」を脅迫的に押し付けている医療不能化された専門家たちでしかない。だが、緊急事態宣言を求め従うと言いながら無視して出歩く多くの人たち、ワクチンに従順に並ぶ人たち、様々な不確定な行動が取られつつ、全員がマスクをしている。医療化の制度権力と医療専門家たちの権力は確実に増強し、人々の医療儀礼化は常態化している。

●ボルタンスキーによる制度権力論と批判の試練

ブルデューと協働し、そこから離脱したボルタンスキーは、人間は力関係や利害関係だけで生きていないと、暴力と隠れた支配を指摘するメタ批判理論に対してプラグマチックな批判理論の界閾を切り開いた卓越した社会学者であるのだが、わたしから見て、実にイリイチ的世界が開示した問題域を対照的にずらしながら考察しているように見える。わたしのイリイチ理解がそこを開いているゆえのことでもあるが、自律性としてイリイチが諸個人の内在性を外化させてしまった事態を、明証にしていると写る。ボルタンスキーは「制度の権力」を二つの批判理論の共通的対象として考察している。それは、制度化と儀礼化とをともに考えるメタ・プラグマチック記載 registre métapragmatique による実際行為の状況での遂行を明証にする。

A氏は、イリイチを読んで教育が学校化されている、医療は何もしていない診断帝国主義によって医療化拡大をなしていると「メタ批判」をメタ言語で自分へ自覚認識している。B氏は、いや学校で子供は楽しく友達と遊び学んでいるし、実際にうちの親は病気を病院でなおしてもらい元気になった、と常識での自然言語状態にある。この両者が、〈dispute〉の関係にはいって、論争・口論する。事態は、コロナ禍でクラスターを発生させた病院が閉鎖された出来事やワクチン接種についてであり、感染予防で学校へ子供がいけなくなっている「起きている状況 situation occurence」である。ここには、「象徴形態 forme symbolique」と「物事の状態 état de choses」との関係が、配置される。

論争は、三つの永続的財の手段においてなされる、①〈「物事の状態」と「タイプ状況における諸役割」との結びつきである象徴形態〉と、〈物事の状態と「おきている状況における遂行」〉との間の関連を構成するもの。②価値へと投資される他の物事へと関係づけられる、状況と物事への結びつき。③現実における帰結へむけて、正しい良き使用と不正な侵犯的使用との間の分岐を指摘し、制裁の可能性を開く。これらの「質化」の過程は、描写的であり規範的である動きにある。類型的状況とおきている状況とが「物事の状態」において対比させられ、口論される。ボルタンスキーはそこにメタ批判を入れ込まないで、批判と是認（確証）との関係で是認がいかなる作用をしているかの解読へ進んだのだが、わたしには「制度化された意識状態」と「逆生産性が起きた状況」との批判判断をめぐる口論というように簡潔に対象化される。この後者のメタ批判を入れたとき、何を考察から外してしまっているかがボルタンスキーから示される、という了解配置になる。構成されている現実は「不確実さ」にある、そこで行為タイプが決定されるとき、かかる「質化 qualification」がなされており、「是認（確証）confirmation」をめぐっての対称性と論争性とにあるということだが、レスペクトが互いになされているゆえ可能な口論である。

そして、どちらかが、「教育は教育だよ」「学校は学校だよ」「病院は病院だよ」とトートロジーで治めようとする。そこには、類型への依存と編制されたことへの距離化との、批判と是認とがそれぞれの確証へと配備されることになると言えよう。何であるかということと知っていることとが、自分が知っていることを知っていることにおいて批判ないし是認がなされ、共通知の論理へ、エピステミックな均衡の可能性へと向けられているのだ。

だが、このAもBも外部にいて当事者ではない。当事者は、もっとシビアな状態に置かれる。つまり、利害関係と力関係の場所に否応なく配置される。それは、もう明らかに制度化という身体なき次元にはない。だが、正当化がより激しく作用していることであって、道徳判断が利害関係へと否応なく結びつく。わたしはここを、プラチックがプラクシスへ移行する境界線だとみなすのだが、象徴暴力は、病院閉鎖という物理状態の配備として直接暴力を回避し、患者受け入れをしないという「病院化木性を露呈したのだ／いややむなき特殊状況だ」という論争を残したまま、メディア報道という公的伝達の場から消えていく。つまり、苦しみの情動は遠のけられる。

「制度」なるものは、何であるかの何かを述べる任を代表している「身体なき存在」であるゆえ、その意味的機能がすべてになる。どのようなマターであれ言うことも確証することも実はできない、年長者の記憶、記された法典、物語、寓話、事例、イメージ、儀式などにあてがわれ記憶されているものでしかなく、定義されたり、必要とされたとき役立ち、不確実性の状況で、曖昧で対立的な使用や解釈の事物である「事物の状態」を質化するものである。「できないこと」からレスペクトされたものにおいて区分けられる。しかも永久的な実体として耐えうるものを編制する能力を固有のものにしている。個人身体は声を持ち、生き死ぬが、制度はそうならない。イリイチが学校制度の現象学として取り出したようなことはどこにも記されていないゆえ、制度現象学が機能していくゆえでもある。さらに制度はひとりで、存在しないものに内容を与えられる能力を有している。うちの学校の卒業生3万人に教育を供した、と言えるが、その実体は曖昧でしかない。象徴的な表現と、校則のような規範などで、画一化されて支配的な通俗語／国家語の上に成り立っている。明証なる言及はないゆえ、制度は組織に「資格」のような物質的だが非物質的でもある「物」を伝達的に与え、自らの財を定義し、個人・組織を生産物に変え市場編制を可能にしている権能を与えている。などなど、ボルタンスキーの指示は形而上的プラグマチックとも言える性格づけになっている。イリイチの批判理論の方がはるかに実際的で明証であるが、なぜこうした論述をボルタンスキーはブルデューと仕事してきていながらするのであろうか？ それは中絶のようなケースにおいて、イリイチ的なラテンアメリカにおいては避妊などマジックだというような指摘では済まされない事態をとくためである（『胎児の条件』は邦訳があるゆえそちらで）。

学校や病院を制度として言及した「疑似‐物象化された流儀」は規制性や経理や建物など物的枠組みを強調するが、管理的・組織的ワークであって、実際的なものを扱いえていないとボルタンスキーは批判はしている。意味論的安全性を象徴暴力とともに機能させている制度は、取締る機能と調整する機能をなす「管理」機能を組織として有し、身体的世界においてアクトするように装置化される（フーコーの言う「身体への良き調教」など）。制度的介在の義務的性格と儀式の繰り返す性格とは反復の親和性をもち、儀礼化は、起きている状況からタイプ状況を切り離してしまう実在の通常ケースから距離をとることを棄却させてくれる。つまり現実は「何であるか」だけではない「何であるかのあるべきこと」を確定して、他のものになりようがない存在である。

イリイチとともにわたしは制度の隠れた作用を暴露した、そして暴露にもかかわらず儀礼化によって繰り返し続けられ保持される信仰状態も指摘したが、それはボルタスキーの視座からはメタ批判の一つの仕方でしかないように見える。当事者の自律行為に立脚していく地平を客観主義的分析の限界に対して内的に開示したつもりではあるが、行為者は、自分が置かれている経済的・政治的な環境規制のなかで、目覚めた自分の実際感覚と行為をどのように日々なしていくのか？ ここが批判理論の限界になる「試練」の場で、マルクス主義的な投企的実践ではない物事である。

ボルタンスキーは三つの「試練」を示唆した。第一の「真理の試練」とは、すでに確立されている象徴形式と事態状態の関係を堅固で飽和的なものとみなす前提に立って、規範があるという事実を観ていく上で「反復」の本質的な役割をもって習慣化されたものからの規正化と検証する。従ってその省察は、同じ原理・規範の上で良き教育・学校、病院・医療をより良く進めていく改良を提示する。批判的な意志の働きよりも、現実の維持を愛する仕方で、批判的な試練をなすのではなく、既存の真理における期待を満たし、既存の物事へ統合し強化ようとする。

他方、「現実の試練」は、論争、争いの状態における批判に直面して、諸個人のクレームの現実性を検証・吟味し、諸要求に応え、質化とフォーマットによって安定化すべく、物事のシステムにコンタクトしながら種別的な条件で遂行されている制度化された行為（＝actes「制為」とわたしは概念化する）をあらわにして、不確かさにそのまま還元する真理の試練とは違って、現実を意味ある場所において「今ある状態」と「あるべき状態」との価値判断と機能判断との差異を明確にして論議の場に乗せる。真理試練は既存の公式を守るが、「現実の試練」はそれは一つの起きていることであって、他の公式もありうるだろうと吟味する。従って、規範的表現の多様な形式の間の矛盾のマスクをはがし、現実の確証されていた諸表象に挑戦していく現実性をうきださせ、「現実の現実性」を把捉して、社会正義、ルール、既存処置の尊重をもって、それを緊張関係において、調整への道筋をつけていく。

さらに、第三の「存在的試練」は、わたしがとる立場であるが、制度化の見えない過程を課題にし、「生きている個人」を多数者の神話・儀式から切り離し、認識されていない状態から認識されうる状態を抽出しながら、存在する現実を批判にのせ、新たなものをそこに導入しようとして、真正の形態に接近できるよう侵犯行為による享楽を経験に基盤をおいてなそうとする。これは前例がない仕方になるため、孤立し現実の周縁へ追いやられたりするが、現実を批判否定し、その非質化をなし、誤認されている物事をイロニックに愚弄さえしながら、新たな世界への道を開くのだ。これは論争的言説に押しつけられる堅固な制約や道徳的正当化に対するバイパスをつける真正のオリエンテーションを哲学的にも明証化し、存在的経験を見える知的なものへと磨き上げることで正当性を確保する。既存の決定事項の完全性を危うくさせ、確証されている普遍的性格を疑い、それらの循環のリスクを破壊して異なる事物の新たな定義を外部性から示していく。

真理の試練は硬化した堅固さのなかで禁止されている兆候世界をあらわにし、現実の試練は存在内部に隠されている力をあらわにし現実の正しさは正義にあると調整をなし、存在的試練は現実の不完全性をあらわにする。こうしたものに対して「批判への誘惑と恐怖」があるのだとボルタンスキーは言う。現実を保持している規範的なフォーマットを生活のフローにおける苦悩と欲望との世界経験における視覚的一般性として、現実の既存秩序に対抗的に明示する「批判の疎外表出」を為すことが示唆されている。

わたしは、この三つの試練が、ある規制的な場所において、社会均一原理と対抗しうる述語的シテの本質と歴史表出との相互構成において、様々な対抗原理の相反共存の働きとして作用することで、正当性の新たな地盤を構築していくことを「コンビビアルな配置」として設定している。シテ間の移行・通道が場所規定的に試練へのせられて吟味され実際行為がなされることだ。投企的実践＝praxisを概念的支配空間として根源的に嫌うわたしなりの、総括的な見解である。それを批判する言説遺産が、邦訳の暴行によって「実践」概念空間に無意識に占拠されている限り、大学知の真理の専横が、メタ批判を歪めメタ・プラグマチックな批判を領有しえずに、知識主義の無責任な現行を許認している。

コンビビアルな世界へ

産業的生産様式は、産業社会経済による社会市場の〈規範化と商品化〉の社会編制において存立し、産業サービス制度の実定化によって再生産されていることが、わたしが把捉した現在社会である。この構造化を実質的に構成している軸が、〈社会なるもの〉と〈賃労働〉において正当化され生存している社会エージェントとしての諸個人である。この諸個人が、自律性と使用価値との自己技術へ自己復回するには、〈社会なるもの〉を非実定化し、賃労働関係から脱していくことである。それは外在的なことではなく、自分自身の物事が自分とは疎遠にされてしまっている状態に対して、我が身のこととして自分で領有対処していくことを自分で為すことである。そのクリテリアになるのがコンビビアリティであり、それは「社会」と「賃労働」を無化する道具再編をなしていくこととして設定される。

イリイチが当時設定してしまった「コンビビアル社会」なる「社会」はありえない。「社会」である限りコンビビアルは「宴会」にしかならない。その非労働の上下関係も脇における会食・団欒はまさにコンビビアルな時ではある。だが、それでおしまいだ。社会設計替えに何もならない息抜きでしかない。産業化・制度化から一時的に外れうる（のに近い）時間・空間を持つだけである。

コンビビアルな世界は、その後のわたしの諸著が開いてきたことから、

(1) 社会設計に代わる〈場所〉環境設計（画一空間から多元的な場所〈内-間〉交通へ）
(2) 商品経済に代わる〈資本経済〉（文化・環境の非利潤的な使用価値をも経済へ相反共存させる）
(3) 賃労働者に代わる〈資本者〉（非雇用の自立した資本者）
(4) 客観主義的な物質科学に代わる〈主客非分離〉の述語的な生命科学（矢野雅文『科学資本のパラダイムシフト』）

(5) 主語制言語様式の述語制言語様式への転移（言語構造の地盤変えと国家資本の組み替え）において、実現される。(5)が、これらすべての根源になる。（拙書『甦れ 資本経済の力』を参照。）

社会市場は、商品経済を規範化によって推進する奇妙な社会空間を画一に構成し（市場は本来は経済範疇ではない）、そこで限界なき成長・進歩をいまだにし続けている。原発稼働は、爆発し場所住民が住めなくなる状態を生み出しても存続し、気候変動危機が毎年生活崩壊をまねいていても他律エネルギーの過剰化配備は止まらない。この根拠は、言動を規制する言語様式とその知的疎外の思考様式が、何ら変わらないということからもたらされて、試練の概念コードが固定化されての正当化がなされているためというのが、わたしの本書以後の考察の結論批判である。これは、メタ批判ではない、自分の実際行為《プラチック》を実際対象にすえた考察の結果である。つまり、原発という装置をどうするかではなく、日々の暮らしにおいて電力が多いほど快適・便利だとしている自分の環境＝ライフスタイルを自分のこととして自己技術化し、自己限定することである。その時の総体的理念規準が、この五点である。

それをボルタンスキー的な配置にすると、産業的規範のシテに対してバナキュラーな場所環境のシテを新たに創り出すことであって、既存の六つのシテ関係からの脱却を図るのを意味する。シテ論の限界は、この還元性でしかない配置にあることにあるが、第七の「プロジェクト型のシテ」はコンビビアルな移行を資本経済・場所環境においてなしうる規範型である。そのとき、いわば古典において政治思想化されてこなかったもの、つまりは近代知の配備になされなかったもの、日本で言えば風土記／古事記においてシテ化されている「古代的」にしてかつ「前古代的」なものであり、それが「述語制」様式の非分離編成を可能にしていった原基を活用することである。これは、歴史時間化されることではなく、あちこちのバナキュラーな場所の生存／サブシスタンスにおいて文化構造化されているものであり、近代知が対象化しえず活かせえていないだけで、存在的には作用しているものである。旅に出て、神社があると「お参りしていきましょうか」と何気なく、手を合わせて何事かを祈るような行為、箸を使い続けている行為、着物を着なくなっても着物を時に着たりその姿を見て美しいと感じたりする感覚、日本の絵画や彫刻などに記録され残っている文化資本、情動、いろんな場所の伝統的文化技術の道具などに、見えるものや「見えないが感じるもの」として残滓している、その総体のシテである。いちばんはっきり残滓しているのが、主語などを必要としないコプラもない、日本語表現の述語言語世界である。近代口語法によって大きく転移されても残滓している、助辞・助動辞の述辞体系がある。こうした一切を〈述語的シテ〉としてわたしは、本質規準に定めコンビビアルな道具とする。

これは、たとえばボルタンスキーにおいては口論・論争において試練によって調停されていく正当化の過程として対象化された領域にあっては、述語的な仕方では論争ではなく「水に流す」というようになる。これは、曖昧にお茶を濁しているのではない、論理的に同等性の原理を調和的に働かせて統御しているのだ。しかも「お茶を濁す」のは、「その場をうまくとりつくろう」「とりつくろいごまかす」と現代語ではネガティブな意味で解されるが、対決・衝突の回避の仕方の能力遂行である。「いい加減」も、よい加減を同等性においてはかっていることであって、でたらめということではない。こうした慣習的な仕方は、俗信なども含め、日本文化の知恵として諸事に残滓しているが、事物を配しながら正当化の均衡を多分にはかっている。情動表現は身体表現として非分離に表出される。こうした「述語的シテ」はコンビビアルなものの原基にあるものだ。

コンビビアルなものの和語は、「なごみ（和み）」と緊張との相克として設定されるが、原理的に言えば「相反するもの」を共存させる知恵である。それはしたがって序列化をある意味必要としない。「分け隔てなく」和む、非分離の述語的表出である。シテにおける行為作用は、主語的な仕方とは異なる。つまり、本質的に「コンビビアリティ」とは、述語制世界において可能な状態である。そこで働く関係技術は、晩年のイリイチも気づいていた「ホスピタリティ」の行為である。それは、対的な関係であって、吉本思想を知るわたしたちにとって、自己次元と共同次元とは異なる対的次元があるということだ。ボルタンスキーの設定は個人と集団との関わりにあるが、その関係だけでは「共通善」が設定されるだけになってしまうのだが、個人と共同性との関係調停においては〈対的な介在〉があるのだ。つまり、コンビビアルなものにおいては、「対的なホスピタリティ関係技術」が、個人と集団共同との間を調停している。それは、シテの移行としてボルタンスキーが設定したことにおいて、必ず作用している関係行為である。彼がいつも提示する実例で、解雇された社員が雇用主に、その机の上に飾られた家族の写真（事物）を指して「あなたにも家族がいるだろう」と促したとき、その正義の正当化の遂行において雇用主との上下関係を、「同等性の対的関係性」へと転嫁して、個人と組織集団との均衡調停における相反関係を共存させようとしている、と修正できる。

わたしはインタビューするとき、相手の考えを引き出そうとして、争点になるような論争点を回避する調整をかなり注意深く為すのだが、議論によってこちらの正当性の主張は差し控える。それは、必ず本質的なマターであって、ときには正当化の根拠自体をも覆すことになるからだ。とくにすぐれた考察においては、必ず物事の本質への抵触があるゆえ、ここは微妙である。こちらが、そこからの契機をこちらで生かせばいいことだ（ボルタンスキー『道徳判断のしかた』参照）。

コンビビアルな世界は述語的なシテから、ある限定場所において多様なシテの表出の関係を、自分の知的文化資本をもって、対者とのまた異なる原理との相反共存世界の共働をホスピタリティ的に働かせて、道具の再配備を構成していくことと提示しておく。そこから、先の五つのテーマを構想、実行していけばいい。産業的生産様式を転換する道具再編と政治転換によるコンビビアルな場所づくりは不可能ではない。

定本へのあとがき

処女作にすべてがあるとはよく言われるが、このたび定本化するにあたって、ただのイリイチ論ではないこと、本書で問題構成しながらも十分に理論化しえていないことをその後、自分がひたすら探究し続けていたのをあらためて知って驚いた。しかも、コロナ禍においてイリイチが言っていたことが、目に見える形で露呈した。産業社会の限界が誰の目にもはっきり見えてきているが、なされる諸策は旧態のままである。既存の同じロジックや知識や考えで、この現状を突破はできない。フーコーは無論、バウマンもボルタンスキーでさえもイリイチが開示した地平で固有の自分の仕事をなしている。だが、フーコらに比してイリイチ論は世界的にもあまりに稚拙であり、また流行のごとく消えていった状態にあったが、コロナ禍で急にイリイチ論が出てきている。わたしの第二書『イバン・イリイチ』(2009)は韓国語に翻訳刊行された。コロナ禍がなかったなら、本書をわたしは再刊することはなかったであろう。なんと四十二年前に言述していたことが現実味をもってきている。わたしなりに達した位置からAPPENDIXに考察を書き下ろした。

活字で作られていた書であった。スキャンし添削を、この書を読んだという大学院生松岡息吹君がなしてくれて、定本へと校正することができた。海外では理論誌での特集がいくつか組まれたが、日本でイリイチ論議は起きなかった。わたしたちの世代ぐらいから論争というものへの不信が一般化していたこともあったからと思う。だが深化がなされていないのも、まだ了解水準さえにも達していないからであろう。時々、それぞれに専門家たちが自らを反省する言動を聞いたりすると、本書が開示した地平に局部的に接しているものの、総体として理解が行きとどいていない感想をもつ。批判理論は己を知るための媒介であって知的資本を形成していく上で不可欠の領有努力である。それなしに、いかなる可能世界も開かれない。

(二〇二一年五月三〇日)

山本 哲士（やまもと てつじ）

1948年生まれ。信州大学教授、東京芸術大学客員教授をへて、文化科学高等研究院ジェネラル・ディレクター。教育学博士。政治社会学、ホスピタリティ環境学など専門分割領域にとらわれない超領域的専門研究の研究生産と文化生産を切り開いてきた。大学を超える研究生産機関として文化科学高等研究院を1990年に設立、海外の研究者たちと交通し、国際セミナー／会議をなす。さらにその超領域的学問の実際活用をなす文化生産ビジネス機関としてJapan Hospitality Academyを設立（2005年創設、2013年に改組）、そして2016年にweb intelligence universityの動画配信知的システムを、2017年「文化資本学会」を創設し、2019年「一般財団法人・日本国際高等学術会議」を設立した。

著書、編集･監修、雑誌の書籍生産物は、200点を超える（『聖諦の月あかり』参照）。

＊山本哲士の理論体系 http://japanhospitality.com/yamamoto/
＊ web intelligence university　web-uni.com
＊日本国際高等学術会議・文化資本学会
https://www.japanculturalcapital-gakkai.com
＊文化科学高等研究院出版局　ehescbook.com

知の新書 SONDEOS 102

山本哲士
学校・医療・交通の神話

発行日　2021年6月20日　初版一刷発行
発行所　㈱文化科学高等研究院出版局
東京都港区高輪4-10-31　品川PR-530号
郵便番号　108-0074
TEL 03-3580-7784　FAX 03-5730-6084
ホームページ　ehescbook.com

印刷・製本　中央精版印刷

ISBN　978-4-910131-15-3
C1210